ИССЛЕДОВАНИЕ СОВРЕМЕННЫХ РУССКОЯЗЫЧНЫХ КОРЕЙЦЕВ 12

Изучение Нового Региона Проживания Корейцев : Юг России

Ким Игорь Константинович

Кандидат исторических наук
Доцент Волгоградского государственного социально-педагогического университета Кафедра всеобщей истории и методики преподавания истории и обществоведения

Ким Ильгиза Анваровна

Кандидат социологических наук
Государственный технический университет, г. Саратов
Независимый исследователь

ИССЛЕДОВАНИЕ СОВРЕМЕННЫХ РУССКОЯЗЫЧНЫХ КОРЕЙЦЕВ 12

Изучение Нового Региона Проживания Корейцев : Юг России

First published 2022. 2. 18.

First paperback edition 2022. 2. 25.

Author	Ким Игорь Константинович · Ким Ильгиза Анваровна
Publisher	Yoon Gwanbaek
Publishing House	도서출판 선인
Business registration number	# 5-77 (1998.11.4)
Address	1, Nambusunhwan-ro 48-gil, Yangcheon-gu, Seoul, Republic of Korea
Phone	+82-2-718-6252/6257
Fax	+82-2-718-6253
E-mail	sunin72@chol.com

₩ 47,000

ISBN 979-11-6068-688-3 94900
ISBN 979-11-6068-676-0 (set number)

This work was supported by the Program for studies of Koreans abroad through the Ministry of Education of the Republic of Korea and Korean Studies Promotion Service of the Academy of Korean Studies (AKS-2016-SRK-1230003)

Корейский институт международных отношений университета Донгук Исследовательские книг 19

Центр исследований человека и будущего университета Донгук Исследовательские книг 17

ИССЛЕДОВАНИЕ СОВРЕМЕННЫХ РУССКОЯЗЫЧНЫХ КОРЕЙЦЕВ 12

Изучение Нового Региона Проживания Корейцев : Юг России

Ким Игорь Константинович · Ким Ильгиза Анваровна

Предисловие

Настоящее исследование – результат трёхлетней работы, проведённой при поддержке Академии корееведения, в 2016 г. утвердившей данный проект в рамках секции «Планирование исследований в отдельных областях корееведения. Исследования зарубежных корейцев». В данной работе была предпринята попытка всесторонне рассмотреть, где и как живут корейцы России и стран Центральной Азии.

Более 160 лет назад корейцы, спасаясь от бедности и произвола местных чиновников, стали переселяться в приморские области России, переходя через реку Туманган (Туманная). Ныне живущие корёйны (корё-сарам) – потомки этих переселенцев в четвёртом, пятом и даже шестом и седьмом поколениях. Первыми через Туманган переправились всего 13 дворов, чуть больше сорока человек, сейчас же диаспора корёйнов насчитывает более 500 тысяч человек.

Сообщество корёйнов, сформировавшее собственную идентичность как граждан Советского Союза, после распада СССР столкнулось с масштабным кризисом, когда страна оказалась разделена на 15 государств, а бывшие граждане СССР стали гражданами России, Казахстана, Узбекистана и так далее. Условия жизни в процессе перехода от социалистического общественного уклада к капиталистическому значительно изменились. Корёинам необходимо было приспособиться к новым реалиям независимых государств и изменившегося общества. Распад СССР породил масштабную этническую миграцию. Корёины оставляли позади колхозы и городские предприятия, с которыми привыкли себя ассоциировать, и отправлялись на поиски новой жизни.

Это было тяжёлое для всех время. Россия, страна-приемник распавшегося Советского Союза, вскоре объявила технический дефолт, российская экономика оказалась в затяжной рецессии. В независимых странах Центральной Азии начала подниматься волна национализма. Это время особенно тяжелым стало для корёинов, которые не были исконными жителями этих земель. Холодная война закончилась, но её влияние всё ещё ощущалось, поэтому рассчитывать на достаточную помощь от исторической родины также не приходилось.

Но перемены и трудности могут открывать и новые возможности. К тому же у корёинов был опыт принудительного переселения, тягости которого они смогли с достоинством преодолеть. С течением времени корёины постепенно стали находить своё место в России и странах Центральной Азии, начали проявлять себя во всех сферах общественной жизни. Они смогли войти в политические круги и занять официальные посты, приспособиться к капиталистической системе и показать впечатляющие экономические результаты силами собственных навыков и умений. Больших успехов достигли корёины и в сферах культуры и искусства, среди них появились выдающиеся олимпийские чемпионы, призёры кубков мира. Как и во времена Советского Союза, появлялись среди корёинов и уважаемые в академическом сообществе учёные. Эти люди создавали многочисленные ассоциации, общества сохранения национальной культуры и смогли утвердить новую идентичность корёинов как одного из этнических меньшинств России и стран Центральной Азии.

Данная серия научных работ является результатом исследования, посвящённого выдающимся корёинам современной России и стран Центральной Азии. Исследование отвечает на вопросы, кем являются эти люди, возглавляющие национальную диаспору корёинов, где и в каких сферах они активны, какое будущее ждёт корёинов.

Для всестороннего изучения современного положения корёинов это сообщество было разделено на географические и поколенческие группы со своими характерными признаками.

Географически корёины были разделены на 8 основных групп:

Пристанище для уехавших из Центральной Азии:

Сибирь;

В поисках новой жизни: Юг России;

Место принудительной мобилизации: Сахалин;

Принудительное переселение (1): Казахстан;

Принудительное переселение (2): Узбекистан;

Вновь переселившиеся: корёины Республики Корея, Европы и Америки.

Поколенчески корёины были разделены на следующие 3 категории:

- ушедшие на покой старейшины: старшее поколение;

- активные деятели: среднее поколение;

- будущее корёинов: подрастающее поколение.

Используя указанную выше классификацию, мы разделили результаты трёхлетнего исследования на 8 частей, по одной на каждый географический регион. Из них 7 частей были написаны в России и были переведены на корейский язык для корейских исследователей и организаций, интересующихся историей корёинов.

Все 8 частей исследования, насколько это возможно, придерживаются единой методологии и структуры изложения; однако, несмотря на общую форму, у каждой части есть свои особенности, связанные с различиями в описываемых регионах и территориальном распределении корёинов, характере изложения материала конкретными исследовательскими группами.

Целью проектной группы было с помощью данной серии

научных работ установить более точное понимание идентичности корёинов, внести вклад в улучшение взаимопонимания между корейцами Республики Корея и корёинами, в развитие связей между Кореей и Россией, странами Центральной Азии. Именно поэтому целью проекта стали изучение, классификация и описание различных сторон жизни корёинов.

При реализации поставленных задач участники проекта столкнулись с трудностями, связанными с неоднородностью групп корёинов, расселённых в разных географических регионах с различным историко-культурным, политическим и экономическим контекстом, и постоянно находящихся в движении.

Несмотря на эти трудности, основные задачи проекта были успешно выполнены. Ответственность за возможные недочёты публикации данной серии исследований – неполноту содержания, неточности материалов и ошибки при переводе – лежит на исследовательской группе и особенно на руководителе группы. Авторский коллектив будет благодарен за критические замечания.

Руководитель исследовательского проекта.

Февраль 2022 г.

Руководитель исследования

Содержание

|Часть 2|

АКТИВНОЕ ПОКОЛЕНИЕ КОРЁ САРАМ ЮГА РОССИИ

|Часть 3|
ИДЕНТИЧНОСТЬ КОРЕЙСКОЙ МОЛОДЕЖИ ЮГА РОССИИ

Часть 1

СОРЁН САРАМ ЮГА РОССИИ

Введение

Заключение

Введение

Главная общая цель исследования: изучить корейцев в каждой стране проживания, выявить их превосходные качества в человеческом плане. Исходя из цели, общим объектом исследования является корейская диаспора, проживающая в отрыве от материнского этноса.

Целью нашей части исследования, следовательно, является изучение социального характера и менталитета корейцев, проживающих в южных регионах Российской Федерации, как части общего диаспорального корейского мира. Необходимым условием для этого является соблюдение регионального и хронологического принципов, поскольку формирование российской части корейского этноса происходило в совершенно разных географических условиях в течение более чем 150 лет.

Предмет исследования: социальная трансформация характера и менталитета российских корейцев Юга России на фоне исторических и социальных процессов, в которых проявлялись традиционные стратегии адаптации и формировались новые идентичности корё сарам.

Основные методы исследования: историко-хронологический анализ статистических данных переписей населения и социологический анализ социальных процессов и биографий.

Исторические условия обусловили наличие разных поколенческих групп корейцев в России: а) советские корейцы старшего поколения («сорён сарам»), чья родина в основном – советский Дальний Восток; б) их дети и внуки, рожденные после депортации в разных регионах СССР, чья первичная социализация проходила в последние десятилетия существования Советского Союза; в) молодежь, выросшая после распада Советского Союза или в постсоветский период, возможно, в разных странах и регионах РФ. Каждая поколенческая группа корейцев, имея общую национальную психологию, характеризуется собственными ментальными установками.

В данной книге рассматриваются исторические и социальные процессы, в которых участвовали корейцы советского времени, или «сорён сарам». Наша задача – показать основные адаптивные поведенческие стратегии, позволившие корейцам существовать и развиваться в иноэтничной и инокультурной среде, с учетом традиционного конфуцианского мышления и идеологических установок, существовавших в советское время.

В южных регионах Российской Федерации за советские десятилетия и после распада Советского Союза сложилась корейская этносоциальная общность, объединенная земляческими и родственными узами и прочно связанная со всей метаэтнической общностью. Южная часть России привлекала корейцев богатыми возможностями для занятий традиционным земледелием. Корейцы проживали здесь и в довоенное время, развивая каспийское рыбоводство и создавая по существу новую для этих регионов рисоводческую отрасль. В послевоенное время и в период «развитого социализма» многие из них помогали восстанавливать промышленность, строить новые объекты, стремились получать высшее образование в местных высших и средних специальных учебных заведениях.

После распада Советского Союза южные регионы привлекали корейцев из центральноазиатских республик даже сильнее, чем дальневосточная родина, чему способствовали подобный среднеазиатскому жаркий климат и наличие земель сельскохозяйственного назначения.

Южнороссийский территориальный кластер проживания корейского населения – это регионы Южного и Северо-Кавказского федеральных округов (ЮФО и СКВО), до 2010 года объединенные в один ЮФО. В данном исследовании оба федеральных округа рассматриваются нами как единая региональная общность, в составе которой Республика Адыгея (Адыгея), Республика Дагестан, Республика Ингушетия, Кабардино-Балкарская Республика, Республика Калмыкия, Карачаево-Черкесская Республика, Республика Северная Осетия — Алания, Чеченская Республика, Краснодарский край, Ставропольский край, Астраханская, Волгоградская, Ростовская области, а также Республика Крым и город Севастополь.

Сухопутные границы южные регионы имеют с Абхазией, Грузией и Южной Осетией, Азербайджаном, и только водную с Казахстаном, на востоке эти регионы ограничены Каспийским морем, на западе – Чёрным морем, на юге — Главным Кавказским хребтом. Основная часть регионов входит в Северо-Кавказский экономический район, самый многонациональный в РФ. В Поволжский экономический район входят Волгоградская область и Республика Калмыкия.

По доле корейского сельского населения южные регионы занимают лидирующую позицию в России. Юг является важнейшими поставщиком продукции сельского хозяйства для России. Здесь выращиваются зерно, сахарная свекла, фрукты, овощи, виноград, бахчевые культуры, рыба, разводится скот, вылавливается рыба. Крупнейшими городами являются Ростов-на-Дону,

Волгоград, Краснодар, Астрахань, Ставрополь, Сочи, Махачкала, Владикавказ. Основной промышленный потенциал сконцентрирован в Ростовской, Волгоградской областях и в Краснодарском крае.

Карта-схема Южного и Северо-Кавказского федеральных округов

Специализацией Ростовской области является тяжелая промышленность: металлургия черная (металлический порошок, стальные трубы) и цветная, машиностроение (зерновые комбайны, электровозы, паровые котлы, оборудование для АЭС, кузнечнопрессовые машины), угледобывающая промышленность. Важную роль играет пищевая промышленность (мясомолочная, масложировая, кондитерская, табачная, плодоовощеконсервная). В Волгоградской области развиты электроэнергетика, черная металлургия (сталь, прокат, стальные трубы), машиностроение, в том числе судостроение, химическая и нефтехимическая промышленности. Основой промышленности Краснодарского края являются пищевая промышленность (винодельческая, плодоовощеконсервная, маслобойная, мясная), машиностроение (приборостроение, станкостроение, сельскохозяйственное машиностроение), нефтеперерабатывающая и легкая промышленности.

Наибольшее число корейцев сконцентрировано в Ростовской области, Волгоградской области, Краснодарском и Ставропольском краях. Заселение корейцами южных территорий имеет собственную историю.

Авторы благодарят за консультации и помощь в переводах с корейского на русский язык, за предоставление биографических материалов, фотографий, за дружескую поддержку Сим Ларису Михайловну, пастора Ли Хен Кына, его помощника учителя Сон Чжи Хуна, нашу дочь Ким Адель Игоревну, Кима Геннадия Петровича и его сестру Галину Петровну, директора музея истории и науки Волгоградского государственного технического университета доцента Мишту Светлану Петровну, наших друзей из Калмыкии Бек Юрия, Намруеву Людмилу.

Глава 1

Корейцы в исторических процессах южных регионов России. Статистические данные переписей населения о корейцах

1. Появление корейцев на Юге России в дореволюционный период

История пребывания корейцев на территории Юга России и Нижнего Поволжья насчитывает больше ста лет. По некоторым данным, корейцы появлялись на Северном Кавказе еще в конце XIX в. Русско-японская война 1904-1905 гг. непосредственным образом затронула жизнь корейцев, проживавших в России. Известным корееведом профессором Н. Ф. Бугаем опубликованы архивные документы, относящиеся к надзору за японцами и корейцами на юге страны. Во исполнение предписания об особом режиме надзора за японскими подданными департамент полиции Кубани сообщал: «⋯некоторые подкупленные Японией корейцы и переодетые в корейское платье японцы занимаются разведками в пределах империи, а также в местах расположения наших войск на Дальнем Востоке», в связи с чем требуется: «⋯собрать сведения об образе жизни, отношениях к деятельности всех находящихся в пределах вверенной местности корейцев и в последующем сообщить в Департамент».[1] Однако корейцев на вверенных территориях обнаружено не было.

В годы Первой мировой войны в апреле 1915 г. Совет министров Российской империи разрешил использовать корейский труд на предприятиях, находящихся «к востоку от меридиана Волги». Затем в марте 1916 г. было разрешено применение труда корейских и китайских рабочих на предприятиях между Байкалом и правым берегом Волги (за исключением 25-вёрстной полосы по обеим сторонам Сибирской и Троицкой железных дорог). Наконец, в августе 1916 г. царское правительство решило допустить «жёлтый

---

1) Бугай Н.Ф. Кавказ в судьбах российских корейцев: контакты, трансформации, перспектива. Корейцы Юга России и Нижнего Поволжья. Волгоград. 2011. С. 7-10.

труд» уже во всех местностях к западу от Байкала (за исключением районов военных действий).[2]

2. Корейское население в южных регионах РСФСР в 1920-е гг

Российский исследователь Б.Д. Пак отмечает, что в годы гражданской войны и иностранной интервенции в России на территории её европейской части находилось до 7 тыс. корейцев, а среди 18 городов этой части страны, в которых трудились корейские рабочие – южнороссийские Астрахань, Царицын, Екатеринодар (Краснодар), Таганрог, Ростов-на-Дону, Новочеркасск, Пятигорск, Армавир, Саратов.[3] «Общеобластная сводка по Кубано-Черноморской области по данным 1920 г.» свидетельствует, что на указанной территории проживали 2 193 040 русских, 311 500 украинцев, 109 035 великороссов, 913 белорусов, и в перечне жителей области «других национальностей» упоминается 1 кореец[4]

---

2) Пак Б.Д., Бугай Н.Ф. 140 лет в России. Очерк истории российских корейцев. М., 2004. С. 83.

3) Пак Б. Д., Бугай Н. Ф. 140 лет в России. Очерк истории российских корейцев. С. 131.

4) На правах рукописи. Попова Ю.Н. Корейская диаспора Краснодарского края: Историко-культурные аспекты (XX в. - начало XXI в.). Диссертация на соискание ученой степени кандидата исторических наук. Краснодар. 2004. С. 57.

,что сильно расходится с приведенными выше данными.

Факт пребывания корейцев в южных регионах России в советское время зафиксирован в переписи населения 1926 г.[5] В Северо-Кавказском крае проживали 18 корейцев (17 мужчин, 1 женщина), в основном в городских поселениях (16 человек): в г. Майкопе и г. Новороссийске по 2 мужчин, в г. Краснодаре и г. Грозном по 1 мужчине (таблица 1).

В Крымской АССР проживали 13 корейцев (9 мужчин и 4 женщины); из них в г. Симферополь 8 человек (5 мужчин, 3 женщины), в г. Севастополь 1 мужчина; и в Астраханской губернии 14 человек корейской национальности.

3. Корейцы на юге России от депортации 1937 г. Великой Отечественной войны

1) Статистические данные переписи 1939 г

По данным переписи населения 1939 г.[6], в Сталинградской области и в Азово-Черноморском крае была расселена самая большая оставшаяся в РСФСР после депортации 1937 г.

---

5) http://demoscope.ru/weekly/ssp/census.php?cy=1
6) http://demoscope.ru/weekly/ssp/census.php?cy=2

группа корейцев – 3521 человек (30,7%), из которых 1925 (54,7%) мужчин и 1596 (45,3%) женщин (таблица 2). Здесь в городах переписаны 467 человек (13%), из которых 279 (59,7%) мужчин и 188 (40,3%) женщин; в сельской местности 3054 (87%) человек, из них 1646 (53,9%) мужчин и 1408 (46,1%) женщин.

Самая многочисленная группа корейцев зарегистрирована в Сталинградской области, состоявшей из нынешних Волгоградской и Астраханской областей. Здесь из 2790 человек абсолютное большинство переписано в сельской местности (2596 человек); соотношение мужчин (52,8%) и женщин (47,2%) соответствует средним значениям по СССР 1939 г. для корейского населения (53,2% и 46,8%).

В целом на территории Южного федерального округа зафиксированы гендерные пропорции, близкие к естественным для корейской популяции (55% мужчин и 45% женщин). Скорее всего, подобное распределение мужчин и женщин характерно для местностей, определенных для спецпоселений, куда корейцев переселяли, как правило, семьями; либо для мест, откуда их не выселяли.

Часть корейцев была депортирована с Дальнего Востока, как, например, 500 корейских семей рыбаков, членов астраханского рыбацкого колхоза, размещенных здесь в 1937 г.[7] Другая группа сорён сарам оказалась здесь ранее для

_____

7) Бугай Н.Ф. Корейцы в Союзе ССР – России: XX-й век. История в

участия в организации рисоводства в Азово-Черноморском крае вместе с Северо-Кавказским рисотрестом, о чем подробно рассказывается в исследованиях Ж.Г. Сон.[8]

2) Участие корейцев в развитии «северного рисоводства» в 1930-х гг

Сельскохозяйственная деятельность корейцев на Юге России в указанный период осуществлялась путем их массового участия в "северном рисоводстве" в соответствии с государственным планом. История рисоводства на советской Кубани началась в 30-х гг. прошлого века. Первый рисовый участок был заложен и введен в эксплуатацию в 1929-1930 гг.[9] Организация и успешное функционирование в нач. 30-х гг. корейских рисоводческих колхозов на Юге России – в Азово-Черноморском крае, в Северокавказском крае[10] способствовали географической мобильности

документах. М., 2004. С. 91 и далее.

8) Сон Ж.Г. Российские корейцы: всесилие власти и бесправие этнической общности. 1920-1930. М., 2013. С. 324-339.

9) Полутина Т.Н. Место кубанского рисоводства в производстве риса в России // Вестник Курской государственной сельскохозяйственной академии. 2014. №5. С. 44-47. [Электронный ресурс] Режим доступа: http://cyberleninka.ru/article/n/mesto-kubanskogo-risovodstva-v-proizvodstve-risa-v-rossii. Дата обращения: 05.11.2016.

10) Сон Ж.Г. Первые корейцы на Северном Кавказе в 1920-1930 гг. как трудовой ресурс // Материалы межрегиональной научно-практической конференции «Гармонизация межнациональных отношений в Южном федеральном округе. Российские корейцы в

корейцев.

Поначалу, несмотря на хорошую профессиональную репутацию корейцев, работу и жизнедеятельность сильно затрудняло отношение местных жителей и местной власти. Известно, что иногда местные жители оказывали противодействие деятельности коммун корейских рисоводов. Так, в станице Синявской Таганрогского района провокации составляли «конкретную форму издевательства над корейцами-коммунарами, в особенности над их женами: в колодец при общежитии и домах корейцев бросали различную падаль, как-то дохлых кошек, собак и пр.». Местная сельская власть также саботировала необходимость жилищного обустройства и прекращения травли членов корейской коммуны «Дон-Рис». Исправлением ситуации были вынуждены заниматься партийные органы и органы юстиции.[11]

Благодаря архивным изысканиям Ж.Г. Сон, в научной литературе и публицистике известны имена корейских рисоводов Северного Кавказа того времени, а также их экономические и трудовые достижения. Первые корейские переселенцы прибыли в Азово-Черноморский край для

диалоге народов и культур Дона». М. - Ростов-на-Дону, 2011. С. 138-139.

11) Макаров Ф. Борьба с великодержавным шовинизмом на Северном Кавказе. Советская юстиция. Орган НКЮ РСФСР. 1931, №19, с. 16-19. Цит. по: Корейцы в СССР. Материалы советской печати. 1918-1937 гг. М., 2004. С. 273-276.

работы в рисовой отрасли в 1932 г. Артель им. Димитрова возглавил председатель артели коммунист Сен Чи-Дюн. Прежний опыт, профессиональные знания и трудолюбие помогли корейцам колхоза им. Димитрова Ивановской МТС развить отрасль и собирать высокие урожаи риса. Весной 1933 г. организована сельскохозяйственная коммуна по рисосеянию в Славянском районе Азово-Черноморского края, состоящая из ста корейских семей.[12] Рис разводили в Краснодарском крае, в Астраханской и Ростовской областях, Чечне, Дагестане. Однако, несмотря на патриотический настрой и самоотверженный труд, в 1937-1938 гг. корейцы-рисоводы были подвергнуты репрессиям. В колхозе Димитрова были арестованы и безвинно осуждены 99 корейцев. В общей сложности 137 колхозников мужчин корейской национальности по всему Азово-Черноморскому краюосужденыза«шпионско-диверсионнуюдеятельность».[13]

3) Корейцы в астраханском рыбоводстве в конце 1930-х годов

Всесоюзная перепись населения 1939 г. зафиксировала пребывание на территории всей Сталинградской области

---

12) Сон Ж.Г. Российские корейцы: всесилие власти··· С. 326.
13) Сон Ж.Г. Российские корейцы··· С. 336-338.

2790 корейцев.[14] До того времени количество корейцев в Нижнем Поволжье было незначительным. Согласно данным переписи населения 1926 г. в Сталинградской губернии проживал 1 кореец, в Астраханской 14.[15]

Эти данные подтверждаются материалами, находящимися в фондах Государственного архива Волгоградской области (ГАВО), где один из авторов проводил поиск документов по данной теме. До настоящего времени в фондах органов власти ГАВО нам не удалось найти документов, свидетельствующих о пребывании корейцев на территории Царицынской (Сталинградской) губернии (1920-1928 гг.), Нижне-Волжского края (1928-1934 гг.), Сталинградского края (с 1934 г.). Например, рубрика «корейцы» отсутствует в предварительных данных о национальном составе сельского населения Сталинградской губернии переписи 1926 г.[16] Корейцы не упоминались отдельной строкой в отчёте о работе отдела национальностей Сталинградского облисполкома за 1936 г., хотя отмечалось, что на территории области проживает «около 30 национальностей».[17] Единственное упоминание о корейцах

---

14) http//www.demoskop.ru

15) Данные переписи населения СССР 1926 года см.: demoskop.ru

16) Ким И.К. Корейцы в Нижнем Поволжье в конце 1930-х годов. – Корейцы Юга России и Нижнего Поволжья. Волгоград, 2011. С. 25.

17) Там же.

в пределах нынешней территории Волгоградской области до депортации удалось обнаружить лишь в сведениях о национальном составе учащихся техникумов и вузов Сталинградского края за 1936-37 учебный год. Двух корейцев можно найти в списках студентов дневного отделения механического института, ещё одного – среди студентов медицинского института.[18] К сожалению, большая часть довоенных архивов механического института (Волгоградского технического университета) сгорела во время бомбежек во время Сталинградской битвы, и о судьбе этих студентов ничего не известно.

Развитие рыбоводства в Прикаспии послужило причиной нового этапа появления корейцев в Нижнем Поволжье после депортации. Во второй половине 1937 г. несколько сотен корейских семей оказались на территории Астраханского округа, входившего тогда в Сталинградскую область. Как отмечает Н. Ф. Бугай, именно «эта страница в истории принудительных переселений советских корейцев фактически не разработана».[19] Все же, именно Н. Ф. Бугаем в последние годы были опубликованы несколько архивных документов центральных министерств и ведомств из Государственного архива Российской Федерации и

---

18) Там же.

19) 1937 год. Российские корейцы: Приморье – Центральная Азия – Сталинград (Депортация). М., 2004. С. 20.

региональных архивов. О начальном этапе пребывания корейцев в Астраханском округе есть упоминания в исследованиях Б. Д. Пака и Н. Ф. Бугая. Наконец, некоторые неопубликованные документы об условиях проживания корейцев-переселенцев, деятельности областных властей и руководителей предприятий, куда были направлены депортированные, обнаружены в Государственном архиве Волгоградской области.

В период осуществления депортации заместитель наркома внутренних дел В. В. Чернышёв в секретном письме от 5 ноября 1937 г. на имя заместителя председателя СНК СССР В. Я. Чубаря сообщал: «Из состава переселенцев-корейцев 500 семей рыбаков размещены в районе Астрахани Сталинградской области». Эти корейцы в количестве 2871 человек учитывались как поселенные в Казахстане. Поскольку средства для переселенцев были направлены в Казахстан и Узбекистан, В. В. Чернышёв просил В. Я. Чубаря «приказать Казахской конторе Сельхозбанка перевести в Астрахань кредиты на 500 семейств – 100 тыс. руб.». В свою очередь в соответствии с двумя распоряжения В. Я. Чубаря должны быть выделены средства для переселенцев-корейцам, прибывшим в Астраханский округ: 19 ноября было дано распоряжение Сельхозбанку об отпуске 100 тыс. рублей за счёт средств, отпущенных СНК СССР на выдачу ссуд и пособий, а 23 ноября в новом письме было предложено «дать указание Казахской конторе с/х банка о переводе в Астрахань для переселенцев-корейцев дополнительно 100 тыс. рублей».[20]

Представитель корейцев-переселенцев в Гурьевской области Казахстана (село Хорохоль[21] Деньгинского[22] района) Пак Ежи[23] направил 29 января 1938 г. письмо Председателю СНК В. М. Молотову с просьбой переселить корейцев «на рыболовные промыслы в Азовское море или в Галозатский район[24] Астраханской области или на рисоводство», выдать «денежное пособие», так как среди поселенцев были голодающие.[25]

Составители собрания документов «История сталинского Гулага» в примечании к этому документу сообщают, что «в соответствии с постановлением Оргкомитета облисполкома Астраханского округа заместителем Председателя СНК СССР В. Я. Чубарём 9 февраля был направлен отрицательный ответ о невозможности расселить корейцев из Денгизовского

---

20) Бугай Н. Ф. Корейцы в Союзе ССР – России: XX век (История в документах). М., 2004. С. 91.

21) Нынешнее написание – Караколь (каз. Қаракөл) — село в Курмангазинском районе Атырауской области Республики Казахстан.

22) Варианты – Денгизский, Денгизовский. Впоследствие Курмангазинский район.

23) Написание имени по цитируемому документу.

24) Ныне Наримановский район Астраханской области.

25) История сталинского Гулага. Конец 1920-х – первая половина 1950-х годов. Т. 5. Спецпоселенцы в СССР. М., 2004. С. 240.

района Казахстана в Астраханском округе в связи с тем, что в округе уже есть 570 семей корейцев···»[26]

В справке о количестве трудовых посёлков, трудовых поселенцев и неуставных артелей, датируемой не ранее 1 апреля 1938 г. по Сталинградской области, приводится только число неуставных артелей на тот момент – их было 10[27], и можно предположить, что это были артели корейцев-трудовых поселенцев.

Н. Ф. Бугай пишет о перемещениях переселенцев, прибывших в район Астрахани: «···Члены трёх переселенческих корейских рыболовецких колхозов свыше 300 семей первоначально пребывали в Камызякском районе Астраханского округа Сталинградской области. Положение их изначально было очень тяжёлым. Они изложили свою просьбу Совнаркому Союза ССР о расселении в Наримановском и Володарском районе округа». В постановлении СНК СССР от 20 февраля 1938 г. говорилось: «···13. Обязать Сталинградский облисполком по согласованию с «Рыбколхозсоюзом» хозяйственно устроить 330 рыболовецких колхозных хозяйств корейских переселенцев, прибывших в район Астрахани, отпустить Сталинградскому облисполкому на эти цели, из расчёта 3000 руб. на каждый колхозный двор – 990 000 руб., из

---

26) История сталинского Гулага. Т. 5. С. 742.
27) Там же. С. 248.

которых – 330 000 руб. по госбюджету и 660 000 руб. – в порядке кредита⋯ Наркомвнуделу СССР установить систематический контроль над выполнением настоящего постановления».[28]

Из воспоминаний Петра Степановича Тю (1927 г.р.), Ильи Львовича Ляна (1925 г.р.), и Бун Сен Тё (1926 г.р.), проживающих в Астане, следует, что в Астрахань прибыл целый эшелон с корейцами, которых затем "разбросали" по рыбацким поселкам. В середине декабря 1941 г. всех корейцев выселили в Казахстан.[29]

Документы, расширяющие и детализирующие представления о пребывании корейцев-переселенцев в Сталинградской области, обнаружены в Государственном архиве Волгоградской области и касаются уже весны 1938 г. О местах и условиях проживания корейских переселенцев в Астраханском округе свидетельствуют два найденных документа. В сообщении представителя комиссии советского контроля по Сталинградской области о подготовке к весенней путине от 13 марта 1938 г. упоминались корейские переселенцы, временно проживавшие в жилых помещениях Волго-Каспийского

---

28) 1937 год. Российские корейцы: Приморье – Центральная Азия – Сталинград (Депортация). С. 20.

29) Цой С.В. Корейцы в Астраханской области. https://etnokonf.astrobl.ru/document/2340

Госрыбтреста: «Часть тоневых помещений[30] занята корейцами-переселенцами, и подготовка этих помещений к приёму рабочих будет производиться после размещения переселенцев в другие места».[31]

В акте комиссии по проверке готовности группы рыбозаводов «Молодая Гвардия» (в его состав, кроме основного, входили и три подсобных рыбозавода, включая «Труд-Фронт») к весенней путине более подробно пишется об условиях жизни корейцев и возможностях улучшения этих условий. Об основном рыбозаводе писалось: ««Молодая Гвардия» имеет 2 тони··· Глубокая тоня имеет 3 общежития – бараки летнего типа, где размещены семьи корейцев, в виду малой жилплощади и скученности наблюдается грязное содержание общежитий и вследствие холодного помещения – наблюдается массовое заболевание гриппом взрослых и детей. Также наблюдается вшивость, бани нет, а также нет плавучей бани и дезокамеры на тонях». Среди предложений относительно рыбозавода было одно касающееся собственно корейцев: «Переселить корейцев в специально подготовленное для них семейное общежитие на «Труд-Фронте» – с Глубокой тони, срок 23/III-38 года». По итогам проверки подсобного рыбозавода «Труд-Фронт»

---

30) Тоня - участок водоёма, специально оборудованный для ловли рыбы закидным неводом, а также часть берега, прилегающая к этому участку.

31) Ким И.К. Корейцы в Нижнем Поволжье в конце 1930-х годов. С. 26.

сообщалось: «Производится текущий ремонт – побелка семейного общежития для семей корейцев». В предложениях же по этому рыбозаводу был пункт: «Закончить текущий ремонт семейного общежития для корейцев и переселить их, не позднее 25/III-38 года».[32]

К этому же периоду (март – начало апреля 1938 г.) относятся и документы местных органов власти, связанные с корейскими переселенцами. Постановление президиума Сталинградского облисполкома от 1 апреля посвящено строительству жилья для переселенцев. Со ссылкой на вышеупомянутое постановление СНК СССР от 20 февраля 1938 года об устройстве 330 корейских семей облисполком постановлял: обязать Астраханский окрисполком «не позднее 10 апреля с. г. закончить распределение прибывших корейских переселенцев в соответствии с их хозяйственной деятельностью, обеспечив место и условия работы для них; ···немедленно организовать··· строительство жилых саманных домов с придворными постройками; ··· разработать типовой проект колхозного двора···; немедленно организовать получение и доставку на площадку строительства отпущенных Переселенческим отделом НКВД СССР через СНК Казахской ССР, фондовых стройматериалов; ···выделить инженера-строителя···;

---

32) Там же.

оформить получение кредита в Сельхозбанке, отпущенного на строительство колхозных дворов⋯», а также «не позднее 21 мая с. г. доложить президиуму Облисполкома о ходе строительства». В этом же документе Облплан обязывался «обеспечить своевременное выделение необходимых стройматериалов через Госплан Союза». «Срок окончания строительства установить не позднее 1-го октября сего года»[33], – так заканчивался цитируемый документ.

В постановлении Оргкомитета Облисполкома по Астраханскому округу «О хозяйственном устройстве корейцев-переселенцев» от 1 марта со ссылкой на «неоднократные случаи обращения отдельных семей корейцев-переселенцев в Окрисполком с просьбой об оказании продовольственной помощи» предлагалось «возбудить ходатайство перед Облисполкомом об отпуске 50 тонн продссуды, разрешив погашение её для корейцев, занятых в рыболовецком производстве (как не имеющих зерновых посевов) деньгами, а для занятых в сельском хозяйстве – натурой». Результатом этого ходатайства стало постановление президиума Сталинградского облисполкома от 21 марта «отпустить семьям корейцев-переселенцев продовольственную ссуду в количестве 50 тонн со сроком погашения в 1938 году».[34]

---

33) Там же. С. 28.
34) Там же.

На сегодняшний день опубликованные, а также найденные авторами неопубликованные документы, хранящиеся в Государственном архиве Волгоградской области, не исчерпывают затронутую тему. Большая часть вопросов по-прежнему остаётся невыясненной. Неясны полностью пути попадания корейцев-переселенцев на территорию Астраханского округа Сталинградской области, этапы этого процесса (есть основания полагать, что имелось несколько вариантов этих путей, и процесс переселения не был одноэтапным). Неясно количество корейских семей, оказавшихся на этой территории (в документах имеются данные о 500, 570 и 330 семьях), а также как оно изменялось. Нельзя пока точно определить все места проживания переселенцев в Астраханском округе и перемещения их по территории округа. Наконец, не имеется сведений относительно судеб корейских семей, оказавшихся в 1938 году в пределах Сталинградской области.

К сожалению, мы не располагаем цифрами изменений численности корейцев в южных регионах и можем судить лишь по косвенным данным. По официальным документам известно, что «значительная часть корейцев, проживавших в Сталинградской области, в связи с приближением театра военных действий самостоятельно выехали в Гурьевскую область Казахской ССР и в Узбекскую ССР. Точных данных о количестве выехавших из Сталинградской области не имеется»[35]), также как о количестве вернувшихся впоследствии. В донесении в отдел спецпоселений НКВД сообщалось, что в Казахстан «28 декабря 1941 г. в Акмолинскую область из Астрахани прибыли спецпереселенцы русские и корейцы – 1833 человека. Располагаются в двух районах: Шортандинском и Акмолинском».[36])

4) Участие корейцев в Великой Отечественной войне 1941-1945 гг. на юге РСФСР

Корейцы принимали участие в Великой отечественной войне в составе Красной армии. Известны биографии некоторых корейцев, убывших на фронты Великой Отечественной войне 1941—1945 гг. с территории Кавказа и сражавшихся за Северный Кавказ.[37]) Они попадали на фронт на общих основаниях, как все призывники, по повесткам из военкоматов, по месту жительства в РСФСР. Значительную

---

[35]) Бугай Н.Ф. Корейцы в Союзе ССР - России. С. 148; Он же. 150 лет добровольному переселению корейцев в Россию: трансформации этнической общности (историография проблемы) // Историческая и социально-образовательная мысль. 2014. № 1 (23). – С. 23-24.

[36]) Цит. по: Бугай Н.Ф. Корейцы в Союзе ССР - России. С. 311.

[37]) Мы можем дать лишь краткий обзор со ссылкой на опубликованные исследования Пак Б.Д. Бугая Н.Ф., Шина Д.В.

их часть составляли добровольцы из числа студентов, рабочих и служащих: из Краснодарского края призваны 2 человека, из Астраханской области также 2 человека, из Северной Осетии 6, из Дагестана 3, из Крыма 4 корейца.[38]

В Сталинградской битве приняли участие корейцы: лейтенанты Ти Николай Яковлевич, Тэн Иван Васильевич, Тян Бернам, Цой Пётр Николаевич, старший сержант Ким Вениамин Арсентьевич, сержант Ким Чон Гон, гвардии младший сержант Ким Владимир Алексеевич, гвардии красноармеец Хе Инам, красноармейцы Ким Алексей Дмитриевич, Ким Дмитрий, Нам Александр Васильевич, Пак Михаил-Яков Иосифович, Пак Ханун, Тен Анатолий, Ан Дмитрий Алексеевич, Ким Михаил Анатольевич.

◎ Ан Дмитрий Алексеевич

Родился в 1908 г. Красноармеец. Погиб 11 августа 1942 г. Похоронен в с. Васильевка Октябрьского района Сталинградской области.[39] Ныне в селе имеется братская могила погибших в декабре 1942 года, но в списке имен погибших и захороненных здесь на стеле фамилии Ан не

---

38) Шин Д.В., Пак Б.Д., Цой В.В. Советские корейцы на фронтах Великой Отечественной войны 1941-1945 гг. М., 2011.

39) Список советских воинов, похороненных в Волгоградской области [данные Архива Октябрьского РВК Волгоградской области] [Электронный ресурс] / Электрон. дан. // Сводная база данных МИПЦ «Отечество» URL: http://www.ipc.antat.ru/Ref/all.asp (дата обращения 09.05.2010).

удалось обнаружить, поскольку он погиб еще в августе и место его захоронения не известно.[40]

Село Васильевка. Братская могила советских воинов, погибших в дни Сталинградской битвы. Обелиск сооружен в 1958 году.

◎ Ким Михаил Анатольевич

Связист Ким Михаил Анатольевич погиб в ноябре 1942 г. на территории сталинградского завода «Баррикады». Его имя увековечено в Зале воинской славы на Мамаевом кургане: Ким М.А., рядовой, Знамя №28, строка №95, столбец №2.

---

40) http://www.pobeda1945.su/burial/1154/album/744; http://www.arirang.ru/veterans/an_da.htm

◎ Хан Геннадий

Геннадий Хан после окончания механико-математического факультета МГУ им. М.В. Ломоносова был направлен в летную школу в г. Куйбышев, а затем в действующую армию. Был воздушным стрелком-бомбардировщиком 3-й эскадрильи 40-го запасного авиаполка ВВС Черноморского флота. Совершил множество вылетов. В одном из них, в мае 1943 г. был сбит авиацией противника в районе г. Анапы (Краснодарский край).[41]

◎ Ан (Но) Анна Филипповна

Анна Ан (1927 г.р.) была 14-летней девочкой, когда ей пришлось копать окопы в г. Орджоникидзе (Владикавказ) в июле 1941 г. В 1942 г. она работала медсестрой в прифронтовых госпиталях Орджоникидзе, Ростова-на-Дону, Харькова. Награждена медалью «За доблестный труд в Великой Отечественной войне 1941-1945 гг.». Из интервью Анны Ан известно, что с Северного Кавказа на фронт ушли пять корейцев: «В городе Жилги северокавказского фронта мы строили танковые укрепления, рыли окопы. По вечерам я ходила на курсы медсестер и через три месяца попала в передвижной госпиталь. Пришлось увидеть и пережить

---

[41] Московский университет в Великой Отечественной войне; Цой В. Мама, я вернусь с победой // Российские корейцы. № 4 (37). 2003, апрель, С. 5.

Ан (Но) Анна Васильевна. Фото с сайта http://www.arirang.ru

многое. Я носила на своих плечах раненных бойцов, у меня на руках умирали солдаты. Сутками мы не спали и не ели. Иногда командир посмотрит на меня и говорит: «Анна — Анна (меня так называли, не знали, что есть фамилия Ан), ты хоть сама поешь. Но мы знали, что даже раненым еды не хватало. И только изредка, когда никто не видел, можно было съесть кусочек хлеба. По ночам я выходила в поле и собирала шиповник и делала отвар. Потом поила им солдат, чтобы хоть как-то облегчить их страдания. Когда выпадало немного свободного времени, я садилась у изголовья своих бойцов, некоторые из которых были моими ровесниками или чуть-чуть старше, и напевала песни»[42]

◎ Кан Семен Васильевич (Тхя Дун)

Фото с сайта http://www.arirang.ru

Призван в ряды РККА из г. Бодайбо Иркутской области в 1941 г. С учетом боевого прошлого был направлен на срочные курсы Военной академии им. М.В. Фрунзе. Участник парада 7 ноября 1941 г. на Красной площади в Москве. В 1957 г. переехал в г. Троицкое Чечено-Ингушской АССР, позже — в г. Моздок Северо-Осетинской АССР. Скончался в 1990 году.[43]

◎ Нам Константин Николаевич

Родился в 1928 г., воспитывался в Ленинградском детском доме. Ушел в партизанский отряд, который образовался в первые недели блокады Ленинграда в лесу. В отряде был разведчиком, а также подрывал фашистские железнодорожные составы с военной техникой. Награжден орденами Красной Звезды и Отечественной войны II

---

42) Фото Виктора Ана. http://www.arirang.ru/news/2006/06117.htm. Шин Д.В., Пак Б.Д., Цой В.В. Советские корейцы на фронтах Великой Отечественной войны 1941-1945 гг. М., 2011. С. 37-42. Ким К. Стремительный взлёт Анов // Корё ильбо. 2006. 27 окт. И др.

43) http://www.arirang.ru/veterans/kang_sv.htm

степени, медалями «За боевые заслуги», «За победу над Германией в Великой Отечественной войне 1941-1945 гг.». В настоящее время проживает в Ростовской области в с. Кулешовка.[44)]

◎ Ким Давид и Ким Димитр

По словам Ан Анны, Давид и Димитр Кимы ушли на фронт в июне 1941 г. из Ростовской области. Давид Ким погиб 27 июля 1942 г. в Сталинграде. Место захоронения не известно.

Ким Димитр – советский партийный деятель, в 1937 г. по личному поручению И. Сталина был направлен на Северный Кавказ (г. Орджоникидзе), где стал основателем кавказского рисоводства. Возглавлял корейскую рисоводческую артель. Имея бронь для работы в тылу, вместе с шестью корейцами (Тен Ман Сек, Ким Давид и др.) отказался от нее и ушел на фронт. Погиб вместе с другими корейцами 27 июля 1942 г. в Сталинграде. Место захоронения не известно.

◎ Ким Елена Трофимовна

Хотя Ким Елена Трофимовна не участвовала в боевых действия или в трудовой армии, тем не менее ее можно считать участницей другого фронта – трудового. Родилась в

---

44) http://www.arirang.ru/veterans/no_af.htm

1924 году на Дальнем Востоке, откуда была депортирована в Узбекистан. В начале войны в 1941 году ей было всего 17 лет. С этого возраста она начала работать хлопководом в колхозе имени Ленина в Ташкентской области. В хлопководческом звене под ее началом трудились 20 человек. По плану, который ставился перед звеном, предписывалось собирать в 100 килограммов хлопка на одного человека.

Чтобы выполнить план, молодые девушки и женщины целый день находились в согнутом положении с большой нагрузкой на спину. Это губительно сказалось впоследствии на их здоровье. В жарком климате приходилось поливать по ночам хлопок, чтобы не падали цветы и завязались коробочки с хлопком. Стране нужно было много хлопка не только для изготовления тканей. Из семян этой культуры на одном из ташкентских заводов изготовляли порох. Кроме дневного сбора хлопка, по ночам приходилось молотить рис. Женщины работали без отдыха, практически на износ при скудном питании овощами, сваренными в большом количестве воды. Чувство голода и желание поесть досыта никогда не покидало юные организмы. Ломалась техника, но поломка комбайна позволяла хоть немного отдохнуть. Поскольку мужчины находились в трудовой армии, женщины зимой копали канал для строительства ГЭС глубиной 6 метров. За тяжелый ручной труд давали немного денег, но оплачивали в основном натуральными продуктами и небольшим количеством риса.

Елена Трофимовна Ким была награждена в 1948 г. орденом Трудового Красного Знамени за особые заслуги в области социалистического строительства и обороны Союза ССР. Как участник трудового фронта награждена также 5 юбилейными медалями за вклад в Победу в Великой Отечественной войне 1941 – 1945 гг. С 1970 года Елена Трофимовна, тетя Лена, как ее ласково называет корейская молодежь из ее села, проживает в рисоводческом поселке Большой Царын Октябрьского района Республики Калмыкия.[45]

4. Корейцы в южных регионах РСФСР в период послевоенного восстановления и строительства социализма (1945 – начало 1960-х гг.)

1) Перепись населения 1959 г

Впервые проведенная в послевоенное время в 1959 г. всесоюзная перепись населения показала начало

---

[45] Намруева Л.В. Советские корейцы на фронте и в тылу в годы Великой отечественной войны // Вестник Калмыцкого института гуманитарных исследований РАН. 2010. № 1. С. 3740.

складывания южно-российского корейского кластера, в которых входили почти 14% корейцев, проживающих в РСФСР. По данным переписи, регионы Юга России и Северного Кавказа интенсивно заселялись корейцами, численность которых выросла с 3521 человек в 1939 г. до 12268 человек в 1959 г. (таблица 3).

В Ростовской области в 1939 г. проживали 65 корейцев, в 1959 г. 2953 человек. В Дагестанской АССР количество лиц корейской национальности возросло с 47 человек в 1939 г. до 3590 человек в 1959 г.; в Северо-Осетинской АССР с 39 до 1551 человек, в Чечено-Ингушской АССР с 73 до 1857 человек; в Ставропольском крае со 108 до 468 человек.

2) Корейское рисоводство в Ростовской области, Ставропольском крае и Калмыкии

С середины 1950-х г., после смерти И. Сталина, корейцы получили право свободно перемещаться за пределы Казахстана и Средней Азии. Часть корейцев направлялась в южные регионы и Крым, климат в которых наиболее благоприятен для земледелия. Мобильности корейцев, уже добровольной, также способствовало интенсивное вытеснение основной культуры земледелия корейцев риса хлопчатником. Современник этих процессов свидетельствует:

> «Многие корейцы, не выдержав «хлопкового наступления», покинули земли, освоенные в поте лица, ушли в поисках мест, где выращивают рис – основной продукт питания корейцев. ⋯ основная масса корейцев сейчас расселилась, живет разрозненно в городах республики и за ее пределами: в Закавказье, в южных районах РСФСР и Украины. Нередко, объединяясь в так называемые кочующие бригады, корейцы возделывают овощи, бахчевые культуры. Незначительная часть корейцев в 50-60-е годы подалась обратно в Приморский край». [46]

Репутация корейцев как профессиональных земледельцев распространилась и упрочилась настолько, что, несмотря на статус репрессированных и перемещенных лиц, их приглашали в отдельные регионы для подъема сельского хозяйства. С 1951 г. начался этап активного ставропольского рисоводства. Ставропольский краевой комитет партии в целях повышения производительности сельскохозяйственной отрасли обратился в переселенческое управление при Совете министров РСФСР:

---

[46] Ким Степан. Исповедь сорён сарам – советского человека. Журнал «Дружба народов», 1989, № 4. Цит. по: http://www.e-reading.club/bookreader.php/1028371/Alieva_-_Tak_eto_bylo_Nacionalnye_repressii_v_SSSR._1919-1952_gody.html

«Предложить корейцам поселиться на территории Ставропольского края, с учетом их профессиональных способностей и зарекомендовавших себя как опытные возделыватели мало известной местным колхозникам культуры риса».[47]

Из опубликованных Н. Ф. Бугаем архивных документов известно, что в 1951 г. Невинномысский район Ставропольского края принял 198 граждан корейской национальности из республик Средней Азии. Предоставленные корейцам льготы по сельхозпереселению привели к заметным результатам – увеличению обрабатываемых площадей, высокой урожайности и, как следствие, к увеличению оплаты труда членов сельхозартели[48] и развитию социальной инфраструктуры.

Развитие системы кобончжиля привело к переселению, начиная с 1950-х гг., значительного количества корейцев в Ростовскую область, которая являлась одним из основных земледельческих районов Юга России.[49] Президент Ассоциации корейцев Ростовской области А. Н. Сон пишет: «···первые корейцы появились на территории [Веселовского] района в конце 40-х годов (1947-1949).

---

47) Цит. по: Бугай Н.Ф. Корейцы Юга России··· С. 154.

48) Бугай Н.Ф. Корейцы Юга России··· С. 155-156.

49) Ким Хе Чжин. Корейское общество в Ростовской области и его проблемы. – Корейцы Юга России и Нижнего Поволжья. Волгоград, 2011. С. 146.

Массовое переселение корейцев на новые орошаемые земли началось в 1951-1953 гг. В областной газете «Молот» и местных районных газетах регулярно печатались материалы о новой для Дона сельскохозяйственной культуре – рисе и о людях, выращивающих его. Это Герои социалистического труда Хван Ч.И. и Тен С.В., рисоводы Цой Сунн Хи, Ли Сен Чун, Цой Ха Ку, Ем Чан Дюн и др. Многие пенсионеры-ветераны, стоявшие у истоков ростовского рисосеяния, еще проживают в Веселовском и Волгодонском районах. После перехода выращивания риса на промышленную технологию многим корейцам пришлось переключиться на выращивание лука и других овощей».[50]

Местная жительница Е. Т. Ким рассказывала:

«В с. Кулешовка [Азовского района Ростовской области] первые корейцы поселились в 1954 г. Это семья Огай Дмитрия и Лигай Лаврентия. К 1956 г. более 10 семей поселились в с. Кулешовка. Занимались сельским хозяйством. С раннего утра до позднего вечера работали на полях, выращивали овощи. Благодаря своему трудолюбию наш народ завоевал авторитет и уважение местных жителей. Дети учились в школе, поступали в высшие учебные

---

50) Сон А.Н. Прошлое и настоящее донских корейцев. Феномен Ассоциации корейцев Ростовской области // Гармонизация межнациональных отношений в Южном Федеральном округе. Российские корейцы в диалоге народов и культур Дона. М.-Ростов-на-Дону, 2011. С.9-10.

заведения, осваивали новые профессии».[51]

В «Исторической справке о прибытии в Веселовский район Ростовской области граждан корейской национальности»[52] содержится список семей корейцев, прибывших в колхозы Весёловского района в 1953-1954 гг. Постановление Совета министров СССР №517 от 19.02.1953 явилось основанием для переселения корейцев из Казахстана и Кабардино-Балкарии для освоения орошаемых земель, на которых планировалось выращивать рис, хлопчатник, овощные культуры. Среди фамилий Ан, Кан, Ким, Ли, Мин, Мун, Огай, Пак, Сон, Тен, Тигай, Тян, Хан, Хван, Хегай, Хон, Цой, Чен (таблица 4).

Из исследования Ж. Г. Сон[53] известно об активной миграции корейцев из Средней Азии на Северный Кавказ после смерти Сталина: они проживали в г. Орджоникидзе Северо-Осетинской АССР, работая на полях в Чечено-Ингушской АССР. К концу 50-х гг. в Северо-Осетинской АССР проживали более 120 корейских семейств, а в 1955 г. был

51) Ким Е.Т. Страницы из жизни корейской диаспоры села Кулешовка. – Гармонизация межнациональных отношений в Южном Федеральном округе. С. 258-259.

52) Газета «Коре сарам на Дону», №5 (16), май 2013.

53) Сон Ж.Г. История социализации корейской семьи на Северном Кавказе (1933-1990). [Электронный ресурс] Режим доступа: http://koryo-saram.ru/istoriya-sotsializatsii-korejskoj-semi-na-severnom-kavkaze-1933-1990/. Обращение: 16.10.2015.

образован корейский колхоз им. Коста Хетагурова.

3) Участие корейцев в послевоенном восстановлении экономики и мирной жизни в Нижнем Поволжье

(1) Корейцы в высших учебных заведениях

По утверждению южнокорейского исследователя, пастора Ли Хен Кына, проработавшего около двадцати лет с корейцами Волгоградской области и собиравшего историческую и архивную информацию о местных корейцах, специалисты-корейцы участвовали в послевоенном восстановлении Сталинграда: «Первым корейцем, прибытие которого подтверждается документально, в это время был Ким Константин И., изучавший ботанику в Саратовском университете. Он был командирован в 1946 году в ботанический сад Волгоградского педагогического института. Когда он в 1949 году женился на русской, Ираиде Михайловне, он свидетельствовал: «Корейцев я не встречал».[54]

---

54) Ли Хён Кын. Современное состояние переселения корейцев Волгограда (1945-2010). – Корейцы Юга России и Нижнего Поволжья. Волгоград, 2011. С. 127.

◎ Ким Константин Иосифович

Родился 20.12.1917 г. в селе Синельниково Покровского района Дальневосточного края в семье крестьянина. Скончался в 1961 г. В Сталинградском педагогическом институте работал ассистентом на кафедре ботаники. Ким К.И. принимал активное участие в общественной жизни института: успешно выполнял обязанности редактора стенной факультетской газеты и работал в народной дружине, являлся членом партбюро факультета. Область научных интересов: биология сорных растений полей. С апреля 1955 по апрель 1956 гг. ему была предоставлена годичная аспирантура для написания диссертации. Написана кандидатская диссертация на тему "Сорные растения в полевом земледелии", которую Константин Иосифович не успел защитить.[55]

Из автобиографии Кима К.И., написанной им в 1954 г. и дополненной в 1960 г.: «···Родители мои умерли: отец в 1941 г., мать в 1942 г. С восьми лет я начал ходить в начальную школу, по окончании которой в 1929 г. поступил в корейскую семилетнюю школу в г. Никольск-Уссурийске (ныне Ворошилов). Окончив школу-семилетку в 1932 г., я решил

---

55) Педагогическийуниверситетвлицах.Профессорско-преподавательский состав Волгоградского государственного педагогического университета (1931-2006). Волгоград, 2006. С. 158; http://kb-vgpu.narod.ru/kim.html; https://artchive.ru/artists/34973~Konstantin_Iosifovich_Kim/biography

Ким Константин Иосифович, преподаватель Волгоградского государственного педагогического института, кафедра ботаники. 1950-е гг. Фото из личного архива Ким И.М., г. Волгоград

Ким К.И. с женой Ким И.М. и сыном Игорем. 1960 г. Личный архив Ким И.М., г. Волгоград

стать художником и поступил на живописное отделение Московского художественно-промышленного техникума. Техникум я окончил в 1936 г. и получил назначение в Ворошиловский корейский педтехникум преподавателем рисования и черчения. Через год, т.е. в августе 1937 года всех корейцев, живущих на ДВ, переселили в Казахстан и Узбекистан.

В сентябре 1937 г. вместе с другими преподавателями и

студентами техникума я приехал в г. Казалинск[56] КССР. Вместе со мной жили там мои родители. Проработав еще два года в техникуме, где уже преподавание велось на русском языке, осенью 1939 г. я поступил на естественный факультет Кзыл-Ординского пединститута КССР. Институт я окончил за три года в 1942 г. и поехал по путевке Министерства просвещения в с. Луговое Джамбульской области, где работал преподавателем химии и биологии в ср. школе. С 1 июля 1943 г. по 1 июля 1944 г. был зав. учебной частью. Проработав два года в данной школе, осенью 1944 г. я поступил на 4 курс биологического факультета Саратовского университета, который я окончил в 1946 г. по кафедре систематики и морфологии растений. По окончании университета получил назначение в Сталинградский пединститут… В 1954 г. меня приняли кандидатом в члены КПСС, я с 1955 г. член КПСС. …Старший мой брат Иннокентий работает директором рыбосовхоза в Гурьевской области. Младший брат Вениамин живет в Саратовской области, работает прокурором. Сестра живет на станции Уш-Тобе[57], КССР,

---

56) Город Казалинск Казалинского района Кзылординской области Республики Казахстан. По данным переписи населения СССР 1939 в г. Казалинске проживали 1835 лиц корейской национальности.

57) Ныне город Уш-Тобе, центр Каратальского района Алматинской области, железнодорожная станция на линии Семипалатинск—Алма-Ата, в 49 км к северо-западу от города Талдыкорган. По переписи 1939 года там проживали 3382 корейца.

на иждивении сына. 5 ноября 1960 г.»

Для нашего исследования автобиографические сведения Константина Иосифовича Кима имеют особую и большую ценность, поскольку он является преждевременно ушедшим из жизни отцом одного из авторов, а именно Игоря Константиновича Кима. Кроме информации личного характера, текст дает возможность проследить семейную историю и выявить ее типичность для старшего поколения сорён сарам.

Константин средний сын (брат) в многодетной семье, родился в декабре 1917 г. Старший брат Константина Иннокентий – для автора старший дядя, мадабай. Младший брат Вениамин – младший дядя, адибай. В семье была также сестра, о которой, к сожалению, нет информации, даже упоминания имени. Все они рождены на Дальнем Востоке. Август 1937 г. упоминается как месяц, когда всех дальневосточных корейцев «переселили» в Казахстан и Узбекистан. Константин и, возможно, одновременно его семья прибыла в г. Казалинск в сентябре вместе с техникумом, в котором он преподавал. Из этого следует либо долгий по времени путь (август-сентябрь), либо информант некоторое время проживал в другом месте Казахстана.

Константин получал образование начиная с восьмилетнего возраста, проходя все доступные советскому корейцу ступени: начальная школа, семилетняя школа в г. Николь-Уссурийске, затем юноша «решил стать художником» и в 15-летнем возрасте уехал в Москву для учебы на живописном отделении Московского художественно-промышленного техникума. Поработав учителем в школе, в Казахстане Константин прошёл трехлетний курс обучения на биологическом факультете пединститута, затем в военном 1944 г. поступил в Саратовский университет на 4-й курс. Работая преподавателем в Сталинградском педагогическом институте (ныне Волгоград социально-педагогический университет, в котором преподает его сын Ким Игорь Константинович, доцент кафедры всеобщей истории), занимался наукой и учился в аспирантуре.

Братья его Иннокентий и Вениамин, судя по должностному положению, также имели высшее образование или, по крайней мере, среднее специальное. Как видим, социализация братьев Ким, ставших круглыми сиротами в довольно молодом возрасте, проходила в труднейших жизненных обстоятельствах через многоступенчатое образование к достижению достаточно высоких позиций в профессиональной карьере – учитель и преподаватель высшего учебного заведения, директор рыбосовхоза, прокурор района.

Это вполне соответствует духу конфуцианских

ценностей, связанных с необходимостью трудиться и учиться, имея главным показателем общественного престижа ученость: в традиции корейского общества уважение к юриспруденции и научной деятельности, чем и были заняты средний и младший брат. Традиционным видом хозяйственной деятельности, кроме земледелия, среди корейцев был рыбный, морской промысел, которым занимался старший брат. Таким образом, даже вдали от материнского этноса сорён сарам проживали жизнь в соответствии с принятым в Корее конфуцианским «правильным образом мысли» и действий.

Этот непреложный факт отмечен известным исследователем Ларисой Михайловной Сим: «···базовые ценности духовной национальной культуры, сохранявшиеся в глубинах памяти, естественно срабатывают в любом месте, где бы ни находился его носитель. ··· менталитет корейцев менялся ···вне исторической родины, но его базовые ценности оставались более или менее стабильными. Современные корейцы СНГ ··· во многом воспроизводят поведенческие модели своих далеких предков».[58]

Тем интересней ощутить воздействие симбиоза патриотического мышления советской эпохи с конфуцианским мышлением, подчиняющим личное

---

[58] Сим Л.М. К вопросу о корейском менталитете: прошлое в настоящем. http://world.lib.ru/k/kim_o_i/s6s6.shtml

общественному, которое является двигателем всей советской и постсоветской истории корё сарам.

К сожалению, родственные корейские связи Кима Константина Иосифовича полностью были утеряны его семьей, возможно, он просто не успел познакомить свою жену и сына со своими братьями.... Во всяком случае, гипотетически возможно восстановить связи с их потомками через архивные поиски.

(2) Участие корейцев в строительстве Волжской ГЭС

6 августа 1950 г. на основании разработанной Гидропроектом схемы использования нижнего течения Волги было принято, а 31 августа опубликовано постановление Совета Министров СССР №3555 о сооружении в створе выше г. Сталинграда ГЭС мощностью 1,7 млн кВт с НПУ 30,0 и выработкой около 10 млрд киловатт в час электроэнергии в средний по водности год. 17 августа 1950 г. в соответствии с приказом № 0558 МВД СССР для обслуживания работ Сталинградгидростроя был создан Ахтублаг, то есть Ахтубинский исправительно-трудовой лагерь.[59] В 1950—1951 гг. силами заключенных Ахтублага

---

[59] Организован 17.08.50; закрыт 30.05.53. http://www.memo.ru/history/NKVD/GULAG/r3/r3-17.htm.

начались разработка котлованов будущих гидросооружений, строительство Волго-Ахтубинского канала и жилья для вольнонаемных строителей гидроузла. В 1956—1957 гг., после смерти Сталина и расформирования Ахтублага, на строительстве гидроузла, объявленным ударной комсомольской стройкой, оказались вольнонаемные, в основном, с Куйбышевгидростроя.

Южнокорейский исследователь пастор Ли Хен Кын обнаружил связь биографий некоторых из волгоградских корейцев старшего поколения со строительством Волжской ГЭС. «На строительстве ГЭС на протяжении нескольких лет было задействовано огромное количество рабочей силы, для обеспечения энергии и воды были сооружены Волжская плотина, канал, соединяющий Волгу и Дон. Среди мобилизованных для участия в этих работах можно найти и корейцев. В Сталинград прибыли, пусть их и было немного, командированные сюда корейцы с высшим образованием - инженеры и преподаватели. Петр Моисеевич Ким (1911 года рождения) был командирован в качестве строительного инженера в 1949 году на Волжскую гидроэлектростанцию··· В следующем году в Сталинград приехала и его семья. Его жена, ···была русской по национальности, говорила, что больше корейцев не встречала. Их сын, Геннадий Ким (1937 года рождения, преподаватель Волгоградского государственного технического университета), также говорил, что во время учебы в 8-м классе он корейцев не встречал.

Однако, позже корейцев можно было увидеть на строительстве Волжского химического завода. Работавший здесь в 1957 году Виктор Ли (1920 г.р.) говорил, что в 60-х гг. рядом с ним работало больше сотни корейцев – техников и рабочих. Все они жили в недавно построенном городе Волжском и находящемся рядом Среднеахтубинском районе.[60] Логично предположить, что какая-то часть этих корейцев работала здесь вольнонаемными. Для выяснения этого следует поработать в архивах данных учреждений.

Ниже приводится биография Кима Петра Моисеевича, написанная и опубликованная его сыном Геннадием Петровичем Кимом в газете корейцев Волгоградской области, выпускавшейся некоторое время.[61] Текст публикуется с его разрешения.

◎ Ким Петр Моисеевич

Биография, записанная его сыном Г.П. Кимом по сохранившимся дневникам.

«П.М. Ким родился 1 октября 1911 г. в крестьянской семье

---

60) Ли Хен Кын. Современное состояние переселения корейцев Волгограда (1945-2010). 126-127.

61) Биография Кима Петра Моисеевича (записанная по сохранившимся дневникам) –«Волгоградские корейцы», 16 августа 2007 г.

в маленькой деревушке Тяньтизихе, входившей в село Крабе Посьетского района (ныне Хасанского района) Приморского края. Дата рождения неточна, тогда действовал лунный календарь, по которому была составлена метрика. Деревня, где родился Петр Моисеевич, располагалась на берегу залива Петра Великого, где основным занятием жителей было рыболовство и земледелие.

Фото из личного архива его сына Кима Геннадия Петровича, г. Волгоград

Старшее поколение Кима Петра Моисеевича: дед, бабушка и другие, переехали из Северной Кореи в Посьетский район из-за нехватки земли для земледелия и других промыслов. Своего отца Петр Моисеевич плохо помнил, так как он был мобилизован царским правительством в армию и участвовал в первой мировой войне, с которой не вернулся.

Начальную, а затем среднюю (9-летнюю) школу Петр Ким закончил в селе Крабе и в районном центре села Новокиевском. После окончания средней школы в 1929 г. Петр поступил в Дальневосточный государственный университет (ДВГУ) на факультет сельскохозяйственной мелиорации. В 1931 г. в ДВГУ реорганизовали в гуманитарный университет, а студентов технических специальностей перевели в другие вузы страны.

Так Петр оказался в Омском сельскохозяйственном институте. В тот период в стране была отменена система коллективного обучения и групповых сдач экзаменов и зачетов. Вводилась система защиты дипломных проектов после окончания учебы в вузе, после чего выпускники разъезжались по строящимся объектам для сбора материалов и проектирования. Петра Ким направляют в Новосибирск в Ленинско-Кузнецкое проектно-изыскательское бюро заниматься мелиорацией одного из районов. Узнав о цели приезда практиканта, начальник бюро заключил с ним трудовое соглашение на разработку проекта, который должен был быть осуществлен после его защиты с оппонированием в Омском сельскохозяйственном институте. Сделав за четыре-пять месяцев проект, защитив его самостоятельно, без руководителя проекта, Петр Ким в 1934 г. получил диплом с отличием. Потом был направлен в Новосибирск в Западно-Сибирское краевое управление водного хозяйства.

В конце 1935 г. Петр Ким решил попробовать себя на большой стройке. В то время шло строительство Беломорско-Балтийского канала Москва – Волга. Добравшись до города Дмитрова, где располагался технический отдел строительства, Петр Моисеевич выразил желание работать и был принят в проектное бюро, в котором трудился до торжественной сдачи канала рапортом его участников на Красной площади. В 1937 году Петр Моисеевич Ким завел семью, у него родились сын Геннадий и дочь Галина.

С началом Великой Отечественной войны всех инженеров и техников, работавших на стройках вокруг Москвы, мобилизовали на строительство оборонительных рубежей. Создан был Главоборонстрой НКВД СССР, куда Петр Ким был зачислен с назначением строительства участка обороны Ржев-Вязьма.

Однако, удалось построить только первую оборонительную линию. В октябре 1941 года из-за резкого обострения военной обстановки строителей направляют сначала в Волокаменский и далее в город Дмитров. Затем группа строителей с Петром Кимом была эвакуирована в Горький, где усиленно началось строительство оборонительных сооружений вокруг города.

После разгрома немецких войск под Москвой Петр Моисеевич Ким командируется на Урал для строительства гидростанций, которые должны были питать оборонные предприятия Челябинска. Так с участием Петра Моисеевича была построена Саткинская и Зюраткульская ГЭС. В 1944 г. Петра Моисеевича Ким в составе проектного бюро отправляют в город Буй и Кострому Ярославской области для строительства ГЭС на реке Буй. По завершении этих работ Петру Киму предлагают работу в Эстонии в городе Таллине для восстановления морского порта, разрушенного при освобождении города. Это были 1945-1950 гг.

В 1950 г. начались проектные работы по строительству каскада гидростанций на Волге, и Петра Моисеевича Ким приглашают работать начальником проектного отдела Сталинградгидропроекта. После завершения строительства Волжской ГЭС Петр Моисеевич Ким до 1961 года работал в институте «Оргтехстрой» в городе Куйбышеве, в Калаче Волгоградской области работает заместителем начальника Волгодонского отдела исследований сооружений канала.

В 1961 г. начались работы в стране по строительству Братской ГЭС и Петр Моисеевич Ким уезжает работать туда на должность начальника технического отдела стройиндустрии строящейся ГЭС. В 1967 г. после завершения основных работ Петр Ким уезжает в город Усть-Илимск на строительство очередной ГЭС, где работал до окончания строительства в должности главного инженера. На пенсию Петр Моисеевич Ким вышел в 1976 г. До 1992 г. жил в Москве, в 1992 г. переехал в Волгоград, а в 1994 г. после продолжительной болезни скончался».

По словам его дочери Галины Петровны, не в характере отца было по окончании строительства сидеть дома, поэтому он постоянно уезжал в другие концы страны, на другие стройки и производственные объекты, оставив

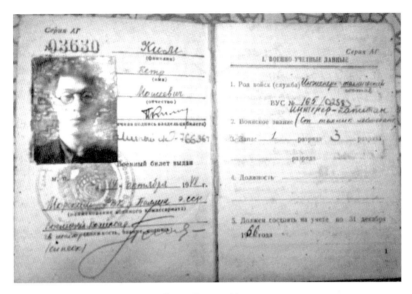

Воинское удостоверение Кима Петра Моисеевича

детей в Волгограде на попечение жены. В личности Петра Кима объединились корейское трудолюбие, серьезность, терпение, прилежание, преданность советской родине. Как руководитель, он обладал способностью адаптироваться к актуальной социальной реальности, смелостью принимать на себя решение сложнейших производственных задач, выстраивая согласованные отношения с людьми, умело координировал работу коллектива. Мы посоветовали дочери и внукам Петра Моисеевича передать его биографические материалы в музей Волго-Донского канала.

5. Корейцы в южных регионах России в 1960 – 1970-х гг

1) Перепись населения 1970 г

К моменту переписи населения 1970 г. в южно-российских и северокавказских регионах численность корейского населения возросла с 12268 человек в 1959 г. до 17604 человек. Мужчины составили 51,9% (9139 человек), женщины 48,1% (8465 человек). В городах проживали 12292 человек (69,8%), из них 6394 мужчин (52%) и 5898 женщин (48%); в сельской местности 5312 человек (30,2%), из них 2745 мужчин (51,7%) и 2567 женщин (48,3%).

Корейцы существенно усилили свое присутствие в некоторых регионах: в Калмыкии с 51 человек до 284 человек, в Ставропольском крае с 468 до 1453 человек, в Кабардино-Балкарской АССР с 1798 до 3773 человек, в Ростовской области с 29153 до 4966 человек, в Северо-Осетинской АССР с 1551 до 2521 человек. Заметный отток произошел из Дагестанской АССР с 3590 до 1415 человек и Чечено-Ингушской АССР с 1857 до 1508 человек. Самая высокая доля городского населения среди корейцев Кабардино-Балкарской АССР (90,1%) и Северо-Осетинской АССР (80,2). Среди корейцев, проживающих в Калмыцкой АССР, самая высокая доля сельских жителей (82,4%), что объясняется низким уровнем урбанизации степной республики и рисоводческой специализацией хозяйств (таблица 5).

2) Участие корейцев в сельскохозяйственной деятельности на основе бригадного способа кобонди

Южные регионы – в основном земледельческие территории, удобные для сельскохозяйственного производства. Корейцы применяли собственный уникальный корейского способа организации сельскохозяйственного труда – гобонди, кобончжи. Кобонди, возникшее «как специфический феномен после депортации корейцев в Центральную Азию»[62], позволял проживать семьями в городах, и в теплое время года они могли объединяться в высокопроизводительные сельскохозяйственные бригады. По определению Г.Н. Кима, «Кобонди - специфическое, присущее именно советским корейцам полулегальное занятие овощеводством и бахчеводством, основанное на групповом арендном подряде

---

62) Хан В.С. О соотношении кобонди и форм земледелия у корейцев на дореволюционном российском Дальнем Востоке и в первые годы советской власти // Известия корееведения в Центральной Азии. Материалы международной конференции «Корейская диаспора в ретро и в перспективе». Вып. 6 (14). Алматы, 2007. С. 285.

земли, руководимое лидером–бригадиром и связанное с сезонными территориальными миграциями».[63)]

В относительно «свободные» шестидесятые годы многие предприимчивые и трудолюбивые корейские семьи занялись овощеводством на арендуемых площадях с последующей самостоятельной реализацией продукции, став проводниками рыночной экономики в условиях советского социализма. Занятие сезонной сельскохозяйственной деятельностью по выращиванию овощей и бахчевых культур стало возможным на основе семейно-кланового принципа кобонджи. Тысячи корейцев из среднеазиатских республик работали по всему Советскому Союзу: в Поволжье, на Украине, на Северном Кавказе, в Сибири и на Урале. Об этом пишет журналист М. Калишевский, прекрасно осведомленный о трудовых традициях корейцев: «Не будет преувеличением сказать, что почти весь лук, выращиваемый в СССР, выращивался корейцами, которые долгие годы не знали конкуренции в этой области».[64)]

В тексте диссертации Ю. Н. Поповой приведены статистические доказательства активизации кобонди в эти годы на Кубани и Северном Кавказе: «Массовая миграция

63) Ким Г.Н. Корейцы в экономике Казахстана за 75 лет // Известия научно-технического общества «Кахак». № 4 (38). Алматы, 2012. С. 14.

64) Михаил Калишевский, Фергана.Ру, 21.02.2007.

корейцев в Краснодарский край проходила двумя волнами: 1) 1960-е гг. - 1980-е гг., когда корейское население Краснодарского края выросло почти в 6 раз и составило по переписи 1989 г. 1,8 тыс. человек. Это экономическая миграция, корейцы, практиковавшие систему подряда – кобончжи, приезжали на заработки на территорию Северного Кавказа⋯».[65]

Действительно, гендерное соотношение корейских мужчин и женщин в южно-российских регионах, указывает на два типа проживания. Близкое к общесоюзному значению соотношение мужчин и женщин характерно для семейно-общинного проживания. Это особенно заметно в Ставропольском крае, Ростовской и Волгоградской областях, в Дагестане и в некоторых других регионах с пропорциональной долей мужского населения в пределах 49-55%.

С другой стороны, в других регионах гендерные пропорции сильно сдвинуты в пользу мужчин (64%-67%), например, в Астраханской области и Краснодарском крае. Скорее всего, это является результатом массовой экономической миграции корейских мужчин работоспособного возраста, не имеющих семей или имеющих их в регионах исхода.

---

[65] Попова Ю.Н. Корейская диаспора Краснодарского края: историко-культурные аспекты: XX в.-начало XXI в.

Описанные тенденции стабильного проживания и миграционного притока говорят об активной кластерной диаспоризации корейского населения на Юге России.

Это трудовое движение еще сослужит хорошую службу, когда перед корейцами Узбекистана и Таджикистана станет выбор, куда мигрировать, чтобы спасти себя и свою семью от опасных тенденций в разрушающемся Советском Союзе. Многие, собрав пожитки и, по возможности, сельскохозяйственный инвентарь, поехали в места, известные им ранее по сезонным работам, где уже имелись какие-то связи и личные знакомства, а также знакомые климатические условия.

3) Корейская интеллигепция на юге России в 1960 - 1970-е гг.

Волгоград в советское время являлся крупным промышленным центром Нижнего Поволжья, куда на учебу в высших учебных заведениях или по распределению на предприятия приезжала и корейская молодежь. Одним из самых авторитетных корейцев был Борис Иванович Но, доктор химических наук, профессор Волгоградского политехнического института, заведующий кафедрой, которую сам и основал. В музее технического университета, как он теперь называется, выставлены материалы, описывающие его жизненный и профессиональный путь настоящего ученого. В том же институте работал сын Кима Петра Моисеевича Ким Геннадий Петрович, чьи научные и производственные интересы были связаны с металлургическим литейным производством.

◎ Но Борис Иванович

«Б. И. Но родился 12 февраля 1930 г. в селе Кипарисовка Надежденского района Приморского края. В крестьянской семье, кроме Бориса, был еще трое детей. Имя его отца Инбон Но, имя матери Енхи Пак. После смерти родителей воспитывался в интернате. Ему пришлось привыкать к самостоятельной жизни. В школьном возрасте проявил большие способности к учебе и отличался аналитическим складом ума. В 1948 году закончил школу в Казахстане и поступил в Казанский химико-технологический институт им. С.М. Кирова (КХТИ), который окончил с отличием в 1953 году по специальности «Технология органического синтеза». С четвертого курса начал заниматься научно-исследовательской работой.

В 1953 гду начал преподавательскую деятельность в КХТИ, там же в 1958 году Б.Т. Но защитил кандидатскую, а в 1968 году докторскую диссертацию, посвященную исследованиям в области кремнийорганических соединений. С 1959 по 1961 год работал ассистентом, а с 1961 по 1969 год – доцентом КХТИ.

В 1969 году был приглашен и прошел конкурс на преподавательскую работу в Волгоградский политехнический институт и в 1970 году организовал кафедру «Химическая технология», которая через несколько месяцев стала называться «Технология органического и нефтехимического синтеза», которую бессменно возглавлял 32 года. Б. И. Но является основателем научной школы кафедры. Основное научное направление, созданное и развиваемое под руководством Б.И. Но — исследование химии и технологии кремнийорганических соединений адамантана.[66] Фундаментальные и научно-исследовательские работы, выполняемые кафедрой под руководством Б.И. Но, входили в государственные программы СССР и РФ, в академические программы. Результаты внедрялись на ряде предприятий промышленности.

Борис Иванович отличался большим педагогическим даром, умел выделить среди студентов способных и

---

[66] http://www.vstu.ru/kafedry/tons/istoriya.html.

перспективных. Профессору Б. И. Но присвоено звание «Заслуженный деятель науки РФ», он являлся действительным членом Академии инженерных наук России. Он награжден нагрудным знаком «За отличные успехи в работе» в системе высшего образования, «Изобретатель СССР». Имеет две государственные награды: орден «Знак почета» и орден Дружбы народов.

Его жена, Анна Даниловна Ким, также кореянка, родилась в 1932 году, работала старшим преподавателем Волгоградского политеха. Дочь Елена кандидат химических наук. Внучка Евгения окончила МГУ им. М. В. Ломоносова. Борис Иванович Но скончался в 2002 году и похоронен в Волгограде».[67]

Пастор Ли Хен Кын описывает профессора Б. И. Но как «энтузиаста науки, основателя химического отделения. Его жена была кореянкой, однако связей с корейцами не поддерживала».

По воспоминаниям Кима Геннадия Петровича, Борис Иванович Но «был на очень хорошем счету. Сам он был очень скромный и, если скромный человек основал кафедру и занял какое-то положение, значит он занял это место своим интеллектом. Я был знаком с ним, иногда мы беседовали. Очень скромный был. Ректор его уважал,

---

67) Профессора Волгоградского государственного технического университета. Волгоград, 2005. С. 220-224.

потому что он действительно был специалист, а не деятель науки. Есть «деятели науки», а не ученые. А он ученый, не «деятель науки».

Пастор Ли Хен Кын собирал материалы о биографиях пожилых корейцев. По его информации, приехавшие из калмыцкого рисоводческого совхоза Пак Валерий и Ким Рита поступили на учебу в Волгоградский сельскохозяйственный институт: в 1968 го. Валерий, в 1970 г. Рита. Они приехали сюда из рисоводческого совхоза в Калмыкии. Ким Рита ныне много лет работает переводчиком и помощником пастора, активистка корейской общественной организации.

В эти же годы в Волгограде трудился Ким Петр Владимирович (родился в 1948 г.), позже ставший одним из организаторов и активистов общественных организаций корейцев Волгоградской области. Выпускник факультета химической и биотехнологии Ленинградского технологического института Петр Владимирович Ким был командирован на волгоградский завод в 1971 г. Работу на заводе он совмещал с преподаванием в институте. Петр Владимирович общался с корейцами из Калмыкии и другими корейцами, мигрировавшими в Волгоград, сам посещал Калмыкию, рисовхоз «Восход». В начале 2000-х гг. Петр Владимирович Ким руководил национально-культурной автономией корейцев Волгоградской области, помогал обустройству вновь прибывших, организовал юридическую помощь. В поселке Ангарский Дзержинского района г. Волгограда образовалась небольшая корейская община из 50 семей, где Петр Ким был активистом. К сожалению, не удалось взять у него интервью, поскольку П.В. Ким выехал на проживание в другой регион.

◎ Ким Геннадий Петрович

Автобиография. «Я родился 3 декабря 1937 года в г. Дмитров Московской области, где мои родители жили до войны 1941-1945 гг. Мой отец, Ким Петр Моисеевич, родился 1 октября 1911 г. на Дальнем Востоке в Приморском крае в деревне Тяньшихезе, входившей в село Краббэ, вблизи озера Хасан. После окончания школы отец поступил и

Фото из его личного архива

затем закончил Омский гидромелиоративный институт. Работал в Новосибирском Крайводхозе (Краевое водное хозяйство), в проектно-изыскательском бюро. В 1935 году отец поехал на строительство канала Москва-Волга в г. Дмитров, где женился на моей будущей матери Анне Чижовкиной. С началом войны инженерные кадры эвакуировали в г. Горький, и наша семья туда переехала.

Однако, в 1942 году отца направляют в г. Сатка Челябинской области, где он работает над проектированием Зюраткинской ГЭС, энергию которой должны были направить на промышленный Урал для оборонного производства.

Затем семья наша переезжает в г. Буй Ярославской области в связи со строительством на реке Буй ГЭС. После мы переезжаем по новому назначению отца – в г. Таллин в Эстонию, где нужно было восстанавливать разр

ушенный морской порт. Прожили мы в Таллине с 1945 по 1950 гг., а в 1950 г. семья наша переезжает в г. Сталинград, где началось строительство ГЭС на Волге. В этом городе в 1954 году я закончил среднюю школу №8 и в том же году поступил в механический институт на специальность «Литейное производство», который в 1959 году закончил и по распределению поехал работать в г. Челябинск на тракторный завод. Там работал бригадиром, помощником мастера, мастером, старшим инженером технологического бюро. В 1962 году, сдав конкурсные экзамены, поступил в аспирантуру Челябинского политехнического института. В 1966 году, окончив учёбу, был распределен в научный институт НИПТИАММАШ на должность руководителя исследовательской группы.

В 1968 году защитил диссертацию и, пройдя конкурс, получил должность руководителя лабораторией в институте ВНИИПТхимнефтеаппаратуры г. Волгограда. Так что в 1969 году я вновь приезжаю в г. Сталинград, который теперь уже назывался Волгоградом. С 1970 года я – заведующий отделом литейного производства и проработал до 1981 г. Затем, пройдя конкурс, был принят в Волгоградский политехнический институт, сейчас – университет, где до настоящего времени работаю на 0,5 ставки доцента. 1 июня 2007 г.».

Подобно семейной истории Кима Константина Иосифовича, родственные корейские связи Геннадия Петровича также были разорваны. В разговоре с нами он мог вспомнить двоих родственников по отцовской линии.

«Вот мой родственник был в Москве дядька мой, папин брат попал в Москву, он попал очень хорошо, лекторским отделом ЦК КПСС. Его фамилия Нили··· Павел Николаевич. Он умер давно. Раньше отца. Это очень высокая должность, наверно, самая высокая должность, которую корейцы достигли в нашем государстве. У него сын остался, он журналист. Геннадий Павлович Пак. Я помню его маленьким, школьником. Когда Павел Николаевич приезжал к нам в Волгоград, он всегда останавливался у отца на улице Ленина. Мама у Геннадия маленькая, худенькая, и она все хвасталась, что у него абсолютный слух, не знаю, почему он стал журналистом··· Я видел его по телевизору, когда он сопровождал выступление певицы

Аниты Цой. Больше у меня связей нету».

Пастор Ли Хен Кын верно отметил, что «в начальный период миграции приехавшие сюда корейцы были специалистами: они были либо преподаватели вузов, либо инженеры. Перечисленные случаи можно рассматривать как примеры горизонтальной миграции корейцев, имевшие место в 1960-80 гг., когда в Советском Союзе был упор на воспитание высококвалифицированных специалистов».[68]

4) Корейцы в развитии рисоводства в Калмыкии в 1960-е гг

С начала 1960-х годов в РСФСР активизировалась рисоводческая отрасль сельского хозяйства. Обеспечение рисом потребителей страны за счет импорта было дорогим, а себестоимость собственного производства риса была значительно ниже среднемировой. Импорт риса стал невыгоден государству и поэтому назрела необходимость расширения производства риса в стране. Одной из новых территорий становления рисоводческой отрасли стала северная часть Калмыцкой АССР. Для выполнения решений XXII съезда КПСС (1961 г.) здесь предусматривалось создание

---

[68] Ли Хен Кын. Современное состояние переселения корейцев Волгограда (1945-2010). С. 126-127.

рисоводческих предприятий. Калмыцкая республика с середины 1960-х гг. также стала выращивать рис – новую культуру для безводной Калмыкии. Одновременно развивалась система орошения для степного региона.[69]

С развитием отрасли в Калмыкии связано активное переселение сюда корейцев из Средней Азии в середине 1960-х гг. Историк Борис Григорьевич Тян (г. Элиста) свидетельствует: «После снятия паспортного ограничения в 50-х годах многие корейцы стали переселяться на жительство в Ставропольский и Краснодарский края, Ростовскую и Волгоградскую области, республики Северного Кавказа. Так, многочисленная корейская диаспора появилась и в Калмыкии. Основная масса корейцев приехала из Узбекистана, Казахстана, Киргизии и Таджикистана. Наибольшее число корейцев расселялось в Октябрьском районе республики, городе Элисте».[70]

Для строительства рисоводческих совхозов первый секретарь Калмыцкого обкома КПСС Б.Б. Городовиков по рекомендации Ким Мёнчжу пригласил Василия Н. Пака.[71] В середине 1960-х гг. по приглашению Б.Б. Городовикова в

---

[69] Городовиков Б.Б. Орденоносная Калмыкия. Изд. 2., дополненное, переработанное. Элиста, 1972. С.7.

[70] Тян Б. Корейцы в Калмыкии // ХальмгҮнн (Калмыцкая Правда). 24 марта 2010 г.

[71] Ли Хен Кын. Современное состояние переселения корейцев Волгограда (1945-2010). С. 126-127.

Калмыкию прибыли также корейские овощеводы и специалисты по возделыванию риса. В 1964 г. на землях совхоза «Красносельский» Малодербетовского района были разбиты рисовые чеки на 15 га, использовавшиеся как опытные поля.

В марте 1966 г. по инициативе Б.Б. Городовикова в соответствии с постановлением Совета Министров РСФСР № 153 от 12 февраля 1966 г., приказом Мтнсельхоза РСФСР от 28 февраля 1966 г., приказом Минсельхоза КАССР от 15 марта 1966 г. на базе угодий совхоза «Красносельский» Малодербетовского района был организован рисосовхоз «Восход». Первым его директором стал Василий Николаевич Пак, имевший большой успешный опыт руководства хозяйством, возделывающим рисовую культуру.

Перепись населения 1970 г. зафиксировала пребывание в Калмыкии 284 корейцев, в основном трудоустроенных в рисосовхозе «Восход». О биографиях и деятельности некоторых из них имеется довольно подробная информация.[72] Исследованием судеб корейских рисоводов в Калмыкии занималась кандидат социологических наук Намруева Л.В., чье детство и юность прошли в поселке Большой Царын.

---

[72] Намруева Л.В. Корейцы. Глава VII. 2 // Народы Калмыкии: историко-социологические очерки. Элиста: Изд-во КИГИ РАН, 2011. С. 256-266.

◎ Пак Василий Николаевич

Первый директор рисовхоза «Восход» В.Н. Пак с учеными из Москвы. Фото из архива Намруевой Л.В., г. Элиста, Калмыкия

Василий Николаевич Пак приехал в Калмыкию из Узбекистана в 1965 г., имея большой опыт работы в сельском хозяйстве. По свидетельству элистинского историка Б.С. Тяна, В.Н. Пак «···понял, что на землях Калмыкии можно выращивать хорошие урожаи риса и овощей. А когда был создан рисосовхоз «Восход», В.Н. Пак стал его первым директором».[73] В возглавляемом им совхозе «Восход» трудились профессионалы: бригадиры рисоводческих

---

73) Тян Б. Корейцы в Калмыкии···

бригад Де А. И., Тен А. И., Тен А. Х., механизаторы Ден Чер Лем, Ким А. В. и многие другие. «Более 18 лет главным инженером совхоза «Восход» работал Пак Чун В. А., ставший впоследствии заслуженным работником сельского хозяйства Республики Калмыкия, который затем еще девять лет возглавлял совхоз «Джангар», который также специализировался на рисе».[74]

Ли Хен Кын пишет о деятельности В.Н. Пака, основываясь на свидетельствах местных информантов: «Пак Василий при активной поддержке руководства Калмыкии в 1965 году построил рисоводческое хозяйство «Восход». Калмыкия, добившись успехов в возделывании риса, построила совхозы №1, №2 и №3 и город[75] Большой Царын. Это вызвало приток корейцев, их численность превысила тысячу человек. Стала процветать культурная жизнь».[76] Под руководством В. Н. Пака за короткий срок на целинных калмыцких землях вырос и окреп первенец рисосеяния в республике.[77]

По воспоминаниям Пак Сан-Ера, также работавшего в калмыцком рисоводстве: «Первые годы показали, что

---

[74] Тян Б. Корейцы в Калмыкии // Хальмг Үнн (Калмыцкая правда). 24.03.2010. С. 3. http://halmgynn.ru/

[75] На самом деле не город, а поселок сельского типа.

[76] Ли Хен Кын. Указ. Соч. С. 128.

[77] Намруева Л.В. Роль Б.Б. Городовикова в организации рисоводческих хозяйств Калмыкии // Б.Б. Городовиков – видный военный, государственный и общественно-политический деятель. Материалы научно-практической конференции. Элиста: КГУ, 2010. С. 115-117.

выращивание ранних и среднеспелых сортов риса в условиях Калмыкии дает хороший экономический эффект. Урожаи риса на производственных площадях свыше тысячи гектаров колебались в среднем от 44 до 62 центнеров риса-сырца с гектара. На протяжении 10 лет работы совхоз добивался рекордного урожая риса по Союзу. Работники совхоза получали неплохие зарплаты, доходы. Совхоз был удостоен высоких правительственных и партийных наград. За высокие показатели в получении риса Пак Василий Николаевич был награжден во второй раз орденом Ленина (первый был получен в Узбекистане) и малой золотой медалью ВДНХ».[78]

◎ Пак Тихон Григорьевич

Тихон Григорьевич Пак родился в Приморье в 1935 г., в селе Хонгиндон Тернейского района. Его дед Пак Ёнсик был крестьянин. В 1937 г. вместе с родителями депортирован в Узбекистан, в Средний Чирчик, колхоз Орджоникидзе. Его отец Пак Кынсик (1912-1998 гг.) работал учителем. После окончания Ташкентского института народного хозяйства Тихон работал плановиком на предприятиях г. Ташкента. С 1955 по 1958 годы проходил действительную воинскую

---

[78] Пак Сан-Ер. Дорогие сердцу воспоминания – Караганда, 1979. – С. 150.

службу в рядах Советской Армии, был в Венгрии во время событий 1956 г. Был признан ветераном боевых действий.

По примеру многих соотечественников, Пак Тихон в 1967 г. перебрался в Калмыцкую АССР для работы главным бухгалтером в совхозе «Восход». Потом был назначен заместителем директора по реализации сельхозпродуктов. Благодаря своим организаторским способностям и энергии всегда добивался положительных результатов на любом доверенном ему участке.[79]

О себе Пак Тихон рассказывал следующее: «Когда мою семью депортировали, мне было два года. Нас депортировали с Дальнего Востока в Узбекистан. В 1937 году многие мои соотечественники по национальному признаку были выселены. Корейскому населению давали от месяца до трех на подготовку к переезду. Выселению подвергались все: от грудных детей до пожилых. Во время переезда в эшелонах люди рождались, болели, умирали. Мою семью определили в колхоз в Узбекистане. На семью выдавали муку, сахар, крупы, спички, не во всех, конечно, районах, куда были депортированы корейцы, это зависело от местного руководства. В колхозе мой отец устроился работать в школу учителем начальных классов. Местное население к нам относилось дружественно и уважительно. Когда я вырос, то

---

79) Информация от пастора Ли Хен Кына.

стал учиться, получил образование бухгалтера-экономиста, работал по разным направлениям. В 1967 году осваивал Сарпинскую низменность в Калмыкии. Кстати, мои братья и сестра, а нас было шесть детей, выучились и стали хорошими специалистами. Тяга к знаниям и природное упорство и трудолюбие помогли нашей семье много добиться в жизни. Корейцы – дружелюбный, уважительный народ».[80]

Имя Тихона Пака известно южнокорейским исследователям: «Он и другие корейцы (более 370 человек) занимались в Калмыкии рисоводческим земледелием, когда руководство республики стало прибегать к дискриминационным мерам, как, например, заменять корейцев-руководителей корейских земледельческих хозяйств представителями коренной национальности – калмыками. Тогда Тихон, выражая несогласие с такой политикой, вместе с другими корейцами (70% коллектива бригады) в 1972 г. перебрался в Волгоградскую область. Он свидетельствует, что уже в то время здесь проживало 60-70 корейских семей».[81]

Причина несогласия с подобными назначениями отнюдь

---

80) «Волгоградские корейцы», 16 августа 2007 года.

81) 남혜경 외, 고려인 인구이동과 경제환경 (집문당, 2005), p. 91, pp. 115-116 (Нам Хегён. Миграция российских корейцев и их экономическая среда // «Чиммундан», 2005, сс. 115-116) (на кор. яз.).

не национализм корейцев, а различия в менталитете, в отношении к труду на земле среди земледельцев-корейцев и кочевников-калмыков. О подобных фактах более позднего времени пишет другой исследователь: «Власти стали менять руководителей хозяйств на лиц коренной национальности, стали возникать конфликтные ситуации, и корейцы стали либо покидать республику, либо уезжать в соседние регионы на сезонные работы».[82]

В 1989 г. Тихон Пак перебрался в Волгоград. Возглавлял ассоциацию корейцев Волгоградской области, принимал деятельное участие в приеме и обустройстве корейцев, иммигрантов из республик Средней Азии.

6. Корейцы на юге России в конце 1970 – первой половине 1980-х гг

1) Перепись населения 1979 г

Численность корейского населения в южных регионах РСФСР выросла с 17604 человек (1970 г.) до 21633 человек, из которых 10996 мужчин (50,9%) и 10637 женщин (49,1%).

Наиболее активно росла численность жителей корейской

---

82) Ли Хен Кын. Указ. Соч. С. 128.

национальности в Калмыцкой АССР, в Ставропольском крае, в Волгоградской области и в Кабардино-Балкарской АССР. Незначительно выросло число корейцев в Астраханской (до 540 человек), в Ростовской области (до 5783 человек) и в Краснодарском крае (до 995 человек). В нескольких регионах корейское население продолжило убывать: в Дагестанской АССР с 1415 человек в 1970 г. до 727 человек в 1979 г., в Чечено-Ингушетии с 1508 человек до 859 человек (таблица 6).

К переписи 1979 г. экономическая миграция в регионы ЮФО стабилизировалась, гендерное соотношение среди южнороссийского корейского населения выровнялось, что указывало на устойчивый характер проживания и трудовой деятельности. В Астраханской области и в Краснодарском крае соотношение полов выровнялось до среднего по округу.

В южнороссийских городах проживали 16059 человек (74,2%), из них 8079 мужчин (52,3%) и 7980 женщин (47,7%). В сельской местности 5574 человек (25,8%), из них 2917 мужчин (52,3%) и 2657 женщин (47,7%).

В республиках Северного Кавказа корейское население наиболее урбанизировано: от 70,7% горожан в Дагестанской АССР, 80,2% в Северо-Осетинской АССР, до 96,7% в Кабардино-Балкарской АССР. В степную Калмыкию корейцы приехали для занятий рисоводством, и основная часть их проживала в сельской местности (83,8%). Немалая доля корейцев переписана в сельских поселениях Ставропольского края

(42,7%), Ростовской области (32,1%), Дагестанской АССР (29,3%), Чечено-Ингушской АССР (27%).

Для корейцев южных регионов РСФСР было характерно проживание в национальных автономных республиках, несмотря на некоторый начавшийся отток их оттуда. В 1970 г. во всех национальных республиках ЮФО переписаны 9794 корейцев, что составляет 55,6% от всей корейской общины Юга России. В 1979 г. 10828 человек, т.е. ровно половина (50%) корейского населения ЮФО продолжает проживать в автономных республиках.

2) Корейские рисоводы в Калмыкии в конце 1970-х годов

Одним из стимулов расселения корейцев в южных регионах еще оставалось активно развивающееся с 60-х гг. «северное» рисоводство, охватившее Краснодарский край, Адыгею, Астраханскую и Ростовскую области, Чечню, Дагестан, Калмыкию. В постановлении ЦК КПСС и Совета Министров СССР «О мерах по дальнейшему развитию рисосеяния и кормопроизводства в Сарпинской низменности Калмыцкой АССР», принятом 6 мая 1977 г., предусматривалось доведение площадей орошаемых

Корейские специалисты в Калмыкии. В центре – В.Н. Пак. Фото из архива Намруевой Л.В., г. Элиста, Калмыкия

земель для развития рисосеяния до 90 тыс. гектаров».[83] Совету Министров РСФСР было поручено предусмотреть в народнохозяйственных планах переселение семей в совхозы Сарпинской низменности. Постановлением секретариата ЦК ВЛКСМ от 14.10 1977 г. строительство оросительных систем в Сарпинской низменности было включено в число Всесоюзных ударных комсомольских строек. Главной задачей Всесоюзной ударной комсомольской стройки стало строительство новых и реконструкция действующих оросительных систем.

---

[83] Тян Б.Г. Корейцы Калмыкии // Газета «Хальмг унн». 2010 год. 24 марта.

В связи с выращиванием риса численность корейцев в Калмыкии выросла к 1979 г. до 1073 человек, основная часть которых проживала в сельской местности. С участием корейскихрабочихиспециалистовуспешнофункционировали ранее созданные и новые рисоводческие хозяйства: совхоз «Красносельский» Малодербетовского района («Восход»), «Калмыцкий» (1970 г.), «50 лет Октября» (1975 г.), «Джангар» (1980 г.).[84] Вновь образованный в августе 1977 г. Октябрьский район объединил все рисоводческие хозяйства.

◎ Нам Василий Павлович

В 1975 году был создан совхоз «50 лет Октября», его директором был назначен Нам Василий Павлович, также опытный агроном, имевший высшее профессиональное образование. Здесь выращивали кукурузу, крупный рогатый скот, овец, строили дома. С 1977 г., со времени образования Октябрьского района, совхоз начал возделывать рисовую культуру. В первый год был собран урожай риса в среднем 40 центнеров с гектара. Кроме риса, сеяли люцерну, ячмень, овощи, лук. Стабильно из года в год хозяйство получало самый высокий урожай семенной люцерны. В совхозе с первых лет активно возводятся производственные объекты:

---

84) Намруева Л.В. Корейцы в Калмыкии: общество и трудовая деятельность // Корейцы Юга России и Нижнего Поволжья: история и современность. Волгоград, 2011. С. 31-45.

механическая мастерская, автогараж, котельная, машинный двор, столярный цех, асфальтированный зерноток, зерноочистительный пункт, зернохранилище, склад минеральных удобрений, хозяйственный склад, овощехранилище, рисорушка, автоматизированная нефтебаза и ряд других объектов. Нам В. П. за многолетнюю плодотворную работу награжден Почетной грамотой Верховного Совета Калмыцкой АССР, высшей наградой республики советского времени.

◎ Пак Сан-Ер

Постановлением Совета Министров РСФСР 10 февраля 1970 г. был организован новый совхоз «Калмыцкий», директором которого был назначен Пак Сан-Ер, имевший достаточный опыт работы в области рисоводства. Пак Сан-Ер проявил себя как умелый организатор и специалист сельскохозяйственного производства, распространяя передовой опыт возделывания сельхозкультур и внедряя передовые агротехнические новшества. За семь лет его руководства совхоз стал высокорентабельным, получая урожай риса в среднем по 45 центнеров с каждого гектара. Самым высокоурожайным годом был 1972 год, со средним урожаем риса с I га по 57 центнеров, с прибылью 172%. Совхоз под его руководством уделял огромное внимание социальным вопросам. К концу 1976 года все улицы были асфальтированы, освещены, озеленены, начато строительство водопровода, все одноквартирные дома телефонизированы. Сдано в эксплуатацию здание полной средней школы на 360 учащихся. Построен цех по изготовлению травяной муки, производивший до 500 тонн ценной витаминной муки для животноводства республики. Совхозу времен руководства Пака Сан-Ера присуждались высокие награды и денежные премии, более двух десятков работников удостоены правительственных наград. Материальное положение рабочих и служащих было ощутимо высоким за счет получаемых дополнительных оплат и премий.[85)]

◎ Пак Аркадий Мансирович

Пак Аркадий Мансирович (Васильевич) работал экономистом в «Восходе» с 1968 г., а в 1973 г. был переведен начальником планово-финансового отдела Малодербетовского районного производственного управления сельского хозяйства. В 1977 г. его назначают директором совхоза «Восход», ставшего к тому времени отстающим хозяйством в силу разных обстоятельств. Благодаря глубокому анализу, предпринятому новым директором, выявлены причины истощения земли: неправильное использование,

---

85) Намруева Л. В. Корейцы в Калмыкии: общество и трудовая деятельность. С. 39.

отсутствие севооборотов, отдыха и обновления почвы. Благодаря правильно принятым решениям на основе результатов исследований, была перестроена работа агрономических служб. С течением времени совхоз вновь начал набирать обороты, с 1981 г. он стал рентабельным. Особое внимание Аркадий Мансирович обратил на строительство жилья для рабочих, социально-культурных объектов и укрепление материально-технической базы. В годы его руководства был построен торговый центр, количество мест в детском саду увеличилось с 25 до 75 мест, выпускники средней школы по завершению учебы оставались работать в родном хозяйстве. Совхоз ежегодно строил 500 кв. м. жилья, то есть 8-10 семей получали благоустроенные квартиры. Были сданы в эксплуатацию два тока для хранения и переработки зерна, общей площадью 6200 кв. м., склад минеральных удобрений, три скотных двора, пункт технического обслуживания.[86]

Ким Гелий Константинович

Авторам посчастливилось пообщаться с Гелием Константиновичем в корейском ресторане «Кан» г. Элиста. В свои 82 года он водит автомобиль, социально активен и полон сил,

---

[86] Намруева Л.В. Корейцы в Калмыкии: общество и трудовая деятельность. С. 40.

являя нам пример высокой гражданственности. К сожалению, по семейным обстоятельствам он не мог с нами беседовать долго. Интервью с ним приводится с некоторыми сокращениями.

Ким Гелий Константинович и местные активисты. Фото с сайта Калмыцкого ТВ.

«Я родился в 1934 году. Мне сейчас 82. Мне было 3 года, когда нас из Владивостока отправили в депортацию. Мой папа был военнослужащим, мама преподавателем корейского языка. Судьба нас закинула в Среднюю Азию, в Ташкентскую область, в колхоз имени Стаханова. Когда я приехал туда, я ни одного слова не знал по-корейски, потому что я жил среди военных, которых депортировали в первую очередь. Рядом с нашим колхозом имени Стаханова был колхоз имени Димитрова, их объединили под именем Димитрова. Когда я закачивал школу, это был уже большой передовой колхоз с населением больше 1000 человек. Только в этом колхозе было 27 Героев социалистического труда. Специализировались на выращивании кенафа. Тяжелая работа, но в сравнении с другими видами – хлопок или кенаф, неизвестно, что тяжелее.

Я закончил школу. Но в то время нам запрещали выезд из Узбекистана. Мы не имели права перемещаться в другие республики. Поэтому я пытался выехать учиться в Новосибирск в 1952 году, но не получилось: в паспорте записано «разрешено проживание только в Узбекской ССР». Разрешались перемещения между районами и между колхозами. Поэтому мне пришлось остаться в Ташкенте, где я закончил Ташкентский институт инженеров ирригации и механизации сельского хозяйства по специальности «инженер-гидротехник по строительству гидротехнических ирригационных сооружений и малых гидроэлектростанций (ГЭС)». После завершения учебы в 1957 году я попал в Голодную степь. Это была действительно голодная степь, кроме песка ничего там не было. Голодную степь начало осваивать министерство водного хозяйства СССР. И вот в этой системе я начал работать. Потом началась стройка огромного водохранилища на реке Сыр-Дарья и Чардаринской (Шардаринской) ГЭС в Южном Казахстане. В 1958 я перешел туда работать как строитель гидротехнических сооружений. Там я проработал с 1958 до 1976 года, сначала мастером, потом начальником участка, начальником производственного отдела, заместителем главного инженера. Я уже в 1972 году стал начальником управления строительства. Вся жизнь моя, вся карьера прошла там. Конечно, это строительство много мне дало в жизни. Я прошел весь путь с нуля до руководителя. Поэтому я благодарен руководству министерства, которое отметило мои способности.

Мы закончили строительство водохранилища и на его базе начали освоение рисовых оросительных систем. Водохранилище было двойного назначения: основное назначение для накопления и подачи воды на новые орошаемые рисовые системы; и побочная выработка электроэнергии. Там началось строительство большого канала, для подачи воды на рисовые оросительные системы. Мы должны были построить 100 тысяч гектаров (га) оросительных рисовых систем, которых к 1976 году мы построили там 48 тыс. га. И кроме этого, построили 5 тыс. га оросительных систем для кормовой базы животноводческих колхозов.

В 1976 году министерством водного хозяйства и мелиорации руководил очень уважаемый нами министр Алексеевский Евгений Евгеньевич. Он вызвал меня в Москву и предложил поехать работать в Калмыкию. А я понятия не имел, где находится эта Калмыкия, думал, что где-то на севере или ближе к Уралу. Мне сказали, что Калмыкия граничит со Ставропольским краем. Вот меня судьба и закинула сюда, в Калмыкию. Меня очень тепло принял секретарь обкома партии Калмыкии Городовиков. Алексеевский Е.Е. меня сюда направлял, потому что я занимался в Казахстане строительством рисовых оросительных систем. А Городовиков обсуждал с Алексеевским идею о строительстве оросительной системы в Сарпинской низменности Калмыкии на 100 тыс. га. В министерстве знали, что в Казахстане есть Ким Гелий, который занимается этими вопросами, вот его и надо позвать сюда. На самом деле освоение уже началось до моего приезда, там уже существовал совхоз «Восход». Конечно, задача была грандиозная. Городовиков дал поручение, чтобы я вместе с работниками областного комитета партии подготовил проект постановления ЦК КПСС и Правительства СССР. Я почти два месяца просидел в Москве и готовил постановление по освоению Сарпинской низменности, и оно вышло уже в мае 1977 года.

Для того чтобы освоить такой массив, мы должны были построить за 10 лет 100 тыс. га рисовых оросительных систем. Конечно, задача грандиозная, здесь такого количества рабочей силы нет, в голой степи. Но не получилось у нас··· Мы всего до перестройки успели освоить 16 тыс. га рисовых оросительных систем в Октябрьском районе. Была объявлена всесоюзная комсомольская стройка, я ездил на Украину в Киев, в Днепропетровск, оттуда должны были прислать комсомольцев. Но это только на бумаге комсомольцы - добровольцы. На месте республиканские (украинские) комсомольские организации не занимались этим вопросом. Мы сами ездили туда и занимались агитацией и организацией набора комсомольцев. У них не было на это интереса – отправлять куда-то свои трудовые ресурсы. Вот такая была ситуация. Я был начальником управления, потом это стало объединением, которым руководил очень опытный строитель. Затем я стал начальником объединения и проработал до позапрошлого года (2015 г.). Перед нами была поставлена задача – заменить импортный рис. Этим занимались в Ростовской области, Ставропольском, Краснодарском краях, Астраханской области. Калмыкия – самый северный район России, где еще можно выращивать рис, но и здесь не хватает солнца и тепла.

За строительство Чардаринского водохранилища меня наградили Почетной грамотой Президиума Верховного совета Казахской ССР. Награжден орденом «Знак Почета», орденом «Трудового Красного Знамени». За работу в Калмыкии я получил звание Заслуженного мелиоратора РФ и звание Почетного гражданина Республики Калмыкия. Был депутатом Верховного совета Калмыкии и депутатом городского совета Элисты. В Казахстане был депутатом областного совета Чимкентской области и членом бюро обкома партии.

Мои дети родились в Казахстане. Школу закончили здесь и закончили хорошо. Молодцы у меня дети. Старшему сыну 57 лет будет в этом году. Он военный в звании полковника. Жена моя кореянка, инженер мелиоратор, закончила гидромелиоративный институт в Казахстане, работала инженером производственного отдела в Казахстане и проектировщиком в проектном институте в Элисте. Дочка живет и работает в Гатчине Ленинградской области, закончила Ленинградский инженерно-строительный институт, работает строителем. Младший сын тоже военнослужащий.

Я считаю, что судьба моя сложилась неплохая. Я доволен своей судьбой. Во многом мне помогло советское государство. Когда мы еще учились в школе, в институте, мы знали, что нас обеспечат работой и обеспечат жильем. И поэтому я доволен судьбой и временем, в котором я прожил. Эти годы остались у меня в памяти. Все что я мог отдать родине – ум, силы – я все отдал. Это не было ради наживы, а ради развития Родины, общества, государства. Россия - это моя родина. Для меня она родина. Жаль, что корейцы сейчас, живя в России, забыли свои традиции, свою культуру, свой язык.

Я могу писать и читать по-корейски, но понять не всегда могу. Мама читала корейские тексты в газете «Ленин кичи» («Ленинский путь»), свободно владела корейским и китайским языком. В Казахстане хотели создавать корейские школы. Колхоз имени Димитрова был корейский на 99% и у нас два года просуществовала школа с преподаванием на корейском языке, а русский, узбекский и немецкий языки шли как предметы. Но через два года население попросило вернуть обратно школу с русским языком. Это правильно сделали. Весь вопрос в том, что они должны делать после окончания школы с корейским языком? В стране нет институтов и университетов с обучением на корейском языке, практически применять корейский язык негде. Поэтому жители колхозов попросили перевести школы обратно на русский язык. В школе преподавали на русском языке, а корейский язык оставили. Я научился читать буквы и писать свое имя. Жаль, что люди сейчас совсем обрусели и не смогли основы корейского языка дать своим детям. Мои дети не знают корейского языка, а внуки стараются учить его.

Бог нам дал столько жить… Жизнь меня не обидела. Я ею доволен, все получили образование, все работают, все уже предпенсионного возраста. Я иногда задумываюсь – почему я так долго живу? В нашей жизни и тяжелые времена были, и трудные. На стройке работать не так просто, особенно в те времена. Не знаю почему, но тогда строительного материала было не достать. Мы каждый гвоздь считали. Я каждый день выходил на работу с 7 утра, хотя рабочий день официально начинался в 9 часов. По государственной линии связи я проводил селекторные совещания, по 30-40 минут. И все время обсуждали одни и те же вопросы: не хватает досок, гвоздей, цемента, того, другого··· и где это взять? И все селекторные совещания на эту тему. Обсуждали каждое невыполненное задание, транспортные перевозки. Каждый день одни проблемы, одни проблемы. Селекторные совещания проводили не только в рабочие дни. И по субботам. Жены на меня сильно ругались. Работа заканчивалась не раньше 10 вечера. В воскресенье работал без обеда – и домой пораньше возвращался, часиков в 8-9.

Практически рисоводство делали корейцы: бригадиры и рабочие все были корейцы. Сейчас калмыки начали заниматься рисом, а раньше они не занимались. Все три директора рисосовхозов были корейцами. Пак, Алексей Ли, Нам Василий Павлович, Павел Алексеевич. Пак Чун Виталий был последний директора совхоза, он стал директором четвертого совхоза «Джангар». А потом всё развалилось и освоение Сарпинской низменности закончилось в 1990 году».

Тян Борис Григорьевич

Тян Борис Григорьевич являлся соратником Кима Гелия Константиновича по освоению Сарпинской низменности. Гелий Константинович родом из военной семьи, и сам имеет выправку военного: стройный, подтянутый, с короткой четкой сформулированной речью. Бориса Григорьевича природа наградила артистическими талантами, он веселый, улыбчивый, жизнерадостный человек с философским мышлением.

«Родился я 30 апреля 1933 года в городе Спасске Приморского края Свидетельства о рождении у меня почему-то нет, а была справка из роддома, которая послужила основанием для получения свидетельства о рождении в Узбекистане. Нас в 1937 году высылали, а мне было тогда 4 года. Как нас выселяли, не помню. Помню вот, как мы ехали на поезде. Помню, как ехали в телячьем двухэтажном вагоне, вот я маленький лежу на второй полке, я в окошко вытягивал руку с шапочкой и говорил – вот самолет летит. Вот такое детское воспоминание осталось. Еще помню, что на остановках особо не объявляли, что поезд трогается, и я помню несколько таких случаев. Я на полке второго этажа лежал и видел, как поезд трогался и люди бежали догонять. Взрослые рассказывали, что при этом многие отставали от поезда. Родители называли имена своих соседей бывших, что муж успел в вагон, а жена не успела. А через несколько лет они уже в Узбекистане наши друг друга. Она приехала другим поездом и искала его. Многие и детей так теряли.

Нас привезли в Узбекистан, привезли жить в Ташкентскую область Средне-Чирчикский район, колхоз имени Кирова №3. Три колхоза имени Кирова было. Расселяли сначала в землянки, потом колхоз выстроил нам дома, каждая семья имела дом. Отец работал в колхозе экспедитором, мать домохозяйка. У нас был отец, мать, я, старший брат, с нами жил еще младший брат матери. Воспитание особого в семье у нас не было, просто все чисто корейское. В детстве было больше корейского, бабушка жива была, и по-корейски разговаривали. Специально нас не учили, а по ходу указывали, так можно, а так нельзя. Со старшими вот так здоровайся... родительские подсказки.

В детстве я ходил в детский сад. Уже мы жили в хороших домах. В детсаде работала моя тетя. Ребячьи игры, беготня. Потом в нашем колхозе построили среднюю школу, в 1941 году я пошел в первый класс, помню, что здание было большое. Первого сентября нас построили в ряды и повели в школу, помню ступеньки, по которым мы поднимались внутрь здания. И там учителя распределяли нас по классам. Вот и началась учеба. Нас, корейских ребят, было много тогда. Колхоз был мононациональным, корейским, узбекских семей было всего несколько.

1941 год – это же год начала войны. Нам сказали, что началась война, что фашисты напали на нас, мы продолжали учиться, правда, жизнь постепенно становилось тяжелее. Отец круглые сутки ездил добывать необходимое и колхоза и для пропитания. Нас с первого класса возили на рисовые поля на прополку риса. Нас учили – вот это вредные растения, их нужно вырвать, а вот это рис, это не нужно трогать. Нам показывали – смотри внимательно. Вот видишь лист – посредине белая линия идет, это вредное растение. Надо вырвать. Мы так и переворачивали все листья и смотрели – если есть белая линия, это сорняк, надо убрать. Если нет – это рис. С первого класса мы работали хорошо, помогали фронту. Даже ферму чистить посылали малышей. Весной нас ставили на прополку хлопка. Вот такая детская доля была – после занятий на сельскохозяйственные работы. В военное время нам работы хватало.

И мы активно участвовали во всех мероприятиях, нас активно воспитывали, принимали в октябрята, в пионеры, а с 14 лет нас принимали в комсомол. Участвовали в общешкольных мероприятиях, мы ходили в красных галстуках. И на разные спортивные соревнования ездили. Учителя у нас в основном были корейцы по всем предметам. Русский язык преподавал Пан Василий Иванович. Он хорошо говорил по-корейски и по-русски. До сих пор помню, как он играл на мандолине и на баяне на всех колхозных мероприятиях. К сожалению, корейский язык учили мы недолго, учителей не было. Научили нас алфавиту, фамилию свою могли написать, и поэтому я могу хоть немножко сейчас читать по-корейски. Наша речь в основном на бытовом уровне, литературного языка мы не знаем.

Я закончил исторический факультет Ташкентского университета. В колхозе Кирова мы закончили 10-й класс в 1951 году. И мои одноклассники разъехались кто куда. Я поехал в Москву, не имея точно цели, где я буду учиться. А в Москве знакомые жили. Глава семьи когда-то работал директором нашей школы.

Я с большим опозданием поехал в Москву сдавать экзамены. Потому что в то время паспорта корейцам давали со статьей. Там было написано – проживание за пределами Узбекистана запрещено. А куда с таким паспортом поедешь учиться? Поэтому многие правдами-неправдами доставали себе паспорта без этой записи. Каким образом? В Южном Казахстане на границе с Ташкентской областью в милиции, видимо, за деньги выдавали паспорта без статьи, но сроком на 1 год. Многие ребята наши там получали паспорта без статьи, и я получил паспорт без статьи.

Это был 1951 год. Но уже поздно было, на носу уже было 1 сентября.

Прилетел я в Москву первый раз в жизни на самолете. По Москве меня сопровождать было некому. Первым долгом я пошел в Бауманский институт. Конкурс там был 15-16 человек на 1 место и уже прием документов закончен. Во второй какой-то институт я по пути зашел – а там объявление – прием документов закончен. Потом я уже начал по Москве ходить, просто Москву смотреть. Я шел, не зная, как выйти на Красную площадь. И мне показали, как идти к мавзолею Ленина. Вдруг вижу фасад старинного здания, с древнерусскими орнаментами. И вывеска висит: Московский историко-архивный институт.

Я поднялся на второй этаж, увидел приемную комиссию. Там женщина говорит: парень, что пришел? Я говорю, хочу учиться здесь. А в это время кто-то за моей спиной говорит: прими у него документы. И смотрю – большой мужчина говорит мне: ну, привет. А я его не знаю. Спрашивает: ты же кореец, а я корейцев люблю, они мои друзья. Оказывается, в 1933 году до депортации корейцев, он жил в Приморье, работал в корейском техникуме, преподавал. Сказал, чтобы мне оформили документы, а он возьмет шефство надо мной. Его имя Иван Агапович. Высокого роста. Он был комендант института, сказал мне, чтобы я сдал документы и повел меня в общежитие. Прошли через двор, вошли в подъезд на второй этаж, он взял у дежурной ключ от комнаты и отвел меня туда жить.

Конкурс был на одно место 4-5 человек. Из 25 возможных баллов я набрал 23. Зачисление проходило в актовом зале, абитуриенты сидят, ждут свои фамилии. Сзади стоит Иван Агапович, улыбается, поздравляет меня. Потом начался учебный процесс. Преподаватели были очень хорошие. Особенно доктор исторических наук профессор Никольский. Читал историю древнего мира. Он читал изумительно. На его лекции приходили даже старшекурсники слушать. В этот институт в основном москвичи попадали. В нашей группе были всего трое парней.

Вот так моя студенческая жизнь началась. Но через год мой паспорт без статьи закончился, и я пошел в милицию получать новый паспорт. А наше общежитие находилось в центре Москвы. Начальник милиции вызвал меня и спрашивает: как ты получил паспорт без статьи? Прописать мы тебя не можем, закон не позволяет, так что поезжай обратно домой, найдешь где учиться в Ташкенте. И сказали: ты долго в Москве не задерживайся, а то тебя милиция просто посадит на поезд. Я начал бегать по инстанциям. Пошел в приемную Верховного совета СССР, но они ничем не смогли помочь, закон есть закон.

5 марта 1953 года умер Сталин, а я еще был в Москве. Я почти сутки стоял на улице, было холодно. Я прошел в колонный зал, посмотрел гроб с телом Сталина. Но после похорон Сталина я еще был в Москве. И где-то уже через 5-7 дней, я уже не мог оставаться больше, я попрощался с ребятами. Тогда я одну ошибку допустил. Когда мне в Москве отказали, мне надо было в Подмосковье поехать и там паспорт получать. Многие наши ребята так и сделали. Но мне никто не подсказал.

Приехал в родной колхоз и устроился на работу в школу в райцентре, преподавать историю, хотя диплома еще не было. Меня приняли в Ташкентский университет на исторический факультет. В университете, кроме учебы, я еще ходил в хореографический ансамбль Дворца культуры железнодорожников. Приняли меня в этот ансамбль после небольшого экзамена, я был единственный кореец, остальные русские и узбеки. Там меня научили танцевать. Не понимаю, как я совмещал учебу в университете и занятия в известном танцевальном коллективе. Это занимало очень много времени. Репетиции каждый день, но иногда на гастроли надо было выезжать. В специальном вагоне нас возили с концертами по всему Узбекистану – то в Бухару, то в Самарканд.

В 1957 году проходил VI Международный фестиваль молодежи и студентов в Москве. Чтобы участвовать в нем, нужно было пройти серьезный отбор из всех танцевальных коллективов Узбекистана. Каждый день в течение месяца мы репетировали на стадионе «Спартак» в Старом городе. Набирался полный стадион танцоров на поле. Нас выстраивали, играла музыка, и мы начинали танцевать. Народные артисты смотрели как мы танцуем. И так каждый день по 3-4 часа. Иногда мы не обнаруживали ребят, которые танцевали с нами вчера рядом. Это те, кого арбитры вычеркивали из списка претендентов. И наконец настал последний день, мы попали в окончательный отбор для подготовки к фестивалю. На последнем этапе подготовки перед отъездом в Москву дней за 20-30 нас повезли в дом отдыха «Учитель». И мы там жили за государственный счет, репетировали, изучали программу фестиваля.

И наконец руководитель объявил – сегодня поедете домой, через два дня приходите на вокзал в полной готовности. Нам объяснили, что в Москве будут продолжаться репетиции. В Москву приедут участники из всех республик СССР, и нас будут сливать в единый коллектив. Когда мы собрались на Ташкентском вокзале, нас проверяли, все ли на месте. Оказалось, что троих нет – из них одна заслуженная известная артистка, из театра оперы и балета. Двоих танцовщиц из театра тоже нет. Оказывается, они позволили себе неправильно высказаться по поводу фестиваля, и их отчислили.

Секретарь партийного комитета Ташкентского текстильного комбината сказал нам: ведите себя достойно на фестивале, там будет много иностранцев. Сели в вагон и поехали в Москву. Фестиваль открывался в начале августа. Нас привезли за 20 дней до открытия, потому что нужно объединить танцевальные коллективы из 15 республик и начать репетиции. Поезда из Ташкента приходили на Казанский вокзал. И мы видим – весь перрон молодежи, нарядно одетой, с цветами, нас встречали. Мы были удивлены и растроганы, до сих пор слезы выступают. Цветы, флажки. Там же были и зарубежные делегации молодежи. Море радости, объятий. Тогда появились большие автобусы Львовского автобусного завода - ЛАЗ. Мы сели в автобус и доехали до Киевского вокзала. И нас повели в гостиницу. Мы жили на втором этаже. Номера были чистые, скатерти накрахмалены.

Утром в 8 часов посадили в автобус, повезли на завтрак в ресторан, оттуда на стадион на репетиции. Репетиций было очень много. В день открытия и закрытия фестиваля на танцевали на стадионе «Лужники». А в промежутки мы выступали в трудовых коллективах Москвы. Встречались с иностранцами на улице, и достаточно было сказать Мир-Дружба, и обнимались, и понимали друг друга. Многих из них нет уже, наверное, по возрасту. Столько знакомых новых – мир-дружба, и ты уже друг. Но переписки особой не было потом, открытки друг другу посылали по праздникам. Но с иностранцами переписку сложно было вести…

Но у меня в Москве тогда еще другая работа была… Я сдавал вступительные экзамены в институты за друзей. В основном сочинения писал, историю, литературу, в общем, гуманитарные предметы. Тогда это было распространенной практикой – сдавать за других. Но если поймают – тогда отчислят. В Московской ветеринарной академии писал сочинение вместе с другом. Сидели рядом. Он делал вид, что что-то пишет. И я писал за него и за другого. Они оба поступили, закончили академию, докторами наук стали. На фотографиях не все различали корейские лица… Я помогал друзьям поступать в МГУ, в Московский энергетический институт. Там высокий конкурс.

Из Узбекистана в Элисту я приехал вместе с родственниками и поступил работать на кафедру истории КПСС Калмыцкого государственного университета. На кафедре я работал около семи лет. В 1977 году образовался Октябрьский район по рисосеянию. Секретарь обкома партии Городовиков отправил меня в корейский Октябрьский район, потому что я имел опыт партийной работы в Узбекистане. Городовиков сказал, что вы подходите нам, тем более здесь много корейцев, и я стал секретарем районного комитета по идеологической работе.

Когда я отработал свой срок в райкоме, меня взяли в обком партии в Элисту, в отдел пропаганды, где я работал до пенсии. Когда я работал в обкоме, ездил на конференции, семинары по партийной линии, много больших людей слушал. Тогда партийные органы занимались семинарами очень активно. У меня в старом блокноте до сих пор много телефонов бывших партийных работников из Краснодарского края и других областей. Иногда хочется позвонить по старым телефонам и спросить, живы ли они.

Надо разобраться с документами, там целые кипы пожелтевших бумаг. У меня остался оригинал постановления ЦК КПСС и Совета министров по освоению Сарпинской низменности и другие материалы. Вчера я искал, но сразу не нашел. Посмотрю старые фотографии. Многие фотографии затерялись где-то, жаль. Надо искать в своих шкафах. Жена моя кореянка, учительница, филолог, в школе и в педагогическом училище работала. С нами проживает наша дочь».

Борис Григорьевич ушел из жизни в 2018 году.

Известны имена других прославленных корейских рисоводов Калмыкии. Дон Сергей Харитонович – бригадир комплексной бригады совхоза "Восход", один из первых организаторов рисовхоза вместе с Паком В. Н. Нам Григорий Иванович закончил

Корейские рисоводы в Калмыкии. Фото из архива Намруевой Л.В.

рисомелиоративный техникум на Дальнем Востоке, работал главным экономистом в рисовхозах «Восход» и «Калмыцкий». Пак Виталий Алексеевич окончил Ташкентский институт ирригации и механизации сельского хозяйства. Более 10 лет проработал главным инженером. Тен Анатолий Иванович – потомственный знатный рисовод, бригадир комплексной бригады первоклассных механизаторов.

Тян Анатолий Григорьевич, имея высшее юридическое образование, долгие годы работал председателем рабочего комитета. Большой организатор, инициатор многих торжеств и мероприятий не только в своем совхозе, но и в соседних хозяйствах. После переезда в Волгоград Анатолий Григорьевич станет лидером Волгоградской областной общественной организации корейцев. Когай Антон Александрович, главный врач больницы п. Восход, был очень уважаем своими односельчанами. Ким Пен Ги закончил Ташкентский институт ирригации и мелиорации сельского хозяйства, применяя собственный богатый опыт по ирригационно-мелиоративной работе на калмыцкой земле, специалист по агротехнике рисосеяния и знаток способов возделывания овощных культур.

За огромный вклад в развитие рисоводческой республики первые три руководителя: Пак В. Н. – директор рисовхоза «Восход», Пак Сан-Ер – директор рисовхоза «Калмыцкий», В.

П. Нам – директор рисовхоза «50 лет Октября», отмечены Почетной грамотой Президиума Верховного Совета Калмыцкой АССР.

Среди корейцев-рисоводов много орденоносцев: рабочая Ли Елена награждена орденом Ленина, бригадир рисоводческой бригады Тен А. И. орденом Дружбы народов, бригадир рисоводческой бригады Угай Николай орденом Дружбы народов, механизатор Ким А. В. орденом «Знак Почета», механизатор Лем И. Н. орденом «Знак Почета», бригадир рисоводческой бригады Угай Николай орденом «Знак Почета», поливальщица Цой М. Г. награждена медалью «За трудовую доблесть».[87]

---

[87] Намруева Л.В. Указ. Соч. С. 41-42.

7. Последние годы советского периода

1) Перепись населения 1989 г

К моменту последней советской переписи населения 1989 г. численность корейского населения в южных регионах РСФСР выросла до 25662 человек, из которых 12915 мужчин (50,3%) и 12747 женщин (49,7%). Темпы расселения корейцев по южным регионам неравномерны. Наиболее интенсивно заселялись пригодные для земледелия Краснодарский и Ставропольский края, на последующих местах Волгоградская и Ростовская области. Почти не прибавилась численность корейцев в Астраханской области, в Северо-Осетинской и Кабардино-Балкарской автономных республиках. Три республики потеряли часть своего корейского населения: Дагестанская, Чечено-Ингушская и Калмыцкая АССР (таблица 7).

В городах Южного федерального округа переписаны 19443 человек корейской национальности (77,7%), из них 9640 мужчин (49,6%) и 9803 женщин (50,4%); в сельской местности 6219 человек (22,3%), из них 3275мужчин (52,6%) и 2944 женщин (47,4%). По сравнению с 1979 г. доля сельского корейского населения в ЮФО снизилась с 25,8% до 22,3% в 1989 г. Наиболее урбанизированные регионы: Кабардино-Балкарская АССР (96,9%), Волгоградская область (89,2%),

Северо-Осетинская АССР (83,2), Астраханская область (81,4%), Чечено-Ингушская АССР (76,7), Ростовская область (72,7%), Дагестанская АССР (71,9%), Краснодарский край (69,4%). На их фоне Ставропольский край (56,7%) и Калмыкия (30%) выглядят как территории для сельскохозяйственной деятельности.

К 1989 г. продолжилась тенденция убывания корейского населения из автономных республик южного округа. Суммарная цифра корейцев, проживающих в Дагестане, Кабардино-Балкарии, Калмыкии, Северной Осетии, Чечено-Ингушетии составила 9870 человек, или 38,5% всех корейцев ЮФО, против 50% в 1979 г. и 55,6% в 1970 г.

Калмыкия потеряла около 40% корейского населения, включая почти 50% из сельской местности. Исследователи объясняют факт оттока корейского населения из Калмыкии ухудшением условий для производства риса и истощением земли[88], из-за чего снизилась урожайность риса, с перебоями функционировали оросительные системы. Вместе с кризисом сельскохозяйственных отраслей начался отток корейского населения, прежде всего по экономическим причинам, и число выбывших превышало число прибывающих.

---

88) Намруева Л.В. Указ. соч. С. 42.

Действительно, основной поток мигрантов в Волгоградскую область в 1970-80-х гг. шел из соседней Калмыкии: «В Калмыкии с 1960 г. по 1980 г. было много рисоводческих колхозов, в которых работали корейцы из Средней Азии. Однако, после того, как Калмыкия обрела статус республики, в ней возобладали националистические тенденции, и многие корейцы перебрались в соседний Волгоград».[89]

В числе корейцев, приехавших на проживание из Калмыкии в Волгоградскую область, Тян Анатолий Григорьевич, Югай Сергей Александрович и многие другие. Ниже приведены краткие воспоминания Сергея Александровича Югая о депортации с семьей из Владивостока и дальнейшем жизненном пути, опубликованные в малотиражной газете, которую в то время выпускали корейцы Волгоградской области.

◎ Югай Сергей Александрович

«Мне было всего четыре года, когда это происходило. Моих родителей предупредили, чтобы они готовили еду. Нас забрали на машине, привезли в степь. В степи стояли вагоны. Помню, как ехали в этих вагонах. Помню, как стояли целый день на озере Байкал. Дорога была длинная и тяжелая,

---

[89] Ли Хёнгын. Указ. соч. С. 27.

мы провели в пути около двух месяцев. Сложно было, но нашей семье немного повезло. Моим родителям удалось найти небольшую конюшню в кишлаке. Ее закрыли, замазали, и стали жить всей семьей, семь человек в одной комнате.

Отец устроился директором магазина в одном из колхозов. Мы всей семьей работали. Я в семь лет начал работать в поле, помогая родителям. Осваивали болота, сажали рис. Несмотря на трудности, мне удалось закончить три класса в узбекской школе. Потом закончил девять классов в русской школе. До школы приходилось идти 7 километров, я в 15 лет преодолевал такой путь, чтобы получить знания. Потом последовала служба в армии, работа на заводе в Ташкенте. Затем я женился, и в нашей семье родились две замечательные дочери. Как только появилась возможность, я поступил в институт, где приобрел профессию экономиста. Работал в Узбекистане, Казахстане, Калмыкии. В Калмыкии я осваивал Сарпинскую низменность, затем перебрался в Волгоград, где работал в сельском хозяйстве. А в данное время я уже прадедушка, у меня подрастают четыре внучки».[90]

---

90) «Волгоградские корейцы», 16 августа 2007 года

◎ Хегай Владимир Енхвавич

Хегай Владимир Енхвавич родился в 1931 году в Приморье. Основная часть профессиональной жизни прошла в регионах юга России. В. Е. Хегай – доктор сельскохозяйственных наук, заслуженный деятель науки Республики Калмыкия. Докторская диссертация: «Разработка методов повышения продуктивности и ускорения воспроизводства тонкорунных овец в условиях пастбищного содержания аридной зоны: На примере хозяйств Республики Калмыкия и Астраханской области»[91] защищена в 1999 году. Автобиографические воспоминания были надиктованы нам Владимиром Енхвавичем в 2005 году и публикуются в сокращении.

Автобиография. «Я родился в 1931 году. У моего отца было пять братьев и сестер. Никто из них не умел читать и писать. Я начал учиться читать и писать в 5 лет. Мне сказали, что я должен учиться, потому что я крестьянин. В 1963 году старший брат позвал перед смертью, чтобы открыть большую тайну: «Ты не крестьянин, ты – дворянин. 1250 лет назад один из моих предков, будучи молодым человеком, победил в конкурсе в Сеуле, за что получил высокий государственный пост в королевстве Корея, земельный удел

---

[91] http://www.dissercat.com/content/razrabotka-metodov-povysheniya-produktivnosti-i-uskoreniya-vosproizvodstva-tonkorunnykh-ovet.

Хегай Владимир дает интервью Ким Ильгизе. Г. Элиста. 2010 год

на севере Кореи и титул дворянина. Ты – 22-е поколение этого предка. В тебя вселился его дух. Запомни это». Сказал и умер после этих слов.

В корейской истории известно кто это. Я имени не знаю. Раньше об этом боялись говорить вслух, потому что в России были гонения на дворян. У меня есть дочь, нет сына, а наследование титула дворянина считается по мужской линии, поэтому я последнее 22-е поколение потомков его. Интересно, что никто из его последних потомков не умел ни читать, ни писать, поэтому выжил, никто в тюрьму не попал. Мой брат всю жизнь молчал, только перед смертью сказал. На Дальний Восток мои предки пришли в девятисотые годы. Потом была ссылка в Среднюю Азию.

Я в науке вообще оказался случайно. Хотел стать железнодорожником. В 1937 году попал из Уссурийска в ссылку в город Коканд, как ссыльного меня не взяли в учебное заведение для железнодорожников в Ташкенте. В Москве не приняли в Высшее Бауманское училище – доступ закрыт в секретное учебное заведение. Ну я решил – родители жили без высшего образования, и я проживу. Мой друг казах посоветовал мне поступить в сельскохозяйственную академию, там конкурса нет, на животноводство; будешь, говорить, в Казахстане мясные породы выращивать; я случайно оказался в сельскохозяйственной академии – другого пути не было.

Я работал в колхозе, в Дагестане работал, потом в Грозненской области (ныне Чечня), я изучал флору и фауну Северного Кавказа, потом в Астраханской области, занимался не только в зоотехнии, все изучал, и как ботаник работал, все изучал. Я написал книгу «Черные земли» и получил за нее золотую медаль в Москве на выставке. Первая моя работа была – о растительном и животном мире. Это с зоотехникой не связано. В общем много книг написал. В 1953 году проводил опыты в Палласовском районе Волгоградской области. Там был 6 месяцев на практике, там был агроном-кореец, я первый раз увидел здесь корейцев.

Живу в Калмыкии с 1958 года – на черных землях. Поехал специально изучать черные земли, работал директором совхоза. Я всю жизнь учился. В науке очень-очень интересно, борьба мнений. Я написал теорию компенсации, посвятил ее Путину. Сколько зоотехников в России, но в зоотехнии нет теории. Как можно так работать? Я написал книгу, посвятил Путину и ему отправил. И еще написал письмо и объяснил, почему нет теории, и в академию отправил, а там шум подняли - в мой адрес критика пошла. Уровень науки невысок в отсутствии теории. Я сейчас пишу книгу о том, какая должна быть теория. Очень интересно. Уровень сельскохозяйственной теории невысок сейчас, но и в Советском Союзе тоже был невысок.

Я написал книгу «Калмыцкая курдючная овца и ее возрождение». В мае должна выйти. Там вспоминается знаменитый калмыцкий поэт Давид Кугультинов, Кирсан Илюмжинов упоминается, Ельцин, и московские ученые. Очень интересно, я написал как есть. Кугультинов писал – кому мешала курдючная овца, почему ее нет? С выселением калмыков исчезла и калмыцкая курдючная овца. Есть один кореец – Кан, и он объяснил, куда делись калмыцкие курдючные овцы. Мы возродили сейчас курдючную овцу. Я завершил книгу словами: «Пройдут годы, десятилетия и века. Работа по восстановлению и развитию калмыцкой курдючной овцы, начатая во второй половине 20-го столетия, не пропадет даром. Она не подвластна ветру времени». На этом заканчиваю книгу. В Калмыкии эту овцу сейчас разводят, но сейчас другие требования, овца должна быть одномастная, это пока не получается. Но золотые медали мы за нее получили. В курдюке запасы жира. На Кавказе ценят курдюк.

Зоотехническая наука такая же строгая наука, как и математика, например. Но методы совсем другие, поэтому там много парадоксов и казусов, которые привели и приводят многих ученых к тупиковому положению при попытке решить научные проблемы традиционными методами. Это совершенно по-другому надо мыслить, чтобы развивать современную зоотехнию как теорию. Ведь многие породы создаются эмпирическим путем, без научного обоснования. Многие далеки от науки. Вот тутовый шелкопряд – я сам его выращивал его 8 лет, знаю процентное соотношение по цветам получаемого шелка. Очень интересно – шелкопряд, это чудо природы. Вот у нас в Узбекистане появлялся черный шелкопряд. Редкий. За 8 лет я видел 3 черных кокона.

Когда я защитил докторскую, мой диплом имел особый номер. Сделан на основе трех изобретений. В возрасте 5-6 лет я уже имел второй класс обучения в корейской школе. В годы войны моя мать умерла в Ташкенте, отца отправили в трудовую армию, я скитался 3 года, с 1943 по 1945 гг.

бродяжничал по городам Среднеазиатской республики. Окончание войны встретил в Таджикистане, и там научился говорить по-таджикски, это иранский язык. Впоследствии этот язык мне пригодился. Я работал в Кизляре, где были персидские, украинские и другие хутора, и вот персидский язык пригодился. А знание узбекского языка помогло мне общаться с казахами, кумыками – с тюркоязычными народами. Калмыцкий язык я не знаю, он очень трудный.

Однажды я прикинулся калмыком перед девушками-кореянками ради шутки, потому что я похож на калмыка. Аспирантуру я заканчивал во всесоюзном институте овцеводства в Ташкенте; закончил Высшую школу овцеводов. Еще несколько институтов – всю жизнь учился. Поэтому докторскую писал без докторантуры – знаний достаточно. ···

Я в Калмыкии работаю с 1958 года. Работал в разных местах, на Опытной станции, и в сельском хозяйстве в колхозе, в институте мясного скотоводства и в институте сельского хозяйства. Я приехал из Грозненской области, колхоз организовали мы. В Грозненской области в очень интересное место попал. Поехал в Кизлярский район, там родители мои репрессированные жили на выселках, там обрадовались. Там новый колхоз образовывали, на базе персидского, украинского и молдаванского хуторов, когда чеченцы выселены были. Очень интересно было. Председателем колхоза был назначен капитан милиции из

Грозного, 30-тысячник. Парторгом назначен старший лейтенант госбезопасности из Сахалина. А я молодой парень, и агроном тоже был молодой. На двух верховых лошадях мотались, работали и днем и ночью, без выходных. А жил у одной молдавской семьи, и агроном тоже. А в семье было две дочери – столько разговоров было; но я как к сестрам к ним относился. А потом меня приметили, в МТС меня перевели из зоотехников. А потом родители поразъехались. А потом из МТС, которую ликвидировали, я уехал из Кизляра, где изучил черные земли. И в Калмыкии изучал черные земли. Там в черных землях зарождаются песчаные бури, которые доходят до Франции. Очень интересно. Там и животный, и растительный мир исключительно интересный. Там еще бахчевое овощеводство было, оно испортило земли. Обещали, что через 20 лет земли восстановятся, но я 40 лет там проработал и изучал земли, они так и не восстановились.

Там я организовал разведение арбузов, люди стали жить состоятельно. Было два быка, и арба воду возить. И жена говорит – ты куда привез меня, в нищете жить? И тогда я собрал людей и говорю – вы на золоте сидите и не знаете, как использовать, нищенствуете. Они удивились – как на золоте? Тут можно устроить орошение. И за 3-4 года я арбузы посеял, орошение подвел, и мы стали самым рентабельным хозяйством. И самая маленькая зарплата была на уровне кандидата наук. Рекордный урожай арбузов был по Советскому Союзу. Мы были богатое хозяйство. И вот меня за это возненавидели, обвинили в создании капитализма. Я никого не заставлял, все сами были заинтересованы. По 3 гектара земли дал, ввел семейный подряд. Всё было хорошо. И потом организовал впервые пастбища организованные, стригли много шерсти с овец. Потом приехал Бадмаев, новый директор, вот он был секретарь райкома партии, вот он приехал и говорит, что у нас никакого прогресса нет. Развел скотоводство, и меня за это тоже обвинили. Я поскандалил и рассчитался, и уехал оттуда. И они в конце концов превратили эти цветущие земли в пустыню. Я об этом пишу сейчас в книге, как нормальной работе препятствовали.

Я уехал в Ставрополь на учебу в аспирантуру. Там был очень высокий конкурс – 35 человек на место. Меня предупредили, что никакого шанса пройти конкурс у меня нет, потому что у них уже человек подготовлен. Но я прошел его, несмотря на договоренности. Мой руководитель будущий сказал, что у меня опыта работы много, хозяйственной деятельностью занимался успешно, сдал всё на отлично; депутат районного совета, член райкома партии. Из моего выпуска я один доктором наук стал, заслуженным деятелем сельского хозяйства. А остальные так кандидатами наук и остались. Много было очень низкого уровня ученых, даже в советское время. Хочу написать книгу как это было на самом деле. Кто-то должен написать правду. Многие, конечно, будут недовольны. Я в городе жил, наукой занимался. А потом в селе жили.

В 1949 году гадалка посмотрела мою фотографию и сказала – ваш сын моим родителям сказали – ваш сын не только симпатичен, но умен, он будет заметным ученым, но у него в жизни не будет ни счастья, ни покоя. Такая судьба. Я сказал, что я изменю свою судьбу сам. Буду заниматься строительством железнодорожных мостов и тоннелей, обоснуюсь в Забайкалье, если там не будет кореянок, женюсь на тунгуске, напишу три книги – «Чужбина». Первая книга будет называться «Переселение», вторая «Судьба скитальца», третья «Сон и реальность», а четвертая «Прощание с надеждой». Вот этим делом буду заниматься. А занимаюсь совсем другим делом···»

Личность и биография В. Е. Хегая, с одной стороны, особым образом уникальна из-за его высокого происхождения и разносторонних научных достижений. С другой стороны, ему в числе всех дальневосточных сорён сарам пришлось проделать тяжелый путь в железнодорожных вагонах в Узбекистан, в раннем возрасте разлучиться с родителями, скитаться и беспризорничать, получить образование в советском институте, добиться ошеломительных результатов в научной и профессиональной деятельности. Президент

Калмыкии Кирсан Илюмжинов вручил Владимиру Хегаю памятный знак в честь четырехсотлетия Калмыкии, который он передал на хранение в Республику Корея.

Судя по скудной информации, полученной им от старшего брата, по рождению В.Е. Хегай принадлежит к дворянскому сословию янбан (양반), которое в VIII веке (1250 лет назад) получил его предок. Янбаны – гражданские и военные чиновники, представители государственной бюрократии. К экзаменам на чин низшего чиновничества допускались свободные крестьяне (янъин). Семейным аргументом к учебе Владимира служило напоминание о том, что он «крестьянин», несмотря на «наследственное дворянство». Эта семейная тайна передавалась изустно не только из-за боязни репрессий, скорее всего, исторических документов не сохранилось. Характерно утверждение, что из-за неумения читать и писать никто из потомков выдающегося дворянина, имя которого неизвестно, в начале XX века не попал в тюрьму. Владимир не только последний потомок наследуемого по мужской линии дворянства, но и носитель духа первопредка, по утверждению старшего брата.

Показательно его стремление не подчиняться судьбе, а строить собственную жизнь. Несмотря на сложнейшие перипетии свой судьбы, Владимир Ен-хва использовал все ее возможности: скитаясь в подростковом возрасте, выучил несколько языков, общаясь с носителями; не имея возможности поступить в избранный им закрытый вуз, поступил в доступный и добился заметных профессиональных и научных успехов. Работал в нескольких южных регионах: в Дагестане, в Чечне, в Волгоградской и Астраханской областях, в Калмыкии, поступил в аспирантуру с высоким конкурсом в Ставрополе. Обращает внимание повтор в автобиографии лексемы «интересно»: «в науке очень-очень интересно», «теория сельскохозяйственной науки··· очень интересна», «курдючная овца··· очень интересно» - именно этот интерес к жизни руководил его действиями и помогал в трудные моменты работоспособному корейцу с бунтарским характером, в преклонные свои годы еще мечтающему изменить реальность.

Владимир Хегай скончался в декабре 2016 г. в Элисте.

Таким образом, советских корейцев, проживших в России всю или большую часть сознательной жизни, можно поделить на две группы. Одна из групп, более массовая, оказалась в южно-российских регионах в связи с государственной экономической и сельскохозяйственной политикой. Корейские рисоводы имели репутацию отличных специалистов и надежных работников и поэтому были приглашены на работу в рисоводческие хозяйства в Ростовскую область, Ставропольский край, Калмыкию. Эти люди привозили, как правило, свои семьи и проживали достаточно компактными общинами. Их характеризует лояльное поведение, коллективистское мышление и нацеленность на выполнение государственных задач, что способствовало собственной экономической устойчивости и уважению со стороны местного населения и органов власти.

Другая часть корейцев, в основном мужского пола, получив высшее образование в среднеазиатских или российских высших учебных заведениях, стремилась добиться личных высоких профессиональных и социальных успехов, интегрируясь в местную среду. Многие из них стали высококвалифицированными специалистами и руководителями производства. Интеграция происходила не только на профессиональной основе. Поскольку в российских промышленных центрах выбор корейских невест был крайне ограничен, заключались межнациональные браки. Например, жена Кима Константина Иосифовича была русской национальности; жена Кима Петра Моисеевича была еврейской национальности; супруга Хегая Владимира Енхвавича также не являлась кореянкой.

Эти трудолюбивые корейские мужчины были активны и результативны в социальном плане. Дети от подобных смешанных браков (тягубя) также стремились к успешной социализации, хотя бы потому, что в детстве им нередко приходилось подвергаться насмешкам за непривычный для этих мест внешний вид и узкие глаза. Так, дочь Кима Петра Моисеевича с улыбкой вспоминала в личной беседе, что дети дразнили ее «китаянкой», поскольку в то время китайцы были более известны и понятны жителям, чем корейцы. Последующие поколения (аргубя) продолжили ассимиляцию и в большей степени отождествляют себя с «советским» или русским народом, чем с корейской национальностью отцов и дедов. Но это тема дальнейшего исследования.

Глава 2

Социологический портрет старшего поколения сорён сарам юга России, иммигрантов из республик бывшего СССР

1. Численность корейского населения на юге РФ после распада СССР

Переписи населения Российской Федерации, проведенные в 2002 и 2010 гг., показали значительное увеличение численности корейцев в регионах Южного федерального округа (таблица 8). Самая большая численность корейцев зафиксирована в Ростовской области, Волгоградской области и в Кабардино-Балкарской Республике. В Ставропольском крае корейцы концентрируются в Ставрополе, в городах Георгиевск, Пятигорск, Ессентуки, в Нефтекумском, Изобильненском и других районах. В Астраханской области наибольшая концентрация корейского населения в областном центре, Ахтубинском, Енотаевском, Черноярском районах. В Волгоградской области корейцы-иммигранты расселялись относительно компактно в областном центре, в городе Волжском, в Быковском, Городищенском, Ленинском, Николаевском, Среднеахтубинском, Светлоярском и Калачевском районах. В Ростовской области больше всего корейцев в самом Ростове, городе Батайске, в Азовском, Аксайском, Веселовском, Волгодонском и других районах. В Кабардино-Балкарии корейцы проживают в основном в городах Нальчик и Прохладное; в Калмыкии в городе Элисте и в Октябрьском районе.

2. Социально-демографические характеристики пожилого поколения сорён сарам по данным анкетных обследований

1) Анкетное обследование 2001 г

Корейцы, проживающие после распада Советского Союза в регионах Юга России, неоднократно изучались социологическими методами, включая анкетные обследования и массовые количественные опросы, интервьюирование. Для нашего исследования важно социально-демографическое описание вновь складывающейся корейской общности, в данном случае более пожилой его части. Следует учитывать, что южно-российское корейское сообщество по вторичному происхождению состоит в основном из трех географических групп – «российской», «узбекистанской» и «таджикистанской», имеющих специфические социальные различия, обусловленные условиями проживания в бывших советских республиках, а также ситуацией собственно исхода с прежних мест жительства.

Первые анкетные обследования проводились по инициативе московской общественной организации «Первое марта» (южнокорейский пастор Ли Хен Кын) и имели целью получение информации для оказания корейским общинам помощи гуманитарного характера.

В 2001 г. проведено первое обследование, собраны 333 анкеты, соответствующие 333 семьям корейцев. Для нашего исследования важны демографические характеристики старшего поколения, к которому в данном случае относятся корейцы, родившиеся в 1950 году и ранее: всего 275 человек, из них 129 мужчин (47%) и 146 женщин (53%). Следует иметь в виду, что определение «пожилые корейцы» относительно, поскольку на момент заполнения анкет в 2001 году многие из них были в среднем возрасте.

Как видно из диаграммы 1, абсолютное большинство группы пожилых респондентов (198 человек, 72%) прибыли в Россию после распада СССР, начиная с 1992 года. Выделяются два больших периода: а) начало 90-х годов, связанное с бегством от войны в Таджикистане; и б) самый конец 90-х–начало 2000-х годов, когда корейцы были вынуждены массово выезжать из Узбекистана в связи с внутренней политикой государства.

Из Узбекистана прибыли 180 человек (66%), из них 94 мужчины (52%) и 86 женщин (48%); из Таджикистана 83 человека (31%), из них 32 мужчины (39%) и 61 женщина (61%); 3 человека из Казахстана и несколько человек всю жизнь прожили в России. Неясно, с чем связан столь заметный гендерный перекос среди пожилых таджикистанских корейцев, почему среди них настолько мало мужчин (диаграмма 2).

Практически все пожилые респонденты родились уже в среднеазиатских республиках или в других регионах РСФСР, лишь два самых пожилых корейца назвали местом своего рождения Приморский край.

Внутри группы пожилых корейцев обнаруживаются неравновесные возрастные подгруппы. Более молодая группа (с 1951 по 1940 годы рождения) составляла

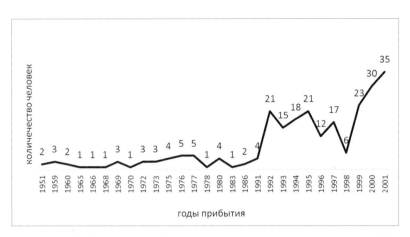

Диаграмма 1. Динамика прибытия старшего поколения корейцев в РФ

Диаграмма 2. Динамика прибытия старшего поколения корейцев в РФ из Узбекистана и Таджикистана

большинство в 193 человека (70%), из них 89 мужчин и 104 женщины; вторая группа более пожилых (с 1939 по 1912 года рождения) состояла из 82 человек (30%), из них 40 мужчин и 42 женщины.

Диаграмма 3. Уровень образования пожилых корейцев по республикам (%)

Имели начальное и неполное среднее образование 12%, среднее общее полное 30%, среднее специальное и техническое 20%, высшее и незаконченное высшее образование 15%, нет информации в 23% анкетах. Уровень образования пожилых корейцев из Узбекистана в целом выше уровня образования таджикистанских корейцев, среди которых больше доля имеющих начальное и неполное среднее образование; возможно, это объясняется гендерным дисбалансом в пользу женщин (диаграмма 3).

Также отмечается неравный уровень образованности среди возрастных подгрупп: среди более пожилых выше доля имеющих начальное, неполное среднее и полное среднее образование (в сумме 63%), среди более молодой части старшего поколения выше доля имеющих профессиональное образование: среднее 28% и высшее 17%.

Определенный интерес представляет список профессий и специальностей, которыми владело это поколение. Профессиональный набор не столь велик, среди специальностей с высшим образованием обнаружилось несколько инженеров и учителей, врач, дирижер, агроном. Среди специалистов со средним профессиональным или средним техническим образованием больше медсестер, бухгалтеров, строителей, техников и технологов. Профессии остальных относятся к рабочим, среди которых механизаторы, полеводы, механики, повара и т.п. Таким образом, первую волну переселенцев в основном составляли корейцы, связанные с сельскохозяйственной отраслью.

2) Анкетное обследование 2003 г

В 2003 г. общественной организацией «Первое марта» (пастор Ли Хен Кын) было проведено обследование социального положения корейских пенсионеров, проживающих в Московской и Волгоградской области. Полученные данные планировалось использовать при разработке программы помощи пожилым соотечественникам. От волгоградских пенсионеров получено 16 анкет, которые рассматриваются ниже.

Приехали в Волгоград из Узбекистана 7, из Таджикистана 8, из Калмыкии 1 человек. Корейцы из Таджикистана приехали в 1992-1994 годах. Переезд из Узбекистана произошел позднее, с 1995 года по 2002 год, хотя один из них прибыл еще в 1975 году. Имели гражданство Казахстана 1 человек, России 12, не дали ответа 3 человека.

Годы рождения опрошенных волгоградских пенсионеров (6 мужчин, 9 женщин, в 1 анкете пол не указан) в диапазоне от 1916 до 1946 гг., средний возраст к моменту опроса 68,7 лет; из них родились в Дальневосточном крае 12 человек, в Узбекистане 4 человека. Из опрошенных 6 мужчин четверо заявили о наличии у них жены, из 9 женщин всего одна о наличии мужа.

Средний размер ежемесячных пенсий по старости составил около 1200 рублей (в диапазоне от 828 до 2100 рублей); с прожиточным минимумом в Российской Федерации в 2003 г. 600 рублей в месяц.[1] Пенсию в 900 рублей получали 6 корейцев, по 1 человеку получали пенсию в 828, 1000, 1500, 1760, 1800, 2100 рублей. Из 16 человек не получал пенсию 1 мужчина из Узбекистана 1946 года рождения без гражданства, имеющий среднее специальное образование. Среди пожилых корейцев высшее образование имели 2

---

[1] http://nalog-nalog.ru/posobiya/posobie_po_vremennoj_netrudosposobnosti_bolnichnyj/velichina_mrot_v_2002_2016_godah_v_rossii_tablica/#Таблица МРОТ по годам

человека (техническое и экономическое), среднее специальное и среднее техническое 3, среднее общее полное 4, среднее неполное 2 человека. Практически все пожилые корейцы говорят на корейском языке; пишут 5 человек; не знает корейского языка один мужчина 1933 года рождения. Пожилые корейцы соблюдают народные традиции: празднуют Соллаль, Чхусок, соблюдают поминовение родителей и обычай поминок по усопшим.

Корейцы, прибывающие из республик Средней Азии в российские регионы, старались поселиться там, где уже проживали их родственники или соотечественники. В других случаях выбирались населенные пункты с близостью от водоема или реки, с землями, доступными для сельскохозяйственной обработки. Примером второго вида являются поселки Приморск и Новоникольское Быковского района, поселки Среднеахтубинского района Волгоградской области.

3) Корейские иммигранты из Узбекистана и Таджикистана в Волгоградской области

В Быковском районе Волгоградской области основными населенными пунктами для компактного проживания корейцев из Узбекистана (Каракалпакия) является село Новоникольское, а выходцы из Таджикистана концентрировались в поселке Приморск. Здесь проживает около трехсот корейцев. В 2002-2003 гг. при содействии общественной организации «Первое марта» и лично пастора Ли Хен Кына в Приморске и Новоникольском для них были приобретены дома. Подобная работа по расселению и обустройству корейских вынужденных переселенцев была проведена и в других районах области.

◎ Тен Зоя Яковлевна

Зоя Яковлевна Тен, будучи в начале 2000-х годов председателем Ассоциации корейцев Калакалпакстана (Узбекистан), много сил отдала обустройству корейцев в Быковском районе Волгоградской области. З. Я. Тен лично обращалась за помощью к министру по делам национальностей РФ В. Ю. Зорину, в котором информировала, что «с февраля по июнь 2002 года в Волгоградскую область (Быковский район, село Новоникольское) прибыли на поселение 25 корейских семей (70 человек), которые еще в 30-е годы XX века были депортированы с территории Приморского края, и что выбор нового поселения был обусловлен рядом причин: трудной экономической и экологической ситуацией в районах прежнего проживания (Приаралье), отсутствием там условий для занятия сельским хозяйством, а также тем, что в Быковском районе Волгоградской области уже проживают прибывшие ранее сюда корейцы».[2] Действительно, принимавший самое деятельное участие в судьбе корейцев пастор Ли Хен Кын отмечает, что «Когда семья Пака Виссариона (1945-2011) приехала сюда в 1997 году, тогда здесь жила лишь одна семья Квона Олега (1947 г.р.)[3]». По информации З. Я. Тен, «на индивидуальной основе, а также с помощью всевозможных благотворительных фондов были приобретены дома для 15 корейских семей. Однако без жилья остаются 10 семей, которые испытывают материальные трудности».

Министр РФ, в свою очередь, направил обращение к главе администрации Волгоградской области Н.К. Максюте, в котором, в частности, говорилось: «Как отметила на рабочей встрече председатель Ассоциации Каракалпакстана Зоя Яковлевна Тен, материальное положение прибывших корейских семей очень тяжелое, хотя они доставили в район сельхозтехнику и готовы заняться возделыванием хлопка или выращиванием других сельскохозяйственных культур. Для 17 семей уже приобретено жилье (дома с усадьбами). 13 семей нуждаются в помощи, и, в первую очередь, в

---

2) Суслов А.А. Региональные аспекты государственной политики в отношении этнокультурных меньшинств. – Корейцы Юга России и Нижнего Поволжья. Волгоград, 2011. С. 100.

3) Ли Хен Кын. Указ. соч. С. 133.

продовольствии, ориентировочно в продолжение двух месяцев, то есть на период, когда они наладят самостоятельное производство сельхозпродукции. Необходимо также решить вопрос об их статусе проживания».[4]

Ниже приведен фрагмент интервью Зои Яковлевны Тен газете «Ариран», где она предстает в образе сильного, независимого и неравнодушного человека, достигшего успеха в собственной профессиональной и общественной карьере, и чья душа болела за соотечественников, которым она стремилась помочь по мере своих возможностей.

«Я из тех корейцев, которые родились сразу после депортации, в 1937 году в Кунграде и так там и остались··· Я проработала заместителем управляющего по финансам в системе водного хозяйства Каракалпакии 16 лет и два года проработала заместителем министра по финансам. Я вот такая сумасшедшая бабуля. Я во время развала СССР уходила на пенсию. И меня корейцы упросили, я была в аппарате культурного корейского центра по финансам в Ташкенте. А каракалпакское правительство меня "назначило" лидером корейцев.

Я в Ташкенте входила в состав организации по объединению Кореи. И принимала активное участие в

---

4) Суслов А.А. Указ. соч. С. 101.

корейском общественном движении. В Ташкенте я познакомилась с женщиной из Южной Кореи Пак Су Хи - буддисткой, поэтессой. Она меня расспрашивала о жизни корейцев в Каракалпакии, я ей все рассказала. О том, что наша молодежь ездила на Украину и в Россию, большинство прогорели, стрелялись, вешались – долгов полно. Такая была национальная трагедия. Как можно заниматься земледелием в Каракалпакии, если воды не было два года? Тогда Пак Су Хи мне сказала: "Переезжайте в Волгоград. Я куплю вам сто домов". ···Эта встреча состоялась в конце 2001 года. ···Говорят, что госпожа Пак выделила около 100 тыс. дол. Ни одного дома к нашему приезду в марте 2002 года не было куплено··· Все деньги, которые люди получили за продажу дома в Каракалпакии, они потратили на оформление документов. Паспорта РФ получили только 12 человек. Еще 15 человек получили разрешение на пребывание в РФ. А взрослых у нас 58 человек. Детей школьного возраста около 20 человек, есть дети грудные и детсадовского возраста. К сожалению, все мы живем в постоянном стрессе. Я приехала и за неполный год похудела с 64 кг до 48 кг. ···Сейчас немного поправилась, а еще столько надо сделать".[5]···

Обживаться на новом месте было чрезвычайно трудно, о

---

[5] Хван А. Дом дружбы Новоникольского. http://kungrad.com/history/etno/novonik.

чем свидетельствуют воспоминания тех, кто приехал в числе первых переселенцев. У многих были трудности с получением гражданства России, из-за чего не выплачивались пенсии, не было денег на развитие, все нажитое имущество было распродано за копейки или брошено за неимением возможности вывезти.

◎ Пак Виссарион и Пак Элеонора

Пак Элеонора, пос. Приморск. Фото из архива авторов. 2016 год

Супружеская чета Паков проживала в поселке Приморск Быковского района Волгоградской области. Элеонора Пак родилась в Казахстане, в поселке Достижение Каратальского района Алматинской области. Она закончила фармацевтический институт в Алматы, затем вечернее отделение университета в Душанбе по специальности «химия и биология». Прадед Пак Элеоноры происходил из аристократического рода.

Пак Виссарион Дмитриевич родился 15 марта 1945 г. в Ташкентской области Средне-Чирчикского района в колхозе «Полярная Звезда», где председательствовал знаменитый Ким Пен Хва. Его отец Пак Чанчхун родился во Владивостоке в 1920 г. Мать Ким Оксун (Тамара) родилась в 1922 г., скончалась в 2003 г. Виссарион в 1954 г. уехал в Душанбе, следом за ним его отец в 1959 г. Виссарион учился в Таджикском государственном университете на факультете экономики с 1966 по 1972 гг. Элеонора и Виссарион познакомились в 1966 г. и поженились в 1967 г. Несмотря на то, что они однофамильцы, они из разных поев (понов, бонов), поэтому молодые опасались, что им не позволят заключить брак, чтобы не оказаться в кровнородственных связях. Элеонора Пак трудилась в институте Таджикгипрозем, который занимался земельными ресурсами, ее муж там же работал заместителем начальника экономического отдела. После развала СССР им пришлось уехать из Таджикистана, спасаясь от гражданской войны. В 1994 г. дочь вышла замуж и первой приехала в Волгоград; в 1996 г. сын, чтобы избежать службы во время гражданской войны, был отослан родителями в Волгоград. Виссарион приехал в декабре 1997 г. Дочь купила родителям дом в деревне Волгоградской области, где их ожидал культурный шок, настолько неустроенными были здесь первоначальные условия для жизни. Виссарион скончался в 2011 г.

«Мы приехали в 1994 году сюда самые первые. Сына из Душанбе забрали и приехали сюда. Там у нас осталась трехкомнатная квартира. Машина, дача, мебель, пришлось все бросить и бежать с одними чемоданами. Мы ожидали, что вот-вот всё успокоится, власть восстановится, надо просто переждать. Но становилось все страшнее и опаснее для жизни. Таджики, которые спускались с гор, могли убить, изнасиловать. Если в Душанбе появлялись слухи, что кто-то собирается продавать квартиру, нападали хулиганы, убивали хозяев и присваивали квартиру себе. Убили очень много одиноких стариков.

Когда я приехала, я увидела огромную разницу между нашим домом там и тут. Мы с поле не привыкли работать, мы производственники. Дочь приехала в 1994 году. Она потеряла свою специальность, работает продавцом. Здесь мы начали с нуля···».

Супруги Пак – сооснователи церкви «Счастье» поселка Приморск, отк

рытой пастором Ли Хен Кыном. Деятельность по регистрации церкви, обустройству и дальнейшее служение в ней явилось средством дальнейшей социализации семьи, вырванной из привычного существования, потерявшей свой прежний социальный и экономический статус.

«Эта церковь – это детище моего мужа и меня с 2004 года, когда приехал моксаним Ли Хен Кын. Он сказал Виссариону – ты будешь служить богу. А Виссарион партийный, никогда в жизни в церковь не ходил. Он закончил университет, был очень умный, толковый. Дисциплинированный. Мы там хорошо жили, богато, он зарабатывал деньги. А тут сразу стали очень тяжело жить. И вдруг пастора встречаем в 2004 году. И он говорит – вот вы должны служить, зачем вам поле... И вот мы начинали тут на энтузиазме. Мы оставили работу в поле и занимались только делами церкви. Моксаним помогал небольшими деньгами за служение, у него самого было мало денег, мы получали российскую пенсию. Я два года ездила оформлять эту церковь. Мы там и ночевали, охраняли, перестраивали, строили. И вот Виссарион умер, у меня земля из-под ног ушла. Все стали говорить – это ваше детище, для чего вы создавали эту церковь… И теперь вся организация на мне. Я устала. Сейчас в церковь много стало приходить. И у нас обеды по воскресеньям для всех, на 30-40 человек.

У нашего поколения нету родины. Нас перебрасывают туда-сюда – из Приморья в Казахстан, Узбекистан, оттуда опять в Россию. Теперь в России это конечная точка для нас. А младшее поколение еще неизвестно, куда опять загонят. Но мы здесь теперь дома, нам здесь комфортно. В Корее нам было бы некомфортно, там надо родиться и вырасти. Там совсем другой взгляд на нас. Конечно, куда нам на старости лет ехать? Здесь у нас есть свобода действий. Мы же бывший Советский Союз. Мы как корё сарам показали свою культуру, свою дисциплинированность, нас здесь уважают. Хотя первое время было не так хорошо...».

Для пожилых корейцев эти российские поселки стали родным домом, откуда готовы уехать на новые места проживания только единицы из них, потому что устали от скитаний. Постепенно жизнь на новых местах стала налаживаться.

> «В то время во многих деревнях можно было видеть разрушенные сооружения общего пользования. Зимой часто, когда не хватало угля, проблема топлива решалась просто: растаскивали штакетник из заборов. Приезжающие корейцы стали воздвигать каменные заборы, это делалось для безопасности семьи, охраны имущества. Они также стали проводить водопровод и газ. Это делало жизнь более комфортабельной. Воодушевленные этим примером местные жители тоже стали ухаживать за своими домами. Наступило время, когда поселок стал приобретать надлежащий вид. Приморское превращается в самый крупный населенный пункт, где живут корейцы».[6]

Действительно, по воспоминаниям пастора Ли Хен Кына, если поначалу местная администрация и местные жители очень настороженно отнеслись к приезжим «азиатам», то впоследствии районные руководители выражали благодарность корейцам за их трудолюбие и межнациональное согласие, за умение жить мирно, бесконфликтно и уважительно к соседям.

Более резкие эксцессы происходили в некоторых южнороссийских регионах, куда после развала Советского Союза приезжали на проживание корейцы. Несмотря на тот

---

[6] Ли Хен Кын. Указ. соч. С. 133.

факт, что корейцы жили в Ростовской области с советских времен, тем не менее, им приходилось встречаться со случаями ксенофобии. В 1992-1993 гг. местное агрессивно настроенное казачество пыталось поднять вопрос о выселении корейцев, провоцируя на открытое противостояние. Усилиями ассоциации корейцев и областной власти конфликт загасили, межнациональный мир был восстановлен.[7] В Адыгее (Краснодарский край) в 1994 г. были попытки подвергнуть рэкету корейское фермерское хозяйство с угрозами криминального характера, предъявленными пожилому корейцу, приехавшему сюда для проживания из Волгоградской области. Всё закончилось благополучно благодаря защите местных властей, но спокойствия корейскому сельскохозяйственному бизнесу это не прибавило.[8]

В поселке Новоникольском Быковского района живут корейцы, приехавшие из Каракалпакии. У многих пожилых людей в Узбекистане остались родственники, с которыми они общаются через мобильные телефоны с видеопрограммами, потому что в Узбекистане не действует скайп.

---

7) Шин В.В. Проблемы развития региональных организаций АКРО // Роль и место корейской диаспоры Ростовской области в диалоге народов и культур. Ростов-на-Дону, 2004. С. 66

8) Попова Ю.Н. Корейская диаспора Краснодарского края: историко-культурные аспекты (XX-XXI вв.). Диссертация на соискание ученой степени кандидата исторических наук. На правах рукописи. Краснодар, 2004. С. 106.

Дорожный знак при въезде в поселок Приморск. Сооружен во времена СССР

Супружеская пара из села Новоникольское делает видеозвонок к родственникам в Каракалпакию

Одной из проблем, высказанных пожилыми корейцами, является паспортная политика правительства Узбекистана. Те из них, которые по каким-либо причинам не отказались от узбекистанского паспорта, опасаются, что, по слухам, при попытке навестить родственников в Узбекистане они могут подвергнуться наказанию или аресту, либо выдворению из-за нарушения паспортного режима. Другая очень серьезная проблема касается одиноких престарелых корё сарам, за которыми некому ухаживать, потому что их родственники остались в Узбекистане или просто никого уже нет в живых. Нужен общий дом для корейских престарелых. Разговоры на эту тему ведутся в корейской общине Волгоградской области уже давно и пока безрезультатно.

◎ Тен Галина и Тен Татьяна

Культурный центр «Дом единой души» корейцев поселка Новоникольское Быковского района Волгоградской области

Об этих женщинах из Среднеахтубинского района Волгоградской области в 1999 г. писала газета «Российские корейцы».[9] По данным анкетирования 2001 г., Тен Галина Никифоровна, 1946 года рождения, в прошлом медицинский работник, проживала к моменту анкетирования в Быковском районе, с мужем Огай Анатолием 1933 года рождения. С

---

9) Тен Викентий. Это страшное слово - беженцы. «Российские корейцы», 1999 год, июнь, № 2.

ними прибыли четыре дочери Огай Наталья Анатольевна 1979 года рождения, Огай Евгения Анатольевна 1975 года рождения, Огай Валина Анатольевна 1973 года рождения, Огай Ирина Анатольевна 1968 года рождения. Все дочери имели среднее образование.

Тен Татьяна, 1940 года рождения, работавшая в торговле, осталась в Среднеахтубинском районе. Ее муж Ан Федор Павлович 1937 года рождения. С ними приехали сын Ан Леонид Федорович 1971 года рождения, сноха Тен Марина 1980 года рождения и внучка Ли Виолетта Леонидовна 1997 года рождения. К тому времени все имели гражданство России.

Ниже приводится текст с воспоминаниями Тен Галины и Тен Татьяны о бегстве их семей из Таджикистана.

«Был февраль месяц 1992 года. Гражданская война в Таджикистане шла уже год и с каждым днем становилось всё страшней. В Душанбе мы жили недалеко от масложиркомбината. Мы боялись выходить на улицу и днём и ночью. Кругом стреляли. Таджики убивали таджиков и всех, кто попадался им под руки. Всё перемешалось, непонятно было, кто кому враг, все ходили с оружием: и противники, и бандиты. Полегло и много корейцев. У моего сына был друг, его убили на улице, убили и некоторых наших дальних родственников и знакомых. Дальнейшее ожидание сулило только беду.

Решили уезжать, как можно скорее. Удалось собрать

какие-то вещи в контейнер, и мы – четыре хозяйства, побросав всё нажитое, дома, сели в поезд. О том, чтобы за дома выручить какие-то деньги, невозможно было и подумать. В общем, всё бросили. Позже мы узнали, что наше жильё разграбили··· Прибыли мы в Россию, в совхоз Ахтубинец, что в 50 километрах от Волгограда. Почему именно в Ахтубинец? Мой муж в этом поселке несколько лет выращивал овощи. Выделили нам заброшенные домики, мы их починили. И живём. Корейцев в поселке тридцать пять семей. Нынче трудно реализовать выращенные овощи, но на жизнь хватает. Не знаем, как дальше судьба повернёт. Благо местное население к нам хорошо относится. Вот, приехали на буддийский праздник, пастор Ли Хен Кын пригласил, оплатил нам дорогу. Спасибо ему большое! Посмотрим наши национальные танцы, послушаем песни – их будут исполнять артисты из Южной Кореи. Глядишь, немного отойдем от своих горестей».

Поколению первых постсоветских корейских иммигрантов пришлось прочувствовать воздействие культурного шока на новых местах, связанное с потерей привычного статуса, профессии, собственности, с оставленными друзьями и близкими. Удар по социальной идентификации, несбывшиеся жизненные планы и ожидания, экономический кризис вели к внутреннему психическому напряжению, а некоторых сельскохозяйственных предпринимателей к суицидному поведению как возможному способу решения финансовых и кредитных проблем.

4) Корейцы старшего поколения в Краснодарском крае

Причины массового появления корейского населения в Краснодарском крае указаны в диссертационном исследовании Ю.Н. Поповой.[10] После снятия жестких ограничений в паспортном режиме среднеазиатские корейцы начали выезжать на Северный Кавказ, где уже обосновались их родственники. Здесь они могли объединяться в бригады на основе кобонди и постепенно оседать в новых районах. Особенно много корейцев приехало в 1962-1963 гг. Главные сельскохозяйственные культуры, которые выращивали корейцы на Кубани – это рис и лук, а также бахчевые. Всем везло по-разному. Кто-то зарабатывал большие деньги, у других были сложности. Ниже приведена автобиография пожилого корейца, переселенца из Узбекистана, из материалов, собранных профессором Сим Ларисой Михайловной, проживающей в Республике Адыгея (ранее входившей в состав

---

10) Попова Ю.Н. Корейская диаспора Краснодарского края: историко-культурные аспекты (XX-XXI вв.). С. 60-61.

Краснодарского края), и любезно предоставленная нам для публикации.

◎ Цой Иннокентий Дин-черович

Автобиография. «Родился 27 декабря 1941 года в колхозе «Правда» Букинского района Узбекистана в семье крестьянина. В послевоенном Узбекистане занимались в сельхозпроизводстве рисоводством. Жили очень бедно. В камышовых мазанках зимой было студено, а летом донимала жара. Школьное обучение было: начальные классы на национальном корейском языке, а дальше - кто как мог продолжить учебу. В основном всем приходилось зарабатывать на пропитание в помощь родителям.

В 1958 г. после окончания средней школы №2 в поселке Сергели Ташкентской области, поступил на завод учеником токаря, получив 3-й разряд токаря, был призван в Советскую Армию, прослужил 3 года.

В 1961 году семья переехала на Северный Кавказ. По прибытию на станцию Эльхотово в Северо-Осетинской АССР снимали пустующие квартиры. Родители продолжили заниматься рисоводством. Урожайность риса в этом регионе была чрезвычайно низка из-за климатических условий. Бесконечная нужда заставляла менять место жительство часто, искать места возможных заработков посредством повышения урожайности риса. В то время рисоводство (в дальнейшем и овощеводство) было единственным средством существования корейцев.

В 1968 году в поселке Аргун Чеченской республики я женился на Ким Анне 1943 года рождения, уроженке колхоза имени Жданова Янгиюльского района Узбекской ССР. Занимался выращиванием бахчи, овощей, сумел купить дом в поселке Энем Тахтамукайского района Республики Адыгея, где живу в данное время. Имею троих дочерей и пятерых внуков. В данное время проживают все в Краснодарском крае и Республике Адыгея».

Достаточно лаконичные строки текста автобиографии, тем не менее, дают представление о трудном жизненном пути информанта. Рождение в узбекистанской глубинке после массовой депортации, полуголодное бедное детство в плохих жилищных условиях, тяжелый труд родителей, для некоторых детей невозможность учиться в школе старше начального уровня. Следующий этап жизни – молодость, скитания в поисках заработка и жилья на Северном Кавказе, женитьба на кореянке, также приехавшей из Узбекистана. И результат – заработанный упорным трудом десятилетий собственный дом, где можно в покое дожить оставшиеся годы.

◎ Ли Мира Сергеевна

Автобиография. «Родилась 9 августа 1950 г. в селе

Молотово Нижне-Чирчикского района Ташкентской области Узбекской ССР. Родители: отец Ли Чен-Сон (Сергей) (1909-1986) родился в городе Николаевск-на-Амуре Приморского края. Мать Хан Анна (1914-2001) родилась в городе Спасск-Дальний Приморского края. Бабушка

Цай Ин-Сук (1880-1979) родилась в Корее.

В 1957 г. поступила и в 1967 г. окончила среднюю школу №7 им. П. Поповича в городе Курган-тепа (ныне Курган-Тюбе) Андижанской области Узбекской ССР. В 1967 г.

Ли Чен-Сон. Фото из личного архива Ли Миры

Цой Афанасий Николаевич. Фото из личного архива Ли Миры

поступила в институт народного хозяйства в Ташкенте. Окончила в 1970 г., получив специальность «финансист-экономист». В 1971 г. начала трудовую деятельность в Курган-тепинском райпотребсоюзе в должности экономиста.

В 1973 г. в Ленинабаде Таджикской ССР вышла замуж за Цой Афанасия Николаевича 01.08.1945 года рождения из поселка Чиназ, Янги-юльского района Ташкентской области.

1974 г. работала в Ленинабадском торговом училище № 1 имени В. Комарова мастером производственного обучения. Выпустила 2 группы продавцов промышленных товаров. С 1976 г. работала в управлении бытового хозяйства в должности начальника планового отдела. С 1979 г. по 1996 г. работала председателем жилищно-строительного кооператива «Космос».

Дочь Светлана Афанасьевна родилась в 1974 г. в городе Ленинабад, по образованию музыкальный работник. Замужем, имеет двоих детей. Сын Цой Александр Афанасьевич (1976-2006) родился в Ленинабаде, с 1992 по 1997 гг. учился в Душанбинском технологическом университете, на факультете радиофизики и электроники; его дочь Цой Валерия Александровна родилась в 2001 г. в Краснодаре, в данное время школьница. Сын Цой Сергей Афанасьевич родился в 1984 г. в Ленинабаде. В 2001 г.

окончил среднюю школу в Краснодаре, с 2002 по 2007 гг. учился в институте по специальности менеджмент. Женат, имеет двух сыновей, рожденных в 2013 и 2016 гг.

С 1996 г. проживаю в Республике Адыгея, в поселке Энем с семьей. В данное время пенсионер, занимаюсь воспитанием внуков.

Сестра Ли Галина (1932-1996), родилась в городе Спасск-Дальний, Приморский край. Ныне ее семья (пятеро детей) проживает в г. Кургантепа, Андижанской области, Республики Узбекистан. Сестра Ли Мария (1935-2011) родилась в поселке Дубовское, Приморский край. Ее семья (пятеро детей) проживает в г. Бишкек, республика Киргизия. Сестра Ли Зоя Ченсоновна родилась в 1946 г., имеет троих детей. Вся ее семья проживает в г. Симферополь, Республика Крым. Брат Ли Владимир (1937-2009) родился в пос. Дубовское, Приморский край. Ныне его семья проживает в Краснодарском крае, в станице Новотитаровская. Брат Ли Герасим Сергеевич (1941-2013), родился в селе Молотово Ташкентской области, ныне его семья проживает в г. Томск. Брат Ли Евгений Сергеевич родился в 1948 г. По образованию инженер-строитель, многие годы работал начальником передвижной механизированной колонны в г. Ош, Киргизской ССР. Женат. Его сын Ли Дмитрий Евгеньевич 1972 года рождения, предприниматель. Дочь Ли Анна Евгеньевна 1981 года рождения, работает в миграционном

Центре. Семья проживает в станице Ново-Величковской, Краснодарский край. Брат Ли Родион Сергеевич (1955-2010), родился в с. Молотово, Ташкентской обл., ныне его семья проживает в г. Бишкек Киргизской республике».

Можно сказать, что эта биография по-своему типична. Бабушка информанта родом из Кореи, отец и мать родились в дореволюционном российском Приморье. Их дети, к которым относится информант Ли Мира, ее 3 сестры и 3 брата, рожденные до и после депортации в Узбекистане, проживали позже со своими семьями в бывших советских среднеазиатских республиках – в Узбекистане, Киргизии, Таджикистане.

В свою очередь, их дети (внуки Ли Чен-Сона и Хан Анны) в постсоветское время оказались разбросаны в разных мсстах бывшего СССР – в Узбекистане, Киргизии, Сибири, Краснодарском крае, в Крыму. Типична также ситуация со снижением многодетности в разных поколениях: Ли Чен-Сон и Хан Анна имели 7 детей, их старшие дочери Галина и Мария родили по 5 детей, младшие дети имели по 2-3 ребенка. Все дети Ли Чен-Сона и Хан Анны имели профессии и устойчивое положение в обществе.

Многодетность первых поколений российских-советских корейцев достигалась благодаря растянутой на десятилетия высокой фертильности. До депортации Хан Анна родила троих детей с физиологическим перерывом 2 года между родами. Промежутки между рождением последующих детей увеличились, но тем не менее, младший ребенок был рожден в 1955 г., то есть в 23-летнем диапазоне между 1932 г. и 1955 г.

Особый интерес вызывают судьбы сахалинских корейцев. Биографический материал ниже также собран Сим Ларисой Михайловной и публикуется с ее разрешения.

◎ Ким Юн Ген

Автобиография. «Родился 3 ноября 1946 г. в городе Чендин, Корея. Отец Ким Ен Хун. Мать Цой Ен Дя. В 1948 г. переехали на остров Сахалин по вербовке на заработки сроком на 3 года. Семья состояла из пяти человек: бабушка, родители, старшая сестра – Ким Чун Ди, 1944 года рождения и я.

В 1951 г. мы должны были вернуться на Родину, в Корею, но там началась Корейская война между Севером и Югом. Поэтому нас не выпустили из-за войны, а когда разрешили в 1956 году, то вся семья не захотела вернуться в разрушенную Северную Корею. Так мы остались в Советском Союзе.

В 1953 г. поступил и в 1963 г. окончил среднюю школу № 4 в г. Поронайске на о. Сахалин. За это время семья пополнилась детьми: Ким Цен Ук 1951 года рождения, Ким Юн Чер 1955 года рождения, Ким Чун Ха и Ким Чун Сан 1961 года рождения.

С 1963 г. я начал производственную деятельность, а в 1968 г. поступил и в 1973 г. окончил Иркутский политехнический институт, строительный факультет. Проработал на стройках народного хозяйства от мастера до начальника СМУ (строительно-монтажного управления).

В 1970 году женился. Жена Ким Ок Сун (1947-2001) уроженка о. Сахалин. Сын родился в 1970 году, его не стало в 1995 г. Дочь Ким Ен Сун родилась в 1975 г. В 1980 г. переехал с семьей в аул Тахтамукай, республика Адыгея. Начал работать в сельском хозяйстве, выращивал бахчу и овощи. В настоящее время на пенсии, проживаю с дочерью и ее семьей в г. Краснодаре, Краснодарский край

Семья Кимов из северной части Кореи временно приехала на остров Сахалин на заработки и осталась навсегда в России. Передвижение «сахалинских» корейцев на материк, вглубь российских территорий связано с получением образования и дальнейшей профессиональной карьерой. Старшая сестра информанта была рождена в 1944 г. Фертильные возможности его матери позволили родить младшего ребенка в 1961 г., то есть между старшим и младшим ребенком разница в 17 лет и целая историческая эпоха.

◎ Тё Виктор

Тё Виктор родился на о. Сахалин в 1955 г., окончил Ленинградский электротехнический институт. В настоящее время с семьей проживает в Республике Адыгея.

Автобиография. «Мои родители (отец – Тё Чен Ен, 1924 г.р., мать – Тен Ги Хва, 1927 г. р.) родились в Южной Корее (тогда еще в единой стране). В то время

Тен Ги Хва, мама Тё Виктора. Фото из личного архива Тё Виктора

Корея находилась под оккупацией Японии. Из-за политики наши родители оказались в Южном Сахалинске – тогда еще японская территория. По окончанию второй мировой войны остров Сахалин стал советским. Всех японцев, которые находились на Сахалине, депортировали в родную Японию. А бедных корейцев, которые были на Сахалине не по своей воле, на родину не пустили. В этом трагедия Кореи и корейцев. По окончанию войны Корея была разделена на две зоны: американскую и советскую. А поскольку все сахалинские корейцы в большинстве были выходцами из южной части Кореи, то в американскую зону не могли пустить советские власти. Так многие корейские семьи оказались разделенными. Разделенные семьи не могли воссоединиться из различия политической системы Юга и Севера Корея, по этой же причине не могли соединиться семьи из Советского Союза, Китая и Японии. Из-за держав мира чуть ли не единственная страна в мире не могут соединиться до сих пор.

Мои родители поженились и жили на Сахалине, а их близкие родные в Южной Корее. В частности, мой дед (Тё Ен Гын 1905 – 1981) с моим отцом остался в Союзе, моя родная бабушка с остальными четырьмя детьми в Южной Корее.

Трагедия нашей семьи заключалась не только по политическим мотивам. Дело в том, что у моих родителей шестеро детей (три на три), но трое по рождению глухонемые: мой старший брат, младший брат и самая младшая сестричка.

Мой отец был умный и образованный для того времени. Он на трех языках свободно говорил. Кроме того, знал и китайский иероглиф – поэтому мог свободно разъясняться через иероглиф с китайцами.

Мой отец попал на Сахалин молодым, нежатым, как старший сын, чтобы разыскать своего отца (моего деда), который по принуждению (трудовой лагерь) работал на шахте, тогда еще японской территорией. Пока он искал своего отца на Сахалине, закончилась война. Отца-то нашел, но домой к матери он уже не мог вернуться.

Спустя много-много лет по перестройке Горбачева, я разыскал родную бабушку и всех родных. (Тогда у меня был свой бизнес с корейской фирмой, и мне было легче разыскать их через Красный крест Республики Корея). Когда я встретился с бабушкой (ей было 95 лет), она была бодрая и самостоятельно ходила в Церковь. Тогда мне было очень стыдно, что дед и отец уже покинули этот мир, что не сумел сохранить их. Через год и моя мама также была в Корее и впервые познакомилась с моей бабушкой – своей свекровью.

Мой отец с дедушкой всегда мечтали и надеялись попасть в Южную Корею, к своим близким – жене, детям, матери и братьям и сестер. Но в Южную Корею невозможно было попасть тогда, зато в коммунистическую КНДР всегда. Тогда многие советские корейцы под агитацией попали в Северную Корею. Поэтому наша семья переехала в Северную Корею. Я даже учился в Пхеньяне почти 4 класса.

Затем в 1966 году мы вернулись в Союз в Ташкент. В

Ташкенте я пошел в 4 класс. Февраль месяц – скоро заканчивался учебный год, а я только выучил читать букварь и пошел в школу. В Ташкенте много корейцев – почти полкласса. Но я не знал ни одного слова по-русски и мне было чрезвычайно тяжело. В 4-м классе уже разбирали предложение, а я ничего не понимал. Мне спасало мое знание по математике и система образования в Корее. В Корее на уроке рисования учат детей рисовать, в том числе и тени. На уроке музыки изучают ноты, и играть на пианино – каждый ученик носил собой трафарет клавиши из кордона (картон, плотная бумага – прим. авт.). На физкультуре мы носили черенки и занимались им. Меня удивило, что в учебниках по математике есть ответы. По правильному ответу я понимал условие задачи, а учительница думала, что я понимаю текст задачи.

Кроме того, я рисовал в школе лучше всех и играл на скрипке. В советских школах на уроке пения в лучшем случае пели хором. Что касается русского языка, конечно, за три месяца мало было прогресса, поэтому по окончанию 4-го класса, хотели оставить не на второй год, а во второй класс. Вот тут я уже взбунтовался. Я никогда в Корее не получал четверки и с первого класса участвовал в олимпиаде по математике в различных уровнях. Я поставил ультиматум: или в Корею или пятый класс. Меня условно перевели в пятый класс.

Наша семья жила в достатке, и я в семье был богом. Я был единственным говорящим сыном. Для моих родителей я был «надеждой человечества». За летние каникулы меня чуточку подтянули. По окончанию 8-го класса на собрании родителей меня официально выдвинули кандидатом на золотую медаль. Отец после собрания просто сказал: «закончишь на золото – куплю машину Волгу». Увы, я не окончил школу с золотой медалью. Может быть, этому помешали моя лень и увлеченность к шахматам. В шахматы у нас в семье все играли.

Когда за школу надо было выступить командой, не хватало девочки. Тогда я как лидер школьной команды привлек в команду мою сестренку - второклассницу. С тех пор серьезно увлеклись ими. Я стал чемпионом Узбекистана по шахматам среди школьников, а Роза в 4-ом классе заняла третье место во всесоюзном турнире среди пионеров «Белая ладья», который проходил в Крыму, в Артеке. Причем, она была самой юной участницей. Главный судьей турнира был Михаил Ботвинник, пятикратный и первый советский чемпион мира. Он в журнале «Шахматы в СССР» посвятил Розе Тё (моя сестренка) целую страницу. Позже он ее заберет в Москву в свою знаменитую школу Ботвинника.

Но самым талантливым самородком в нашей семье был брат (Юра Тё), глухонемой по рождению и учился в школе для глухих. Он был художник от Бога. Он нигде не учился рисовать. Еще школьные годы писал маслом портреты Пушкина, Некрасова, Толстого и т. д. Когда я наблюдал, как маслом писал трех богатырей Васнецова, у меня текли слезы. На моих глазах лошади оживлялись. Я тоже, в общем, не бездарный – участник всесоюзной олимпиады по математике (прошел все этапы от района, города, республики), громко плакал, что такой дар моего брата может просто пропасть в силу его природного недостатка.

Мы в школьные годы с братом собирали почтовые марки. Филателисты в Ташкенте собирались на сквере в центре города. Там и были книжники, художники, нумизматики. Это единственный советский рынок, где торговали интеллигенты, и власти относились к ним более или менее лояльно. Собирание марок занятие затратное. Но мы не просили у родителей денег на марки, хотя они были по советским меркам богачи. Хотя мы все дети были школьниками (мы появились на свет через каждый два года), но тратили деньги прилично. Во-первых, нас было много шестеро, во-вторых, у каждого свои интересы: спорт, рисование, рукоделие. Соответственно, мы много ездили по всему Союзу. Нам родители ни в чем не отказывали. Они всегда гордились нами. Ведь только грамот (по учебе, по рисованию, по рукоделию, по шахматам, по олимпиадам) было более 150 штук. Так вот, там, на сквере мы продавали картины моего брата и на эти деньги покупали марки.

Многие покупатели (интеллигенты) не верили, что это работа какого-то школьника и, рассматривая обратную сторону (где может быть подпись автора), спрашивали: «Не ворована ли картина?».

Как-то летом в 1972 году, мой отец с двумя моими братьями (глухонемые) отдыхал в Сочи. Там он случайно встретился со своим старым другом. Тот жил на Кубани – в Адыгее. Он расхвалил климат края и свой дом – отец купил этот дом. С тех пор мы на Кубани. Здесь могилы моего деда, родителей и одной старшей сестренки.

 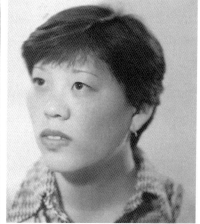

Тё Виктор. Фото из его личного архива

Тё (Лаллеманд) Роза. Фото из личного архива Тё Виктора

Я окончил школу со средним балом 4.75, что приравнивался, как пять. Тогда впервые вели средний бал аттестата, и прибавлялся к экзаменационным конкурсным оценкам при поступлении в институт. Шахматы я забросил по окончанию школы – хотел сосредоточиться на науке. В школе учителя говорили: «Если Виктор станет только кандидатом наук, то это будет трагедией». Я – глупец, этому поверил действительно. Быть чемпионом мира по шахматам мне было мало. Моя сестренка Роза же продолжала играть шахматы и на Кубани. Через год ее забрали в Москву в школу «Олимпийские резервы». Она станет чемпионкой Москвы среди школьниц, и войдет в сборную команду СССР за девушек против команды в Югославии. По окончанию института культуры она работает в школе завучем. После перестройки, когда в России жить стало совсем тяжко, она переезжает во Францию. Ей, со званием международного гроссмейстера, с удовольствием дали французское гражданство. Там она станет пятикратной чемпионкой Франции и в составе сборной команды Франции станет чемпионкой Европы (Леон, Испания 2001г). Получила правительственную медаль от президента страны – Ширака. К большому горю, 5 лет назад она внезапно умирает от сердечного приступа. Она похоронена в Париже. Каждый год во Франции в ее честь проводит международный шахматный турнир имени Лаллеманд (по мужу) Розы.

Однажды, когда я учился на третьем курсе ЛЭТИ в Ленинграде (учился на электрофизическом факультете по специальности «электроакустика и ультразвуковая техника»), я получил телеграмму из Ташкента от моего брата. Он просил встретить меня в аэропорту в Пулково. Оказывается, в Ленинграде есть академия художеств – туда он собирался поступить. Мой брат старше на два года, но как глухонемые они учатся намного больше. Он окончил школу с золотой медалью. Но в приемной комиссии нам отказали в приеме документов: оказывается, в академию сначала нужно прислать некоторые свои работы и только по просмотру этих работ приглашают на вступительные экзамены. Я был, прежде всего, зол на самого себя – почувствовал таким жалким перед братом. Я ведь должен был прежде брата обо всем узнать. Тем более, находясь в Ленинграде··· Дошел до председателя приемной комиссии, стал умолять и плакать. Он позволил сдать документы, но заметил, что у моего брата никаких шансов поступить. Оказалось, туда поступают, в основном, по окончанию художественных училищ, а у брата, как он говорит, всего лишь может быть просто «природный дар». В общем, он пожалел моего брата – прилетел из Ташкента, и пусть будет хотя бы опыт сдачи экзаменов. Ему надо было, как медалисту, только сдать 4 экзамена по специальности: рисунок, эскиз, акварель и композиция. Представляете, как мы сдавали экзамены. Вначале я вникал, что такое рисунок и, чем он отличается от эскиза. Затем я разжевывал это брату. Он сдал все экзамены и поступил! Прошло много времени – я до сих пор не могу представить: как можно было на пальцах получить информацию, что такое композиция, и затем идти творить эту композицию на конкурс. Я в своей жизни не видел такого самородка.

А что было дальше? В этом и трагедия. Через год после поступления, у него обнаруживают в медпункте вуза давление (всего 140 – он даже не чувствовал). И его, который бегал и прыгал, отправляют в первый медицинский институт. Анализы показали сужение сосуда возле почек. Сказали: пока молодой организм, нужно удалить этот участок. Мой брат не хотел этой операции, но я его уговорил, тем более, как мне заверил профессор, - операция несложная. После операции профессор сказал, что все хорошо закончилась, скоро брат выйдет, а сам ушел домой. А мой брат долго не приходил в себя – шов сосуда порвался, слишком поздно врачи обнаружили. Хоронили его всем курсом. Я долго винил себя⋯ До сих вырисовывается картина-воспоминание: два брата школьника, один, сидя на коротком табуретке, пишет маслом (пусть даже копию) «Трех богатырей» Васнецова, а второй сзади наблюдает за работой брата. Он околдован его работой, из его глаз текут слезы.

Может быть, моя внучка (Тё Виктория) пошла в двоюродного деда – имеет более 40 грамот по рисунку. Моей внучке только 10 лет. Она родилась в Москве, но сейчас живет и учится в Адыгее.

Это мой укороченный правдивый рассказ о моих близких людей. Конечно, нескромно. Как-то у американского будущего чемпиона мира по шахматам спросили, кто самый сильный шахматист на земле? Он ответил: «Не хочу быть нескромным, но глупо говорить неправду···». Я с ним согласен.

···Всем всегда трудно писать о смертях своих близких. Когда я думаю о моих братьях и сестер, которых уже нет, всегда думаю о боли моей матери. Вспоминаю такую историю. Мы жили в Северной Корее в Пхеньяне, и там родились мои младшие две сестренки: Роза (1961 г.р.) и Юля (1963 г.р.). Мне было где-то 10 лет, и я как-то дома перед матерью выступал с песней (я занимался музыкой в частной школе - на скрипке). После меня выступила также с песней Наташа (1959 г.р.) Все это происходило спонтанно. Затем вышла Роза со стишком. Затем самая младшая Юля - она только открывала рот. Она ничего не понимая повторяла движения своих сестер. Тогда я закричал: "Мама, она не слышит!" и посмотрел на маму. У нее уже из глаз тихо текли слезы. Она, конечно, давно знала. А представляете, каково матери, когда сообщают о смертях уже взрослых детей. Сначала умирает мой брат Юра в Ленинграде по халатности хирурга, умирает отец из-за автомобильной аварии, затем сестренка Наташа из-за последствий гриппа, потом братишка Тё Анатолий, глухонемой, в Москве от ножевых ранений грабителей и, наконец, Роза в Париже. Остались я и младшая сестричка, которая в детстве в Пхеньяне пыталась петь вместе с сестрами. Она художница и рукодельница по самоучке. Она живет в Финляндии в городе Лаппиранте, у нее трое детей. Ее дом как музей, с ее картинами и художественными изделиями.

Когда не стало моей мамы, одна моя одноклассница прислала через сеть соболезнование. Привожу этот текст как есть:

«Здравствуй, Виктор. Прими мои искренние соболезнования по поводу смерти твоей мамы. Хоть я ни разу не видела ее, уверена – это была великая женщина. Знаю, у тебя много братьев и сестер, и это ее заслуга. Только за это она уже достойна всех благ, которые есть на земле. А каких замечательных детей она воспитала. А ты очень хороший сын, я знаю». 26 июня 2012 г., 13:20.

Наверное, ее слова о том, что моя мама великая женщина, есть какая-то доля истины. Во всяком случае, как мать, безусловно, может называться великой».

Эта автобиография пожилого по возрасту, но молодого душою корейца похожа по силе своего воздействия и образности на литературное произведение, которое не требует комментариев··· Благодарим Сим Ларису Михайловну за возможность ее опубликовать.

3. Социальный портрет пожилого поколения корейцев по данным социологических исследований

Количественные опросы корейцев южных регионов были проведены нами в 2006 и в 2014 гг.[11]; из общего массива анкет в данном случае мы выделяем ответы респондентов возраста старше 65 лет. На момент опроса 2006 г. большинство из них (71%) проживали в собственном доме или в собственной квартире (13%), часть из них снимала жилье (13%) или жила у родственников (3%). Имели супруга/супругу 52%, были в разводе 6%, овдовели 42%. Среди попавших в выборку пожилых корейцев наиболее типично образование начальное и неполное среднее (45%), среднее полное (23%), среднее специальное профессиональное (13%) и высшее (19%). Профессии педагог (19%), экономист (12%), врач (6%), инженер (6%), механизатор (6%), швея (6%), бухгалтер (6%). Уровень материального достатка пожилых корё сарам невысок – оценивали как «значительно ниже среднего» 46%, «несколько ниже среднего» 23%, «на среднем

---

11) Частично опубликованы в: Ли Хен Кын, Ким И.А. Корейское население Нижнего Поволжья (по результатам социологического опроса 2006 года). – Корейцы в России, радикальная трансформация и пути дальнейшего развития. М., 2007. С. – 120-148; Ким И.А. Исследования корейского населения Юга России: статистический и социологический анализ (2000-2014 гг.). – The Korean Diaspora and Multicultural Societies. Daegu, 2014. P. 155-169.

уровне» 31% ответивших. К тому времени еще многие корейцы пенсионного возраста не получали пенсионных пособий.

Прихожанка и организатор местной корейской церкви «Счастье» поведала в частной беседе, через какие финансовые трудности им пришлось пройти в то время, особенно сравнительно с прежним положением в Таджикистане:

«Мы там хорошо жили, богато, муж зарабатывал деньги. А тут сразу стали очень тяжело жить··· ···И пенсию я стала получать позднее. Я два года ездила оформлять эту церковь. Даже в обморок падала от жажды, потому что у меня денег не было купить бутылку воды».

Пожилые респонденты происходили из традиционно многодетных семей. В семьях их родителей могло быть до восьми детей. Существует закономерность – чем старше респонденты, тем более многодетными были семьи их родителей и их собственные семьи. Если в семьях их родителей наиболее типичным можно считать количество в 5 детей (37%) и в 6 (22%), то для самих респондентов пожилого возраста более типично рождение 2 детей (46%) и 3 детей (34%) в семье.

Среди пожилых корейцев в моноэтничном браке состоят

77%, в смешанном 19%, не дали ответа 3%. В этом поколении нет жестких установок по поводу брачного поведения корейской молодежи: 61% из них за моноэтничные браки, для 32% не имеет значения национальность супруга. Среди молодежи установки на чисто корейские браки более сильны (68%). В беседе с пожилыми кореянками в с. Приморск можно было услышать противоречивые мнения по этому поводу. Одна из женщин утверждала, что она внушала своему сыну «с рождения» необходимость брать в жены девушку только корейского происхождения. Другая, более пожилая женщина, состоявшая в моноэтничном браке, утверждала, что фактор национальности в браке молодых людей не должен иметь слишком большого значения.

Естественно, что более пожилые поколения сохранили в обиходе коре мар: знают хорошо корейский язык 47%, слабо знают 43%. Однако противоречие состоит в том, что южнокорейские миссионеры зачастую не признают коре мар полноценным языком и заставляют переучиваться на хангуго, что для пожилых людей представляет большую сложность. В 2005 году в поселке Приморск открыли церковь и корейскую школу, где на роль директора была назначена Пак Элеонора. Занятия по корейскому языку в то время вел пастор Ли Хен Кын, и он был строгий учитель. Пак Элеонора рассказывала авторам, как было трудно в её возрасте переучиваться с архаичного северо-корейского диалекта на «правильный» сеульский вариант, как забывались слова и как был иногда недоволен их учитель. Тем не менее в памяти одного из авторов хранится воспоминание, как Лимоксаним хвалил и ставил в пример своих деревенских учениц, их усердие, высокую мотивацию и быстрые достижения в изучении хангуго⋯

Будущее молодежи корё сарам – волнующая и сложная тема для корейских бабушек и дедушек. С одной стороны, они очень рады помощи со стороны Республики Корея в обучении корейскому языку их детей и внуков. Поначалу юное поколение взялось за изучение корейского языка как способу географической и социальной мобильности – их вела мечта поехать учиться или жить в Корею. Многие молодые действительно уехали, но мечта сильно не совпадала с реальной ситуацией в чужой для них стране, поэтому для более молодых корё сарам мотивация изучать трудный язык уменьшилась. Затем возникла возможность трудовой миграции, которой многие воспользовались.

«- Сейчас очень много молодежи едут в Корею не учиться, а работать. У них тяжелая работа на заводе с одним выходным днем в месяц. Здесь нет работы для них. Наше поколение работало на поле, а наши дети не хотят работать на поле. Дети в Корее многому учатся, не только языку. Они узнали корейские традиции и обязательно познакомят нас с настоящей корейской культурой».

Пожилые корейцы являются носителями традиционных ценностей, обрядов и семейной истории: 61% имеет какие-то знания об истории семьи и рода, знают много 11%, им ничего не известно 29%. Среди молодежи общий показатель знакомства с семейной историей составляет около 60%. Конечно, данные процентные соотношения весьма условны и субъективны, они лишь обозначают тенденцию забывания семейной истории и народных традиций более молодыми поколениями корё сарам. Пожилое поколение старается передавать детям и внукам культурные и бытовые обычаи, правила, помогающие сохранять идентичность народа. Это происходит не только в процессе традиционных общественных и семейных празднований, но и в повседневной жизни.

«- Но мы все соблюдаем праздники и обычаи – и хангаби, и поминки, и пищу корейскую – мы все эту традицию корейскую крепко держим! И детей, и внучат учим четко соблюдать».

В опросе 2014 г. на вопросы о праздновании национальных корейских праздников и приготовлении блюд национальной кухни большинство респондентов, независимо от возраста, ответили, что празднуют в своих семьях соллаль (80%), чхусок (24%), свадьбы, юбилеи, асянди, родительские дни и другие праздники. Пожилые кореянки хранят и делятся секретами корейской кухни, набор озвученных блюд которой состоит из сотни наименований, в которых еще предстоит разбираться исследователям. На первом месте куксу, которую готовят в большинстве семей (64%), различные виды салатов (24%), популярны бегодя-пигодя (25%), паби (24%), кимчи (19%), чимчи, сирекдамури (16%), чальтоги, пуктяй, различные виды хе, и т.д.

За годы проживания в южнороссийских регионах бывшие «таджикистанские», «узбекистанские», «казахстанские» и иные корейцы адаптировались и интегрировались в российский социум. В процессе опроса 2014 г. большинство (80%) пожилых корейцев старше 65 лет выразили отсутствие желания менять место своего жительства. Большинство из них приняли российскую этническую и гражданскую идентичность. При выборе из пары утверждений доминирует вариант «я российский кореец» (65%) против варианта «я кореец из стран СНГ» (35%). Однако 6% указали на наличие у них проблем с гражданством РФ, а, следовательно, с пенсионным обеспечением.

Судя по диаграмме времени приезда респондентов на проживание в Россию, иммиграция корейцев из Узбекистана не останавливается. Массовый выезд корейцев из Узбекистана произошел в кризисный период начала 2000-х гг., а в последние годы возвращаются к своим детям главным образом пожилые люди (диаграмма 4).

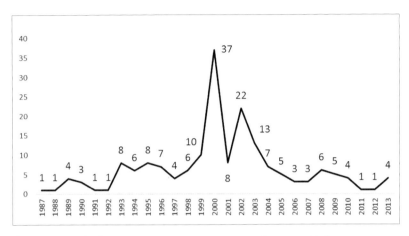

Диаграмма 4. Динамика иммиграции корейцев из Узбекистана по данным социологического опроса 2013-2014 гг.

О своей жизни они рассказывают спокойно, наиболее драматические воспоминания относятся в основном к испытаниям, которые пришлось пережить их родителям в период депортации. Дети этого поколения получили хорошее образование, их внуки также получают высшее образование, постепенно укрепляется благосостояние корейских семей. Таким образом, исполнена мечта самых первых поколений сорён сарам, чьи жизненные планы были порушены насильственным переселением. Автобиография, приведенная ниже, являет собой пример подобной жизненной стратегии.

◎ Пак Ольга Васильевна

Фото из архива авторов

Автобиография. «Я, Пак Ольга Васильевна (Хен-Коевна), родилась 10 декабря 1944 года в Узбекистане, в городе Андижане, который находится в Ферганской долине. Мои родители были депортированы из Приморского края в 1937 году. Они проживали во Владивостоке на улице Амурская, 9. Многочисленная семья, мои родители с 4 детьми, бабушка, дедушка были погружены в товарный вагон и отправлены в Среднюю Азию. Страшные лишения, голод, холод, смерть двух детей и бабушки в пути пережили мои родители. Наконец, добрались до гор. Андижана, их разместили в бараки, благо узбекский народ гостеприимный народ, который с уважением относился к корейцам, которые своим трудом заслужили уважение. В 1941 г. в Андижан был эвакуирован машиностроительный завод из г. Воронежа, завод выпускал боеприпасы для фронта. На этом заводе работал слесарем многие годы мой отец.

Моя старшая сестра Аня 1930 года рождения и старший брат Алексей 1934 года рождения родились во Владивостоке. Моя сестра проживает в данное время в Приморском крае в г. Партизанск. Я и моя средняя сестра родились уже в г. Андижане. Родители мечтали о том, чтобы мы получили высшее образование, их мечта сбылась. Детство мое было полуголодное. Помню, когда мне было 5-7 лет, сестры меня поднимали в 5 утра, и все мы шли к заводскому ларьку, занимали очередь за хлебом, каждому в руки давали по одной буханке. Помню запах хлеба, его необыкновенный вкус. В 1951 г. я пошла в 1-й класс, мне не было 7 лет, но я так просилась в школу, что родители отдали меня в 1 класс. Помню, тетя сшила мне из лоскутков сумку, и я счастливая неслась в школу. В 1961 г. успешно окончила 10 классов и поступила в Андижанский педагогический институт на факультет русского языка и литературы.

В 1966 г. окончила институт, была в числе лучших студентов на курсе. 2 года отработала в школе, чтобы получить диплом на руки. Потом по рекомендации была принята на работу в Андижанское педагогическое училище, где проработала с 1969 по 1992 гг. Вела занятия по русскому языку, литературе, методике преподавания русского языка. Работу свою очень любила. Публиковала научные работы, статьи, выступала в научных конференциях среди средних учебных заведений в Андижане, в Ташкенте, в Москве. Вела с коллегой Неллей Васильевной эксперимент по русскому языку, задачей которого являлось в течение одного года студента-национала научить в совершенстве владеть русским языком. Эксперимент удался, и мы с итогами эксперимента выступали в Москве на конференции, которая была организована Академией наук СССР. Свою карьеру начинала простым преподавателем, затем проработала заместителем директора по производственному обучению, руководила педагогической практикой в училище.

За плодотворную работу была удостоена звания преподавателя-методиста Узбекской ССР, являюсь «Отличником народного просвещения УзССР», имею медаль «Ветеран труда СССР». В 1992 г. была приглашена в Андижанский педагогический университет, где проработала 5 лет на кафедре филологии, в 1996 г. в связи с переездом в г. Ташкент ушла на заслуженный отдых, стала пенсионеркой. В 2015 г. переехала в г. Волгоград, где проживают два моих сына с семьями. Старший сын, Ким Вадим Аркадьевич, 1968 года рождения, закончил Ферганский политехнический институт, имеет двух детей, работает по специальности. Младший сын, Ким Сергей Аркадьевич, 1972 года рождения, закончил Андижанский народнохозяйственный институт, имеет двух дочерей, работает по специальности. Старшая внучка, Ким Ирина 1993 года рождения, учится в Москве в медицинском институте на пятом курсе. Вторая внучка, Ким Александра 1995 года рождения, учится в Волгоградской финансовой академии на 4 курсе».

Заключение

Таким образом, среди корейцев пожилого возраста старше 65 лет, связанных с территориями Юга России, можно выделить две основные группы: сорён сарам, которые прожили основную часть своей жизни в России, и сорён сарам, которые родились и прожили в центральноазиатских республиках Советского Союза до конца его существования.

Первая группа состояла из одиночек, по большей части мужчин, которым удавалось пройти через ограничивающую мобильность корейцев систему, получить высшее образование и добиться высоких трудовых и карьерных достижений. Практически все они утверждают, что им не доводилось встречать других представителей корейской национальности. Будучи в этническом одиночестве, не имея поддержки от соплеменников, эти мужчины имели сильную мотивацию для собственного выживания, развития и социального успеха, что, в свою очередь, подтверждало репутацию советских корейцев как благонадежных, трудолюбивых и лояльных граждан, патриотов своей страны.

Пройдя все этапы личной интеграции в общество России, корейцы создавали свои семьи с представительницами других национальностей. Имея двойственную идентичность, их дети не имели постоянного контакта с корейской этнической средой, и поэтому чувствовали себя скорее русскими, чем корейцами, хотя могли и ощущать себя в некоторой степени маргиналами. Их внуки ассимилировались в еще большей степени, и не всегда по их внешнему виду можно определить их отчасти корейское происхождение. Таким образом, данный тип социальной мобильности корейцев приводил естественным образом к этническому размыванию, к растворению корейского генотипа и ассимиляции. Однако, следует отметить, что активный интерес со стороны материнского этноса с Корейского полуострова к своим диаспорам пробудил ответный интерес этнически смешанной корейской молодежи (тягубя, аргубя) к корням, особенно к южнокорейским, которые ассоциируются с экономической и социальной успешностью.

Немало представителей российской корейской молодежи героически погибли на фронтах Великой отечественной войны, куда они активно стремились попасть.

Кроме целеустремленных одиночек, в «российской» группе советского времени выделяется относительно массовая подгруппа: рисоводы, специалисты и рабочие, приглашенные из Узбекистана по государственным программам рисосеяния. Развитие и подъем этой сельскохозяйственной отрасли на Юге России во многом обязано профессионализму, трудолюбию и самоотверженности корейских рисоводов. Эти люди приезжали со своими семьями, добивались высоких доходов коллективных хозяйств, благоустраивали поселения, поднимали уровень жизни всех жителей. Их дети имели возможность создавать моноэтничные семьи и способствовать количественному росту корейской общности южных регионов. Немаловажное значение для пополнения корейских общин имело движение кобонди, которое объединяло во временные трудовые коллективы корейцев из разных республик и регионов страны. Благодаря работе в подобных бригадах, среднеазиатские корейцы знакомились с южнороссийскими регионами, куда впоследствии, после развала СССР, они смогли приехать.

Для всех них характерна ментальность советского человека, ориентированного на чувство патриотизма, любовь к своему народу, к труду. Эти качества дополняются конфуцианскими ценностями.

Другая группа пожилых сорён сарам состоит в основном из представителей иммигрантских сообществ, имеющих много общего и некоторые различия между собой. Они обосновались большими группами на Юге России после развала СССР: в начале 1990-х гг. (из Таджикистана) и в начале 2000-х гг. (из Узбекистана).

Расселение иммигрантов в южных регионах происходило в основном двумя путями: присоединение к родственникам или землякам, ранее обосновавшимся здесь; поиск мест жительства с помощью региональной и местной власти, подкрепленное финансовой и организационной поддержкой правительства, общественности, христианской и буддийской церквей Республика Корея, а также посильной помощью общественных организаций местных корё сарам. Многим приходилось заново переживать последствия переезда, чаще похожего на бегство, отсутствие достаточных финансов, жилья, преодоление психологической фрустрации. Не все пожилые корейцы были обеспечены пенсией, поэтому уровень собственного материального достатка оценивался ими как чрезвычайно низкий.

Поэтому вторичная социализация пожилых корейцев в первые годы после иммиграции была сопряжена с необходимостью выживания и обустройства: поисками подходящего жилья, арендой земли, участием в полевых работах, непривычным для части горожан, поддержкой детей и родственников. Несколько позже на первый план вышла общественная работа по самоорганизации общины: открытие христианских церквей, которые одновременно являлись культурным центром, организация курсов по изучению хангуго как средства инвестиций в будущее детей и внуков. В свою очередь, на повзрослевшем потомстве должна лежать забота об организации достойной старости пожилых родителей.

Пожилые респонденты происходили из традиционно многодетных семей, причем чем старше респонденты, тем более многодетными были семьи их родителей и их собственные семьи. Многодетность первых поколений российских-советских корейцев достигалась благодаря растянутой на десятилетия высокой фертильности. Проживание в среднеазиатских республиках не способствовало стопроцентной моноэтничности браков, поэтому, по социологическим данным, среди пожилых корейцев около 20% имели супругов некорейских национальностей. Тем не менее, пожилые корейцы являются носителями традиционных ценностей, обрядов и семейной истории, которые они продолжают передавать молодежи, оживляя культурные традиции своего народа.

Дети этого поколения получили хорошее образование, их внуки также получают высшее образование, имеют благоприятные карьерные возможности, доступные в России и в любой стране мира. Таким образом, через детей, внуков и правнуков исполняется мечта самых первых поколений сорён сарам о благополучии своего народа.

Эти процессы будут описаны по биографиям среднего поколения и молодого поколения и социальным процессам в их среде, чему будет посвящено наше следующее исследование.

таблица 1

Количество корейцев на Юге России по данным переписи населения 1926 года								
Северо-Кавказский край	Всего	мужчин	женщин	Города	мужчин	женщины	Села	мужчины
	18	17	1	16	15	1	2	2
Армавирский округ	1	1	0	1	1	0	0	0
Донской округ	6	6	0	6	6	0	0	0
Кубанский округ	1	1	0	1	1	0	0	0
Майкопский округ	2	2	0	2	2	0	0	0
Терский округ	1	0	1	1	0	1	0	0
Черноморский округ	4	4	0	2	2	0	2	2
Шахтинско-Донецкий округ	2	2	0	2	2	0	0	0
г. Грозный	1	1	0	1	1	0	0	0

Рассчитано по: http://demoscope.ru/

таблица 2

Количество, человек	Численность корейцев. Регионы юга РСФСР. Перепись населения 1939 г.								
	Все население / 100%			Городские поселения /25.5%			Сельское население /74.5%		
	Оба пола	Мужчины	Женщины	Оба пола	Мужчины	Женщины	Оба пола	Мужчины	Женщины
СССР	182,339	97,071	85,268	46,527	25,614	20,913	135,812	71,457	64,355
В %	100	53,2	46,8	100	55,1	44,9	100	52,6	47,4
РСФСР	11,462	7,326	4,136	5,216	3,355	1,861	6,246	3,971	2,275
В %	100	63,9	36,1	100	64,3	35,7	100	63,6	36,4
Краснодарский край	217	99	118	48	31	17	169	68	101
в том числе Адыгейская АО	9	6	3	6	3	3	3	3	0
Орджоникидзевский (Ставропольский) край	108	65	43	13	10	3	95	55	40
в том числе Карачаевская АО	2	1	1	1	1	0	1	0	1
Ростовская область	85	47	38	68	35	33	17	12	5
Сталинградская (Волгоградская) область	2,790	1,472	1,318	194	121	73	2,596	1,351	1,245
Немцев Поволжья АССР	156	147	9	3	3	0	153	144	9

Энгельсский гс: г. Энгельс 2. Бальцеровский рн 10: с. Норка 2, села 8. Гмелинский рн 5: с. Гмелинка (рц) 1, село 4. Гнаденфлюрский рн 8: с. Гнаденфлюр (рц) 1, село 7. Добринский рн 9: с. Нижняя Добринка (рц) 1, село 8. Зельманский рн 10: с. Зельман (рц) 2, село 8. Золотовский рн 4. Иловатский рн 4: с. Иловатка (рц) 1, село 3. Каменский рн 6: с. Гримм (рц) 2, село 4. Краснокутский рн 9. Красноярский рн 7: с. Красный Яр 1, село 6. Куккуский рн 9: с. Куккус (рц) 1, село 8. Лизандергейский рн 6: с. Безымянная (рц) 1, село 5. Мариентальский рн 10: с. Мариенталь (рц) 2, село 8. Марксштадтский рн 9: г. Марксштадт (рц) 1, село 8. Палласовский рн 5. Старополтавский рн 5: с. Старая Полтавка (рц) 1, село 4. Терновский рн 5: с. Квасниковка (рц) 1, село 4. Унтервальденский рн 2: с. Унтервальден (рц) 1, село 8. Франкский рн 10: с. Гусенбах (рц) 2, села 8. Эркгеймский рн 8: с. Фриденфельд (рц) 1, село 7. Эрленбахкий рн 4: с. Обердорф (рц) 1, село 3

| Дагестанская АССР | 47 | 29 | 18 | 45 | 27 | 18 | 2 | 2 | 0 |

Махачкалинский гс 17: г. Махачкала 17. Дербентский гс 1: г. Дербент 1. Буйнакский рн 3: г. Буйнакск 1, села 2. Хасавюртовский рн 26: г. Хасавюрт (рц) 26

Количество, человек	Численность корейцев. Регионы юга РСФСР. Перепись населения 1939 г.								
	Все население / 100%			Городские поселения /25.5%			Сельское население /74.5%		
	Оба пола	Мужчины	Женщины	Оба пола	Мужчины	Женщины	Оба пола	Мужчины	Женщины
Калмыцкая АССР	4	2	6	1	0	1	3	2	5

Долбанский рн 3. Лаганский рн 1: рп Лагань (рц) 1. Улан-Хольский рн 2

Крымская АССР	117	51	66	90	39	51	27	12	15

Г. Симферополь 52; г. Евпатория 1; г. Керчь 7. Севастопольский гс 12: г. Севастополь 12. Г. Феодосия 4. Ялтинский гс 9: г. Ялта 8, село 1. Алуштинский рн 4: г. Алушта (рц) 4. Баахчисарайский рн 1: г. Бахчисарай (рц) 1. Колайский рн 4; Красноперекопский рн 6; Ленинский рн 1; Сакский рн 4; Сейтлерский рн 1; Ялтинский рн 6; г. Алупка 1.

Северо-Осетинская АССР	39	26	13	23	16	7	16	10	6

Г. Орджоникидзе 20: Ленинский рн 15, Промышленный рн 5. Правобережный рн 18: пгт Беслан 3, с. Тулатово (рц) 15. Садонский рн 1.

Чечено-Ингушская АССР	73	36	37	72	35	37	1	1	0
Всего	3,521	1,925	1,596	467	279	188	3,054	1,646	1,408
%	100	54,7	45,3	13	59,7	40,3	87	53,9	46,1

Рассчитано по: http://demoscope.ru/

таблица 3

Численность корейского населения в РСФСР, 1959 г., территории нынешних федеральных округов. Динамика с 1939 г.		
Имеющиеся данные по отдельным регионам	1939 г., человек	1959 г., человек
СССР	182,339	313,735
РСФСР	11,462	91,445
Южный Федеральный округ		
Краснодарский край	217	Нет данных
Ставропольский край	108	468

в том числе Карачаевская АО	2	107
Сталинградская (Волгоградская) область	2,790	Нет данных
Ростовская область	85	2,953
Дагестанская АССР	47	3,590
Калмыцкая АССР	6	51
Кабардино-Балкарская АССР	Нет данных	1,798
Немцев Поволжья Республика	156	Ликвидирована
Северо-Осетинская АССР	39	1,551
Чечено-Ингушская АССР	73	1,857
Всего	3,521	12,268

Рассчитано по: http://demoscope.ru/

таблица 4

Корейские переселенцы в Весёловском районе Ростовской области, 1953-1954 гг.		
Место прибытия	**Количество человек**	**Место убытия**
Колхоз «Искра» (хутор Малая Западенка)	2	Нет информации
Колхоз «Заветы Ильича» (хутор Свобода)	6	
Колхоз имени Шверника (хутор Красное знамя)	4	
Колхоз имени Хрущева (хутор Красный Кут, хутор Позднеевка)	2	
Колхоз имени Сталина (хутор Красный Октябрь)	23	Казахстан –7 человек (1 семья), Кабардино-Балкария (РСФСР) – 16 человек (3 семьи)
Колхоз имени Жданова	5	Кабардино-Балкария (1 семья, 5 чел.)

Корейские переселенцы в Весёловском районе Ростовской области, 1953-1954 гг.		
Место прибытия	Количество человек	Место убытия
Колхоз имени Маленкова (хутор Весёлый)	66	Казахстан – 27 человек (7 семей), Кабардино-Балкария – 33 человека (8 семей) Каракалпакская АССР, Узбекистан – 2 человека (1 семья)
Всего	108	

Таблица составлена по данным Н. Гладиловой, газета Коре Сарам-на-Дону, №5 (16), май 2013.

таблица 5

Количество, человек	Численность корейцев в РСФСР 1970 г. Распределение в границах современных федеральных округов РФ								
	Все население			Городские поселения			Сельское население		
	Оба пола	Мужчины	Женщины	Оба пола	Мужчины	Женщины	Оба пола	Мужчины	Женщины
РСФСР	101,369	63,496	37,873	78,020	47,549	30,471	23,349	15,947	7,402
%	100	62,6	37,4	77	60,9	39,1	23	68,3	31,7
Южный ФО	100			70			30		
Астраханская область	498	331	167	377	266	111	121	65	56
В %	100	66,5	33,5	75,7	70,6	29,4	24,3	53,7	46,3
Краснодарский край	723	461	262	547	339	208	176	122	54
В т.ч. Адыгейская НО	231	127	104	182	96	86	49	31	18
В %	100	63,8	36,2	75,7	62	38	24,3	69,3	40,7
Ставропольский край	1,453	794	659	793	446	347	660	348	312
в т.ч. Карачаевская АО	62	42	20	43	26	17	19	16	3

Количество, человек	Численность корейцев в РСФСР 1970 г. Распределение в границах современных федеральных округов РФ								
	Все население			Городские поселения			Сельское население		
	Оба пола	Мужчины	Женщины	Оба пола	Мужчины	Женщины	Оба пола	Мужчины	Женщины
В %	100	54,6	45,4	54,6	56,2	43,8	45,4	52,7	47,3
Ростовская область	4,966	2,576	2,390	2,840	1,489	1,351	2,126	1,087	1,039
В %	100	51,9	48,1	57,2	52,4	47,6	42,8	51,1	48,9
Дагестанская АССР	1,415	751	664	906	471	435	509	280	229
В %	100	53,1	46,9	64	52	48	36	55	44
Калмыцкая АССР	284	144	140	50	24	26	234	120	114
В %	100	50,1	49,1	17,6	48	52	82,4	51,3	48,7
Кабардино-Балкарская АССР	3,773	1,842	1,931	3,426	1,672	1,754	347	170	177
В %	100	48,8	51,2	90,1	48,8	51,2	9,9	49	51
Волгоградская область	463	272	191	361	219	142	102	53	49
В %	100	58,7	41,3	78	60,7	39,3	22	52	48
Северо-Осетинская АССР	2,521	1,235	1,286	2,023	993	1,030	498	242	256
В %	100	49	51	80,2	49	51	19,8	48,6	51,4
Чечено-Ингушская АССР	1,508	733	775	969	475	494	539	258	281
В %	100	48,6	51,4	64,3	49	51	35,7	47,9	52,1
Всего	17,604	9,139	8,465	12,292	6,394	5,898	5,312	2,745	2,567
%	100	51,9	48,1	69,8	52	48	30,2	51,7	48,3

Рассчитано по: http://demoscope.ru/таблица 6

таблица 6

Количество, человек	Численность корейцев. РСФСР. 1979 г. Перепись населения								
	Всё население			Городские поселения			Сельское население		
	Оба пола	Мужчины	Женщины	Оба пола	Мужчины	Женщины	Оба пола	Мужчины	Женщины
РСФСР	97,649	52,456	45,453	82,218	43,823	38,395	15,431	8,633	6,798
В %	100	53,7	46,3	84,2	53,3	46,7	15,8	55,9	44,1
Южный ФО	100%			74%			26%		
Астраханская область	540	285	255	437	238	199	103	47	56
В %	100	52,8	47,2	80,9	54,5	45,5	19,1	45,6	54,4
Краснодарский край	995	570	425	770	432	338	225	138	87
В т.ч. Адыгейская АО	363	193	170	308	161	147	55	32	23
В %	100	57,3	46,7	77,4	56,1	43,9	22,6	61,3	38,7
Ставропольский край	2,670	1,353	1,317	1,529	759	770	1,141	594	547
В т.ч. Карачаево-Черкесская АО	60	31	29	49	26	23	11	5	6
В %	100	50,7	49,3	57,3	49,6	50,4	42,7	52,1	47,9
Ростовская область	5,783	2,932	2,851	3,929	1,997	1,932	1,854	935	919
В %	100	50,7	49,3	67,9	50,8	49,2	32,1	50,4	49,6
Дагестанская АССР	727	376	351	514	275	239	213	101	112
В %	100	51,7	48,3	70,7	53,5	46,5	29,3	47,4	52,6
Кабардино-Балкарская АССР	4,949	2,404	2,545	4,787	2,314	2,473	162	90	72
В %	100	48,6	52,4	96,7	48,3	51,7	3,3	55,6	44,4
Калмыцкая АССР	1,073	594	479	174	78	96	899	516	383

Количество, человек	Численность корейцев. РСФСР. 1979 г. Перепись населения								
	Всё население			Городские поселения			Сельское население		
	Оба пола	Мужчины	Женщины	Оба пола	Мужчины	Женщины	Оба пола	Мужчины	Женщины
В %	100	55,4	44,6	16,2	44,8	55,2	63,8	57,4	42,6
Волгоградская область	1,240	677	563	1,049	572	477	191	105	86
В %	100	54,6	45,4	84,6	54,5	45,5	13,4	55	45
Северо-Осетинская АССР	2,797	1,379	1,418	2,243	1,105	1,138	554	274	280
В %	100	49,3	50,7	80,2	49,3	59,7	19,8	49,5	50,5
Чечено-Ингушская АССР	859	426	433	627	309	318	232	117	115
В %	100	49,6	50,4	73	49,3	50,7	27	50,4	49,6
Всего	21,633	10,996	10,637	16,059	8,079	7,980	5,574	2,917	2,657
%	100	50,9	49,1	74,2	50,3	49,7	25,8	52,3	47,7

Рассчитано по: http://demoscope.ru/

таблица 7

Количество, человек	Численность корейцев. РСФСР. Перепись населения 1989 г.								
	Всё население			Городские поселения			Сельское население		
	Оба пола	Мужчины	Женщины	Оба пола	Мужчины	Женщины	Оба пола	Мужчины	Женщины
РСФСР	107,051	55,680	51,371	90,799	46,804	43,995	16,252	8,876	7,376
%	100	52	48	84,8	51,5	48,5	15,2	54,6	45,4
Южный федеральный округ	100%			78%			22%		
Астраханская область	634	348	286	516	278	238	118	70	48

| Количество, человек | Численность корейцев. РСФСР. Перепись населения 1989 г. | | | | | | | | |
| | Всё население | | | Городские поселения | | | Сельское население | | |
	Оба пола	Мужчины	Женщины	Оба пола	Мужчины	Женщины	Оба пола	Мужчины	Женщины
В %	100	54,9	44,1	81,4	53,9	46,1	18,6	59,3	40,7
Краснодарский край	1,792	941	851	1,244	650	594	548	291	257
В %	100	52,5	47,5	69,4	52,2	47,8	30,6	53,1	46,9
В т.ч. Адыгейская автономная область	635	300	335	505	239	266	130	61	69
Ставропольский край	4,621	2,361	2,260	2,621	1,291	1,330	2,000	1,070	930
В %	100	51,1	48,9	56,7	49,3	50,7	43,3	53,5	46,5
в т.ч. Карачаевская автономная область	54	33	21	42	25	17	12	8	4
Ростовская область	7,132	3,645	3,487	5,187	2,630	2,557	1,945	1,015	930
В %	100	51,1	48,9	72,7	50,7	49,3	27,3	52,2	47,8
Дагестанская АССР	648	328	320	466	228	238	182	100	82
В %	100	50,6	49,4	71,9	48,9	51,1	28,1	54,9	45,1
Кабардино-Балкарская АССР	4,983	2,402	2,581	4,827	2,325	2,502	156	77	79
В %	100	48	52	96,9	48,2	51,8	3,1	49,4	50,6
Калмыцкая АССР	643	320	323	192	93	99	451	227	224
В %	100	49,8	50,2	30	48,4	51,6	70	50,3	49,7
Волгоградская область	1,613	839	774	1,438	730	708	175	109	66
В %	100	52	48	89,2	50,8	49,2	10,8	62,3	37,7

Количество, человек	Численность корейцев. РСФСР. Перепись населения 1989 г.								
	Всё население			Городские поселения			Сельское население		
	Оба пола	Мужчины	Женщины	Оба пола	Мужчины	Женщины	Оба пола	Мужчины	Женщины
Северо-Осетинская АССР	2,960	1,423	1,537	2,464	1,178	1,286	496	245	251
В %	100	48,1	59,9	83,2	47,8	52,4	16,8	49,4	50,6
Чечено-Ингушская АССР	636	308	328	488	237	251	148	71	77
В %	100	48,4	51,6	76,7	48,6	51,4	23,3	48	52
Всего	25,662	12,915	12,747	19,443	9,640	9,803	6,219	3,275	2,944
В %	100	50,3	49,7	77,7	49,6	50,4	22,3	52,6	47,4

Рассчитано по: http://demoscope.ru/

таблица 8

Расселение корейцев в регионах Южного федерального округа РФ. Переписи населения РФ 2002 и 2010 гг. (человек)		
	2002 год	2010 год
Российская Федерация	148,556	153,156
Южный ФО	39,031	40,191
Астраханская область	2,072	2,939**
Краснодарский край	3,289	3,952
Республика Адыгея	820	766
Ставропольский край	7,095*	6,759
Карачаевско-Черкесия	51	30
Ростовская область	11,669	11,597***
Республика Дагестан	302	226
Кабардино-Балкарская Республика	4,722	4,034****

Республика Калмыкия	1,049	1,342*****
Волгоградская область	6,066	7,044
Республика Северная Осетия-Алания	1,841	1,458
Республика Ингушетия	22	14******
Чеченская Республика	33	29*******

*Ставропольский край, 2002 г.

Города: г. Ставрополь 277, г. Буденновск 112, г. Георгиевск 516, г. Ессентуки 434; г. Железноводск 13, кп Иноземцево 44; Кисловодск 341, Лермонтов 25, Минеральные воды 248, г. Невинномысск 80, Пятигорск 702.

Районы: Александровский 70, Андроповский 7, Апанасенковский, Арзгирский 152, Благодарненский 35, Буденновский 79, Георгиевский 312, Грачевский 11, Изобильненский 572, Ипатовский 65, Кировский 489, Кочубеевский 22, Красногвардейский 88, Курский 154, Левокумский 398, Минераловодский 14, Нефтекумский 752, Новоалександровский 174, Новоселицкий 152, Петровский 83, Предгорный 319, Советский 90, Степновский 84, Труновский 54, Шпаковский 121

** Астраханская область, 2010 г.

Города: г. Астрахань 805, г. Знаменск 20, г. Ахтубинск 184.

Муниципальные районы (МР): Ахтубинский 569, пгт Верхний Баскунчак 2; Володарский 15, Енотаевский 580; Икрянинский 41, пгт Красные Баррикады 7; Камызякски 21, Красноярский 25; Лиманский 63, пгт Лиман 4; Наримановский 45, г. Нариманов 10; Приволжский 10; Харабалинский 221, г. Харабали 98; Черноярский 523.

*** Ростовская область, 2010 г.

Город Ростов 2792: Ворошиловский район 365, районы города: Железнодорожный 430, Кировский 85, Ленинский 216, Октябрьский 300, Первомайский 527, Пролетарский 140, Советский 729.

Города: Азов 119, Батайск 1530, Волгодонск 391, Гуково 6, Донецк 12, Зверево 7, Каменск-Шахтинск 56, Новочеркасск 67, Новошахтинск 42, Таганрог 168, Шахты 77.

Муниципальные районы: Азовский 1167, Аксайский 949, Багаевский 378, Белокалитвенский 50, Боковский 1, Веселовский 870, Волгодонский 754, Дубовский 10, Егорлыкский 26, Заветинский 3, Зерноградский 48, Зимовниковский 50, Кагальницкий 49, Каменский 202, Кашарский 9, Константиновский 26, Красносулинский 26, Куйбышевский 29, Мартыновский 54, Матвеево-Курганский 418, Миллеровский 8, Морозовский 11, Мясниковский 16, Неклиновский 200, Октябрьский 30, Орловский 43, Песчанокопский 61, Пролетарский 11, Родионово-Несветайский 81, Сальский 173, Семикаракорский 480, Тарасовский 1, Целинский 31, Цимлянский 15, Чертковский 6, Шолоховский 7

**** Кабардино-Балкарская Республика, 2010 г.

Г. Нальчик 715, г. Баксан 65, г. Прохладный 1824. Муниципальные районы: Баксанский 8, Майский 921, Прохладненский 262, Терский 18, Урванский 173, Чегемский 35, Черекский 1, Эльбрусский 12

***** Республика Калмыкия, 2010 г.

Г. Элиста 220, Городовиковский МР 103: г. Городовиковск 91, с. Виноградное 7, п. Южный 5; Ики-Бурульский МР 43: с. Багабурул 1, п. Оргакин 1, п. Ики-Бурул 9, п. Маныч 9, п. Приманычск 1, п. Утсала 2, п. Хомутников 4, п. Южный 16. Кетченеровский МР 23: п. Кетченеры 20, п. Сарпа 1, п. Чкаловск 2. Лаганский МР 34: г. Лагань 28, с. Джалыково 3, с. Красинское 1, с. Северное 1, с. Уланхоль 1. Яшкульский МР 34: с. Гашунь 6, п. Привольный 1, п. Тавн-Гашун 1, п. Улан-Эрге 4, п. Яшкуль 22. Мало-Дербетовский МР 46: с. Тундутово 1, п. Ики-Бухус 1, с. Малые дербеты 44. Октябрьский МР 681: п. Большой Царын 479, п. Восход 182, п. Джангар 13, п. Иджил 6, п. Мирный 1. Приютненский МР 4: п. Булукта 1, с. Ульдючины 3. Сарпинский МР 15: п. Кировский 1, с. Обильное 4, п. Шарнута 10. Целинный МР 33: с. Вознесеновка 10, п. Ики-Чонос 6, п. Овата 2, с. Троицкое 14, п. Ямлта 1. Черноземельский МР 8: п. Адык 1, п. Комсомольский 7. Юстинский МР 81: п. Барун 2, п. Бергин 2, п. Татал 2, п. Цаган Аман 75. Яшалтинский МР 17: п. Бага-Туктун 2, с. Маныч 2, с. Полевое 5, с. Эсто-Алтай 1, с. Яшалта 7

****** Республика Ингушетия, 2010 г.

г. Назрань 1, с. Кантышево Назрановского района 1, с. Джейрах 1 Джейрахского района, с. Орджоникидзевское 12 Сунженского района

******* Чеченская Республика 2010 г.

Г. Грозный 11, г. Гудермес 2, Грозненский Р 1, с. Чечен-Аул 1, Надтеречный МР 1, с Гвардей кое 1, Наурский мР 6, ст. Калиновская 2, ст. Наурская 3, Шатоевский МР 4, с.Борзой 4, Урус-Мартановский МР 1, с.Урус-Мартан 1, Шалинский МР 3, г. Шали 3

Рассчитано по: http://demoscope.ru/

Часть 2

АКТИВНОЕ ПОКОЛЕНИЕ КОРЁ САРАМ ЮГА РОССИИ

Введение

В нашей первой книге описывалось первое поколение советских корейцев, родившихся на Дальнем Востоке до депортации 1937-г. или после, уже в среднеазиатских республиках. Советские корейцы(сорёнсарам) старшего поколения выработали коллективную иперсональную адаптивную стратегию на основе базовых конфуцианских норм в симбиозе с новыми идеологическими установками советского времени (вполне вписывавшихся в конфуцианские) – коллективизмом и приоритетом государственного/общественного над частным/личным.

На основе пяти нравственных норм конфуцианства (подчинение власти, справедливость, вежливость, разумность и верность,человеколюбие, чувство долга, благопристойность, разумность и правдивость) строятся «пять связей» вертикального подчинения: 1) связи государя и подданного, господина и слуги; 2) родителей и детей; 3) мужа и жены; 4) старшего и младшего; 5) между друзьями с бескорыстной взаимопомощью.

Следование социалистическим правилам и предписаниям не уберегло советских корейцев как этническую группу от катастрофического вмешательства государства, насильственно переместившего большую её часть из мест постоянного проживания в Среднюю Азию и на юг Казахстана. Каток репрессий не выбирал жертв, оставив неизгладимый след в памяти народа.

В новых местах проживания высокий адаптивный потенциал не позволил жизни насильственно перемещенных корейцев остановиться. Разумно организованный и самоотверженный труд в корейских колхозах способствовал экономической устойчивости и репутационному прогрессу, привел к количественному росту этнической общности. Активная молодежь мужского пола искала пути выхода из географической изоляции, не всегда легальными путями проникая в города РСФСР для учебы в вузах, работая после окончания в разных регионах России, в том числе и южных. По государственной экономической программе развития новой сельскохозяйственной отрасли – рисоводства – из среднеазиатских республик и Казахстана в южные регионы РСФСР были приглашены корейские специалисты и рабочие, организованы корейские рисоводческие хозяйства, куда люди перемещались целыми семьями.

Целью второй книги является социологический и биографический анализ судеб и деятельности последующих поколений, которые объединены под обобщенным именем корё сарам. Это дети и внуки первых советских корейцев, родившиеся в разных регионах СССР уже после депортации. Их первичная социализация происходила в последние десятилетия существования Советского Союза, и их социальная активность продолжилась в новом российском обществе. Статистические данные переписей населения дают понимание, что значительное увеличение численности корё сарам обусловлено рождением этого поколения. Активная созидательная деятельность поколения привела к высоким трудовым достижения и укрепила репутацию корейцев в российском обществе как трудолюбивого, толерантного и лояльного народа, создала основу для экономического и социального благополучия корейской молодёжи России.

Основной метод исследования: социологический и историко-хронологический анализ социальных процессов и биографий.

Книга состоит из трех разделов.

В I разделе «СОЦИОЛОГИЧЕСКИЙ ПОРТРЕТ ПОКОЛЕНИЯ» использованы результаты социологических исследований, проведенных нами в разное время, а также статистические данные из переписей населения РФ, основываясь на которых можно представить обобщенный портрет активного поколениякоре сарам Юга России. Основным источником послужило исследование 2014 г., дополненное иными:

· Социологическое исследование2014 г. «Проблемы социально-культурной адаптации и развития корейцев Юга России» (이형근, 김일기자) (N=384) проводилось почтовым способом в регионах: Волгоградская, Ростовская, Саратовская области,Ставропольский край, Республика Калмыкия, Кабардино-Балкарская Республика, Республика Северная Осетия-Алания;

· Социологическое исследование2006 г. «Проблемы социокультурной адаптации корейцев-иммигрантов из Средней Азии, проживающих на территории Волгоградской и Астраханской областей и Республики Калмыкия» (이형근, 김일기자) проводилось явочным и почтовым способом (N=474) и другие исследования.

Социологические данные анализировались по возрастным подвыборкам, соответствующим объекту настоящего исследования: мужчины и женщины активного поколения, на основе программного статистического пакета SPSS. Программа исследования, анкета, аналитический отчет разработаны И.А. Ким (

김일기자, Phd).

II раздел «ОБЩЕСТВЕННЫЕ ОРГАНИЗАЦИИ КОРЕЙЦЕВ ЮГА РОССИИ» посвящен организационному структурированию новой корейской диаспоры в целях адаптации и интеграциив принимающий южнороссийский социум. Информация о первых корейских общественных организациях Юга России, объединивших корейцев-россиян с вновь прибывшими иммигрантами из республик Средней Азии, собиралась из публикаций в СМИ, научных публикаций, редких воспоминаний участников организационного строительстваи активизма. Эта тема еще ждет своего исследователя, поскольку документация исчезает, а люди уходят.

III раздел «ПЕРСОНАЛЬНЫЙ УСПЕХ КОРЕ САРАМ ЮГА РОССИИ» описывает биографии корейцев, добившихся успеха в разных профессиональных сферах: труженики сельского хозяйства, ученые и преподаватели, работники культуры, военные. Источниками сведений об этих замечательных людях явились публикации в СМИ, а также записи бесед во время встреч с ними.

Глава 1

Социологический портрет поколения

1. Общее описание

1) Типологические группы

Основой данного исследования являются результаты опроса 2014 г., выборочно дополненные более ранними данными опроса 2006 г. Из всего массива анкет 2014 г. выделены 197 анкет корейцев данной возрастной группы, из которых 47% являются жителями Волгоградской области, 16% Ставропольского края, 15% Калмыкии, 9% Кабардино-Балкарии, 8% Ростовской области, 5% Саратовской области, 15% Северной Осетии. Более половины из них горожане – 51%. Географическое распределение прежних мест проживания выглядело следующим образом: всегда жили в России 19%, приехали из Узбекистана 60%, Таджикистана 10%, Казахстана 8%, Киргизии и Туркмении 2%, Украины 1%. Мнения и оценки представителей выборочной региональной совокупности представляются в целом репрезентативными для корейцев данной возрастной группы Юга России, хотя отдельные параметры могут не полностью соответствовать статистическим данным из переписей населения.

Для удобства анализа в исследуемом поколении корейцев выделяются три возрастные когорты: 1) «старшая» когорта рожденных в конце 1940–1950-е гг. (44%), 2) «средняя» когорта рожденных в 1960-е гг. (27%), 3) «младшая» когорта рожденных в 1970-е гг. (29%). Каждая из них имеет различия в менталитете в силу естественных возрастных и социальных причин.

Также представляется целесообразным разделение активного поколения на группы согласно историческим периодам: 1) период до начала распада Советского Союза с устойчивым проживанием в союзных республиках и 2) период распада советского пространства и постсоветский (начиная с 1990г.), включивший эмиграционный исход десятковтысяч среднеазиатских и казахстанских корейцев.

В первую группу(36%), условно обозначенная как «российская», входят корейцы, которые обосновались в России достаточно давно, прожив здесь всю свою жизнь или основную её. Почти половина «российской» группы состоит из представителей «старшего» поколения (47%), и почти поровну из «среднего» (27%) и «младшего» поколений (26%); со средним возрастом 51,8 год.

Вторую группу (64%) можно обозначить как «иммигрантская», которая состоит из вынужденных переселенцев и беженцев после начавшегося в 1990 г. распада СССР, преимущественно из Узбекистана и Таджикистана. В этой неоднородной по составу группе можно выделить более массовую подгруппу переселенцев «первой волны» 1990-2004 гг. (84%) и небольшую подгруппу «второй волны» поселившихся здесь после 2005 г. (16%). «Иммигрантская» группа в целом несколько моложе «российской»: рожденные в 1950-х гг. составляют 42%, в 1960-х гг. 26%, в 1970-х гг. 32%,

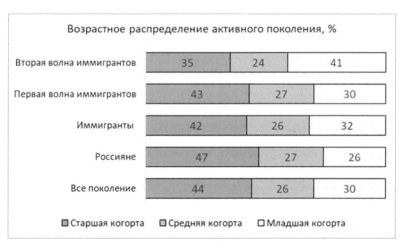

Рис. 1. Диаграмма возрастного распределения изучаемых групп

средний возраст 50,6 лет. Средний возраст «иммигрантов первой волны» 50,7 лет, среди них преобладает «старшая» возрастная когорта (43%). Средний возраст «иммигрантов второй волны» 50 лет, среди них больше представителей младшей когорты (41%) (рис. 1).

Некоторые различия в социальных и ментальных характеристиках «российской» и «иммигрантской» групп корейского населения исследуемого поколения, обусловленные спецификой территориальной проживания, выявлены в ходе аналитического описания.

Судя по диаграмме распределения среднего возраста всех участников опроса по годам прибытия, после 1990 г. в южнороссийские регионы иммигрировала достаточно молодая работоспособная часть среднеазиатских корейцев (рис. 2).

Рис. 2. Диаграмма возрастного распределения по времени иммиграции

2) Образование и профессиональный состав

Среди рассматриваемого поколения корейского населения Юга России о наличии у них высшего образования заявили 29%, ученой степени 1%, среднего специального образования 35%, среднего общего 25%, неполного среднего 9%, начального 1%.

Среди корейцев «старшей» возрастной когорты преобладает среднее общее и среднее специальное образование (в сумме 66%); в «средней» и в «младшей» когортах преобладает высшее и среднее специальное образование (в сумме соответственно 67% и 70%).

Для «иммигрантской» группы характерен акцент на среднем специальном (профессиональном) образовании (39%), для «российской» группы на высшем образовании (34%), здесь также несколько больше корейцев с ученой степенью.

По данным всероссийской переписи населения 2010 г., высшее образование имеют около 22% взрослого населения жителей РФ; среди корейцев высшее образование имеют 30%.[1]

---

1) http://www.gks.ru/free_doc/

3) Трудовая деятельность

До переезда в Россию будущие иммигранты в своих республиках были заняты в основном на постоянной работе по найму в государственном учреждении или предприятии (38%), по найму у частного лица (7%), на сезонной или временной работе (21%), имели собственное дело (19%), были на пенсии (7%), никто из них не был безработным (табл. 1).

В настоящее время четвертая часть (26%) «иммигрантской» группы вышла на пенсию, на сезонной работе занята почти пятая часть (19%), постоянную работу имеют столько же (18%), доля предпринимателей почти не изменилась (17%), имеются безработные (6%). Среди «россиян» пенсионеров заметно больше (32%) и меньше занятых на сезонных работах (19%), других заметных различий в трудовой занятости не выявлено.

Среди трудовых занятий опрошенных – рабочие профессии (20%), специальности финансовые (15%), инженерно-строительные (13%), сферы услуг (23%), врачи и учителя (22%).

Известно, что высокий уровень социальной адаптивности корейской этнической группы достигается, в том числе, за счет их собственной активной экономической деятельности.

Таблица 1. Основные источники дохода коре сарам активного поколения (%)

Ваше основное занятие или основной источник дохода	«Иммигранты»		«Россияне»	Все
	До переезда в Россию	В настоящее время	В настоящее время	В настоящее время
Постоянная работа на государство	38	7	13	9
Постоянная работа на частный бизнес	7	11	6	9
Предпринимательство	10	5	10	7
Индивидуальная трудовая деятельность	9	12	5	9
Временная или сезонная работа	21	19	13	17
Безработный(ая)	-	6	7	6
Неработающий пенсионер, инвалид	7	26	32	28
Учеба	5	-	-	8
Домохозяйка, отпуск по уходу за ребенком	3	8	8	-
Другое	-	6	6	7
Итого	100	100	100	100

Как сообщили 38% респондентов, в местах их проживания существуют предприятия, основанные корейцами, причем уровень осведомленности о наличии корейских предприятий выше среди более молодых представителей группы и среди «российских советских» корейцев.

По официальным данным переписи населения РФ 2010 г., основными источниками средств существования корейцев являются трудовая деятельность (51,2%), иждивение и помощь других лиц (29,4%), пенсия по старости (20,5%), государственные пособия и стипендии (8,9%), личное подсобное хозяйство (7,5%), личные сбережения и иные источники (1,2%).[2]

На момент опроса на местах своего нынешнего проживания имели постоянную работу 32% респондентов, сезонную или временную 15%, с выездом в другие места трудились 8% опрошенных корё сарам; имели пенсионное обеспечение 30%, заняты в домашнем хозяйстве 9%, не имели работы 4% (рис. 3).

Таким образом, получение высшего образования оказалось одной из адаптационных стратегий активного

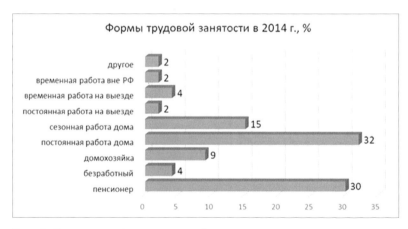

Рис. 3. Диаграмма форм трудовой занятости поколения по данным опроса

2) http://www.gks.ru/free_doc/

поколения корё сарам. Список полученных профессий и специальностей связан как с сельским, так и с городским способом трудовой деятельности. Адаптации активного поколения корейцев способствовал гибкий подход при выборе форм хозяйственно-экономической деятельности в условиях социальной неустойчивости.

4) Сельскохозяйственная деятельность

В рассматриваемой возрастной группе корейского населения сельскохозяйственной деятельностью занимались на момент опроса 51%, при этом среди корейцев-«иммигрантов» эта доля намного выше (58%), в сравнении с корейцами-«россиянами» (39%). В основном это обработка арендуемой земли, на которой выращиваются овощи (88%), томаты (5%), лук (5%), бахчевые культуры (2%). Участие в сельхозработах принимали члены семьи (73%), родственники (2%), односельчане (12%), приезжие гастарбайтеры (13%).

Большинство (72%) среди тех, кто занимается сельским хозяйством, составляют «иммигранты», особенно более старших возрастов. Среди респондентов старшей когорты в сельском хозяйстве заняты 59%, в средней 47%, в младшей 38%.

Действительно, после вынужденного переселения в Россию некоторым корейцам из Узбекистана и Таджикистана пришлось вернуться к традиционному занятию, связанному с обработкой земли, несмотря на отсутствие навыков и профессиональных знаний. Например, так описывает свой трудный земледельческий опыт наша информантка, приехавшая из Таджикистана.[3]

▶ *Прямая речь :*

Мой муж никогда не занимался фермерством. И в 1998 году мы первый раз вышли на поле и стали сажать помидоры. Но опыта у нас не было. Нам объяснили, что нужно семечки и этого будет достаточно. Однако зимой выпал снег, и помидоры замерзли в поле. Сергей Лим – наш сват. И мы приехали раньше, чем его семья. Они ездили по селам и искали где жить, и купили в нашей деревне, увидев нас. Потом они решили заниматься фермерством в нашей деревне. Они уже входили в бригаду из 40 семей, и некто Хо Александр тоже был членом этой бригады. Он сказал – нужно объединяться. Тогда у нас не было даже инструментов, и мы ничего не умели. Однако последовали за ним. Заняли инструмент у других членов этой бригады. И это было очень сложно. Мой муж потерял много волос, похудел и потерял много волос. Весил 45 кг. Все его жалели. Несмотря на то, что мы не знали, как работать, у нас выросли самые хорошие арбузы, и перекупщики сразу

---

3) Поселок Приморск Быковского района Волгоградской области, июль 2016 г.

их купили. Мы заработали хорошие деньги. И наш сын женился.

В 2001 г. пастор Ли Хен Кын (이형근) проводил опрос корейцев, проживающих в Волгоградской, Астраханской, Саратовской областях, в Республике Калмыкия и Ставропольском крае. Цель сбора информации – определение проблем, требующих помощи, особенно для иммигрантов .

По данным этого опроса, сельскохозяйственной деятельностью в 2001 г. занимались 247 из обследованных 333 семей (74%). Обрабатываемые сельскохозяйственные площади для одной семьи составляли от 1 га до 20, 25, 50 и 60 га; большинство обрабатывало от 2 до 6 га. Выращиванием лука занимались 108 семей, отводя на него от 1 до 4 га, в 171 семье выращивали овощные культуры на площадях от 1 до 23 га.

В 2001 году арендная плата за землю составляла от 150-250 долларов за 1 га (41 семья), до 600 долларов за 1 га (12 семей). В 2001 г. официальный среднегодовой курс рубля к доллару составлял 30,14 руб. при средней заработной плате в России 3240 руб. или 107,4 долларов.

К моменту опроса в подавляющем большинстве семей не имелось собственных оборотных средств (314 семей), имели до 500 долларов 10 семей, от 700 до 1,000 долларов 14 семей, до 2,000 долларов 8 семей, больше 2,500 долларов 5 семей. Поэтому пришлось занимать денежные средства под будущий урожай от 300-500 долларов 7 семьям, от 1,000 до 1,400 долларов 18 семьям, от 5,000 долларов и больше 24 семьям. Таким образом, недостаток собственных оборотных средств снижал возможности для экономического роста и развития корейской диаспоры в традиционной земледельческой сфере.

В настоящее время земледелие как занятие утратило массовость, много корейцев трудоспособного возраста перебрались в города, либо стали гастарбайтерами в Республике Корея

> Раньше по 5-10 га брали в аренду и работали. Наше поколение работали на поле. Все, кто жил в Узбекистане, Казахстане, Таджикистане. Наши дети не хотят больше так работать на поле.

В то же время некоторые корейские хозяйства превратились в мощные предприятия, сельскохозяйственное производство развивается на профессиональной основе, в котором заняты как приезжие «иммигранты», так и «российские» корейцы, сменившие род своих занятий.

В электронной базе данных Национального реестра РФ «Ведущие агропромышленные и сельскохозяйственные организации России» среди корейцев-сельхозпроизводителей южных регионов первенство по количеству занимают астраханцы (табл. 2).

Таблица 2. Выписка из Национального реестра РФ «Ведущие агропромышленные и сельскохозяйственные организации России»

Год	Область
2009 год	
КФХ "Кан"	Астраханская область, Красноярский район
КФХ "Тян"	Астраханская область, Красноярский район
КФХ "Ким В.В."	Астраханская область, Енотаевский район
КФХ "Ким Юрий Васильевич"	Астраханская область, Лиманский район
ИП Ким Андрей Анатольевич	Волгоградская область, г. Волжский
ИП Пак Гром	Волгоградская область, Среднеахтубинский район
2010 год	
КФХ Ким Ю.В.	Астраханская область, Лиманский район
КФХ Ли Аркадий Сергеевич	Астраханская область, Енотаевский район
КФХ Шегай Г.Н.	Астраханская область, Черноярский район
КФХ Югай Е.В.	Волгоградская область, Быковский район
ИП Ким Андрей Анатольевич	Волгоградская область, г. Волжский
2011 год	
КФХ Югай Е.В.	Волгоградская область, Быковский район
ИП Ким Андрей Анатольевич	Волгоградская область, г. Волжский
КФХ Лян В.П.	Ставропольский край, Кировский район

Год	Область
2012 год	
КФХ Тен Валерий Викторович	Волгоградская область, Палласовский район
КФХ Кима Елексея Моисеевича	Ставропольский край, Нефтекумский район
2013 год	
КФХ Ан Альберт Алексеевич	Астраханская область, Икрянинский район
КФХ "Тян"	Астраханская область, Красноярский район
КФХ "Цой И.В."	Астраханская область, Ахтубинский район
КФХ "Тян"	Астраханская область, Красноярский район
2015 год	
КФХ Огай Сергей Юрьевич	Краснодарский край, Выселковский район
2016 год	
КФХ Ким Валерий Владимирович	Астраханская область, Енотаевский район
КФХ Ким Николай Александрович	Астраханская область, Черноярский район
КФХ Ким Юлия Тимофеевна	Астраханская область, Енотаевский район
КФХ Шегай Георгий Николаевич	Астраханская область, Черноярский район

*КФХ – крестьянское фермерское хозяйство / ** ИП – индивидуальный предприниматель
Источник: http://www.leading-agrarian.ru/reestr.php Таблица составлена Ким И.А.

5) Уровень достатка

Достаток – это семейное или личное материальное благосостояние, доход, который оценивают сами респонденты по отклонениям от основного параметра: выше или ниже «среднего уровня». Конечно, это вполне субъективный признак, но по нему можно судить об удовлетворенности собственным материальным положением и в некоторой степени качеством жизни, а также об уровне социально-экономических ожиданий корейцев активного возраста.

К моменту опроса оценивали свой достаток как «средний» 50%, «несколько ниже среднего уровня» 32%, «значительно ниже среднего уровня» 14%, и только 4% как «несколько выше среднего уровня» (в большинстве это молодая подгруппа «иммигрантов»).

«Иммигранты второй волны» более оптимистично оценивают свой достаток: как «средний» 63% и «несколько выше среднего» 6%. Выделяется более высокая самооценка уровня достатка у респондентов, в населенных пунктах которых существуют предприятия, основанные корейцами: на «среднем» и «несколько выше среднего» уровня 58%.

Интересно, что оценка собственного достатка не имеет зависимости от уровня образования респондентов. Более низкая удовлетворенность характерна для респондентов мужского пола и для тех, кто не имеет собственного жилья, а вынужден платить за проживание в съемных квартирах. Собственное жилье имеет большинство ответивших на вопрос (73%), относительно небольшая доля проживает у родственников (3%), в съемной квартире (17%), ведомственном или ином жилье (7%). «Иммигрантам» чаще приходится проживать в съемном жилье (21%) по сравнению с «россиянами» (11%). Среди последних имеют свое жилье 77%, среди «иммигрантов» 70%.

6) Жизненные проблемы

На момент опроса в рейтинге проблем, беспокоящих корейское население активного поколения, на момент опроса наиболее актуальны рост цен (53%) и бедность (42%). Однако внутри групп проявились специфические беспокойства, обусловленные разными причинами (рис. 4).В «иммигрантской» группе показатель озабоченности бедностью ниже (38%), чем в группе «россиян» (49%), среди которых большинство проживает на небольшую пенсию, но обеспокоенность безработицей выше (28%) по сравнению с «россиянами» (20%). В рейтинге проблем для «российских» корейцев коррупция занимает третье место (25%), а для «иммигрантов» актуальность ее довольно низкая (15%).

Рис. 4. Сравнительная диаграмма актуальности социально-экономических проблем

В «иммигрантской» группе также выявились собственные различия.

«Иммигранты первой волны» больше тревожатся из-за роста цен (55%) и собственной бедности (39%), а также из-за безработицы (25%) и коррупции (17%).

Для «иммигрантов второй волны» актуальны не только экономические трудности: безработица (55%) и бедность (27%), но и личные проблемы (46%), возможно, оттого, что их семейная жизнь оказалась осложнена вынужденным переездом. Также определенное напряжение в их жизни добавляют ксенофобские настроения в обществе (18%) и сложности в получении гражданства РФ (18%) (рис. 5).

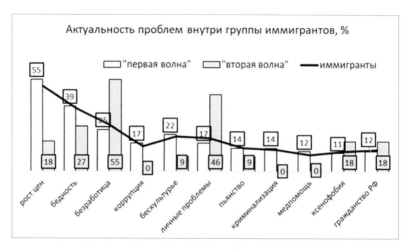

Рис. 5. Диаграмма актуальности проблем внутри иммигрантской группы

Сложности с получением российского гражданства для корейцев часто обусловлены законодательством стран убытия. Кроме того, отменены все компенсационные выплаты и льготы в связи с реабилитацией корейцев. Например, корейцы в Быковском районе Волгоградской области делились с автором переживаниями по этому поводу:

▶ *Прямая речь :*

Узбекистан не принимает заявлений от своих граждан по отказу от гражданства, в том числе и от узбекских корейцев. Если я хочу отказаться от гражданства Узбекистана для того, чтобы принять гражданство Кореи или России, то Узбекистан не принимает мой отказ. Наши письма, которые мы посылали, не имеют никакого значения. Ты остаешься гражданином Узбекистана, и как только ты приедешь в Узбекистан, тебя в тюрьму посадят. И прописки не дают в Ташкенте.

Мой знакомый отказался от узбекского гражданства, хочет сейчас получить российское гражданство. Для этого он решил поехать к своей семье, они в Нукусе живут. Там в аэропорту его отправили обратно в Россию.

Четыре года мы получали деньги за реабилитацию и компенсацию за депортацию, еще давали 50% льготы за ЖКХ. А сейчас все это убрали. Давали только пенсионерам, а сейчас и пенсионерам не дают, всех уравняли. Это было насильственное переселение корейцев наших родителей, бабушек и дедушек.

Рис. 6. Диаграмма актуальности проблем в возрастных группах

Также имеются возрастные различия в оценке жизненных трудностях. Корейцев старшей возрастной когорты угнетает рост цен (65%) и бедность (53%), повлиять на которые они бессильны. Для средней когорты, кроме актуальных проблем выживания, связанных с ростом цен (48%) и бедностью (41%), добавляются безработица (27%), личные проблемы (23%) и зависимости в виде алкоголизма и наркомании (23%) (рис. 6).

2. МИГРАЦИОННЫЕ ПРОЦЕССЫ

1) Миграционная история

Миграционная история советских и российских корейцев состоит из разнообразных видов перемещений, в ряду которых депортация из советского Приморья, возвратная иммиграция из среднеазиатских республик, реэмиграция и репатриация... Активному поколению также пришлось пройти через вынужденные перемещения после распада Советского Союза.

В опросе 2006 г. около половины опрошенных иммигрантов из Узбекистана или Таджикистана заявили, что их выбор территории проживания в той или иной степени связан с желанием жить вместе с родственниками и соотечественниками. Средний показатель внутрироссийских перемещений среднеазиатских корейцев в поисках постоянного места жительства к 2006 г. составлял 2,2 переезда (в диапазоне от одного до десяти переездов).

Динамика расселения иммигрантов из Средней Азии и Казахстана к моменту опроса 2014 г. также показала наличие неоднократных внутрироссийских перемещений для поиска постоянного места жительства. Из несовпадения в диаграмме пиков проживания в России и в регионе можно сделать вывод, что нынешние места жительства для многих иммигрантов являются далеко не первыми после их въезда в Россию (рис. 7).

Рис. 7. Диаграмма расселения иммигрантов по России и в регионе проживания

До переезда на настоящее место жительства третья часть (31%) всех респондентов из активного поколения успела пожить и в других регионах России, 18% указали на проживание в южных регионах, где почти половина (48%) из них имеет родственников.

Корейцы-«россияне» имеют наиболее внушительный показатель (48%) внутрироссийских и южно-российских (31%) миграций, больше половины из них (54%) имеют родственников в регионах Юга России.

Из постсоветских «иммигрантов» к моменту опроса 2014 г. на опыт проживания в других регионах РФ указали 23%; 12% проживали в других южно-российских регионах; у 46% есть родственники на Юге РФ.

▶ *Прямая речь :*

> Наша дочь сюда приехала первой, сын был в армии, пока шла война (Таджикистан). Он демобилизовался в 1996 году, мы его отправили сюда первым, он уехал весной, и мы приехали летом.
>
> ⋯сейчас у нас нет родины. Мы скитаемся с места на место. Кто-то приехал из Казахстана, кто-то из Узбекистана⋯ Там жили, тут. Потом в Россию перебрались. Потом еще куда-нибудь?.. Наверное, для нашего поколения это уже конечная точка. А молодые поколения неизвестно куда еще судьба загонит[4]⋯

Четвертая часть (25%) иммигрантов первой ранней волны имеет опыт проживания в других регионах России:

---

4) Интервью, лето 2016 г. Архив И.А. Ким

из них 14% указали как на место проживания южные регионы, где 46% из них имеют родственников. Почти все иммигранты более поздней второй волны (88%) ехали сразу на нынешнее место жительства, 47% из них имеют родственников на Юге России (табл. 3).

Таблица 3. Миграционная динамика активного поколения корейцев Юга России

%	«Россияне»	«Иммигранты»	«Иммигранты» первой волны	«Иммигранты» второй волны	Итого
Проживание в других регионах РФ до переезда в нынешнее место жительства					
Да	48	23	25	12	31
Нет	52	77	75	88	69
Итого	100	100	100	100	100
В том числе проживание в регионах Южного и Северо-Кавказского округов					
Да	31	12	14	0	18
Нет	69	88	86	100	82
Итого	100	100	100	100	100
Наличие родственников, проживающих в других регионах Юга России					
Да	54	46	46	47	48
Нет	46	54	54	53	52
Итого	100	100	100	100	100

Например, в Волгоградской области в 2002 г. в Быковский и Ленинский районы переехали свыше 30 семей граждан Узбекистана, этнических корейцев. В 2003 г. этот контингент был пополнен новой группой корейцев-переселенцев.[5] По

5) Суслов А.А. Региональные аспекты государственной политики в отношении этнокультурных меньшинств. – Корейцы Юга России и

замечанию исследователя из Адыгеи, проф. Сим Л.М., в Волгоградскую область попали не самые зажиточные переселенцы, и их обустройство на местах сопровождалось значительными трудностями.[6]

Можно сделать вывод, что «иммигрантская» группа активного поколения корейцев в регионах Юга России складывалась постепенно, по мере их возможностей и ресурсов. Семейно-родственные и земляческие отношения явились основой сплоченности и солидарности активного поколения корё сарам в условиях территориальной дисперсности постсоветского времени.

2) Миграционный потенциал

Миграционный потенциал корейцев активного поколения на момент опроса 2014 г. представляется значительным: несмотря на то, что не планировали мигрировать 52%, высказали желание покинуть пределы своего региона 26%, затруднились или не ответили 21% опрошенных.

При том, что в направлениях желаемой миграции преобладают другие регионы России (61%), обращает на

Нижнего Поволжья. Волгоград, 2011. С. 99.

6) Из личной беседы И.А. Ким с Л.М. Сим. 2017 г.

себя внимание желание выезда за границу у значительной части готовых мигрировать корейцев (38%). Возвращение в ближнее зарубежье имеет ностальгическое значение лишь для единиц (1-2%), абсолютное большинство (90%) «иммигрантов» не собираются возвращаться в страну бывшего пребывания.

Заметно также возрастное расхождение миграционных устремлений: для старшей и средней когорты 1950-60-х гг. более привлекательна миграция в другой регион России (70%), младшая когорта 1970-х гг. рождения в равной степени ориентирована на выезд в другой регион РФ (50%) и за границу (50%).

Особенно сильно проявлено желание уехать за границу у «иммигрантов второй волны», которым оказалось сложнее

Рис. 8. Диаграмма миграционных предпочтений

найти достойное место в нынешней российской ситуации (рис. 8).

Летом 2016 г. эмиграционная ситуация описывалась информантами как прогнозируемо активная и полезная для развития российской корейской этнической группы.[7] В то же время это путь не для всех.

▶ *Прямая речь :*

Наша молодежь очень многие поехали на заработки в Корею. Мы очень рады этому. Хотя и очень трудно. Вот у соседки двое сыновей там, у меня там сын. Кого ни коснись здесь, в каждой семье кто-то из молодых поехал работать в Корею.

Очень мы рады, что Корея приняла наших детей. В последние 3-4 года очень многие уехали и многие собираются уехать. Вот знакомая семья хочет уехать, детей пристроить. И одна прихожанка взяла детей и внучат и повезла их жить в Корею.

Мне в Корее понравилось, всё красиво, но здесь мне комфортней жить. Корейцы чопорные, строгие… а здесь мы как Лолита, без комплексов, смеемся, ведем себя свободно. А там скованность во всех отношениях. Там другое отношение к нам, совсем другой взгляд на нас. Временно там побыть, погостить, но не постоянно жить, конечно. Здесь у нас есть свобода действий. Что мы ходим делать, то мы и делаем. Как мы привыкли.

---

7) Интервью с группой кореянок из п. Приморск Быковского района Волгоградской области. Архив авторов.

Однако, кроме позитивной оценки миграционного взаимодействия Республики Корея и коре сарам, высказывается и некоторая доля сожаления о неоднозначном характере эмиграции молодого трудоспособного поколения в эпоху глобализации экономики:

> Современная экономическая ситуация в стране вынуждает активных трудоспособных людей искать различные способы существования, и в том числе за рубежом. Корейское население не исключение: многие трудоспособные молодые люди эмигрируют за рубеж и в том числе в Южную Корею за заработком.
>
> Получается, что будущее корейского населения нашего региона довольно неоднозначно: наблюдения за количеством изучающих иностранные языки, в том числе и корейский язык, свидетельствует, что молодое поколение свое будущее связывает больше с обучением и работой за рубежом. Утешительного в этом мало, но учитывая стремительность процессов глобализации и особенно высокотехнологичных стран, к которым относится Южная Корея, то приходится констатировать – возможно, они правильно выбирают?[8]
>
> Наши дети едут в Корею на заработки. Не учиться. Они там работают в поте лица. На стройке. Это тяжелая физическая работа. В месяц один день выходной. Потому что они там деньги зарабатывают. Здесь нету работы, даже такой тяжелой.

---

8) Интервью, Краснодарский край, архив авторов, 2017 г.

Таким образом, «заграничные» устремления многих представителей активного поколения связаны с благоприятной иммиграционной трудовой политикой Республикой Корея, что особенно характерно для «иммигрантов второй волны». «Младшая» часть активного поколения рассматривает также возможности для эмиграции в Европу.

3) Официальная и экспертная миграционная статистика

Информация о миграционных процессах и тенденциях, полученная из социологических исследований, дополняется и подтверждается статистическими данными и экспертными оценками.

По различным оценочным данным, в начале 2000-х гг., в Южном федеральном округе (включая нынешний выделенный из Южного Северо-Кавказский федеральный округ) проживали более 40 тыс. граждан корейской национальности.[9] Около 10 тыс. корейцев насчитывались на территории Нижнего Поволжья в Астраханской, Волгоградской областях и Республике Калмыкия.

9) Пак Б. Д., Бугай Н. Ф. 140 лет в России. Очерк истории российских корейцев. М., 2004. С. 364.

Российский исследователь Н.Ф. Бугай и вслед за ним казахстанский кореевед Г.Н. Ким описывают ситуацию так: «Особенно большой приток корейских мигрантов направлялся в Волгоградскую область (по неофициальным данным в 2001 году здесь проживали 10-14 тыс. корейцев); Краснодарский край (неофициальная численность корейцев – около 10 тыс. человек)».[10] По данным, приведенным Н.Ф. Бугаем, к началу 2000-х гг. в Калмыкии проживали почти 1500 корейцев[11], в Астраханской области в начале 2001 г. более 400[12], а в Волгоградской области расселены около 30 тыс. граждан корейской национальности.[13]

По другим, официальным данным июня 2001 г., «за два года в Волгоградскую область прибыли 623 корейца, на сегодня у нас зарегистрировано более 350 вынужденных переселенцев – граждан корейской национальности. Конечно, нужно помочь решить про¬блемы с их трудоустройством и обеспечением жильем».[14]

---

10) Ким Г.Н. Социально-демографические параметры корейцев суверенного Казахстана // Корейцы в России, радикальная трансформация и пути дальнейшего развития. Сборник материалов научной конференции, посвященной 70-летию депортации корейцев с дальнего Востока в Среднюю Азию и Казахстан. М., 2007.С.22.

11) Бугай Н.Ф. Российские корейцы и политика «солнечного тепла». М, 2002. С. 158.

12) Бугай Н.Ф. Корейцы в Союзе ССР – России: XXвек. История в документах. М., 2004. С. 264.

13) Бугай Н.Ф., О Сон Хван. Испытание временем. М., 2004. С. 141.

14) Глава Администрации Волгоградской области Н. К. Максюта.

Корейцы из Таджикистана и Узбекистана принимались территориальными миграционными органами РФ как вынужденные переселенцы и беженцы. В период с 1 июля 1992 г. до 1 января 2001 г. на территории ЮФО зарегистрированы 414 корейцев данной категории: в Ростовской, Астраханской и Волгоградской областях соответственно 60, 41 и 180 чел., в Краснодарском и Ставропольском краях по 58 чел., в Республике Адыгея 1 чел., в Республике Калмыкия 11 чел., в Кабардино-Балкарской Республике 11 чел.[15]

В 2000 г. в ЮФО прошли регистрацию 40 вынужденных переселенцев корейской национальности: в Ростовской области 3, в Астраханской 4, в Волгоградской 23, в Краснодарском и Ставропольском краях соответственно 2 и 7, в Республике Адыгея 1 человек.[16] На 12 февраля 2001 г., «в Волгоградской области зарегистрировано более 350 вынужденных переселенцев корейской национальности, в том числе более 50% из них проживает в сельской местности».[17]

Цифры о миграционных перемещениях корейцев в Краснодарском крае заимствованы нами из

Интервью газете // Российские корейцы. № 15. Июнь, 2001г.

15) Пак Б. Д., Бугай Н. Ф. Указ. соч. С. 256.

16) Бугай Н.Ф. Корейцы в Союзе ССР – России. С. 234.

17) Бугай Н.Ф. Корейцы в Союзе ССР – России. С. 263.

диссертационного исследования Ю.Н. Поповой: в 1999 г. был зафиксирован въезд из стран бывшего Советского Союза 71 чел. корейской национальности[18] (табл. 4).

Таблица 4. Распределение миграции корейцев Краснодарского края в 1999 г.

| Вид миграции | Количество корейцев | Внутренняя миграция | В том числе: | | Внешняя |
			Внутрирегио-нальная	Межрегио-нальная	Страны СНГ и Балтии
Прибытие	240	169	50	119	71
Выбытие	102	91	50	41	11
Сальдо	138	78	0	78	60

В Волгоградской областной миграционной службе за несколько лет с начала функционирования Федеральной миграционной службы РФ (с 1 августа 1992 г. по 1 января 2000 г.) прошли регистрационный учет в общей сложности 290 вынужденных переселенцев и беженцев корейской национальности.[19]

---

18) Попова Ю.Н. Корейская диаспора Краснодарского края: историко-культурные аспекты (XX в.-начало XXIв.).Диссертация на соискание ученой степени кандидата исторических наук. Специальность 07.00.02 - Отечественная история. Научный руководитель доктор исторических наук профессор Ю.Г. Смертин. На правах рукописи. Краснодар. 2004. С. 67.

19) Статистические данные предоставлены И.А. Ким Волгоградской областной миграционной службой в виде ксерокопий листов государственной ежеквартальной статистической отчетности в Федеральную миграционную службу, г. Москва.

Рис. 9. Диаграмма учета корейцев-мигрантов в Волгоградской области

Общая цифра варьировалась в разные годы, часть корейцев теряла свой миграционный статус, часть выезжала с территории Волгоградской области, и к началу 2000-х гг. миграционная волна снизилась. К сожалению, мы не имеем в распоряжении цифр по дальнейшей корейской иммиграции (рис. 9).

Из всех 286 корейцев, состоявших на миграционном учете за весь период с 1 августа 1992 г. до 1 января 1996 г., прибыли из Таджикистана 169, из Узбекистана 38, из Киргизии 36, из Казахстана 33 чел.; из них признаны беженцами 9 корейцев – из Таджикистана 3, из Казахстана 4, из Узбекистана 2 чел.[20]

---

20) Статистические данные были предоставлены И. А. Ким Волгоградской

3. Этничность и процессы самоиден-
тификации

1) Социальная адаптация на новых местах жительства

Высокий уровень толерантности корейцев позволил им постепенно наладить дружественные отношения с местным населением, независимо от национальности.

В 2006 г. общий фон межнациональных отношений в регионах проживания ощущался вновь прибывшими корейцами достаточно напряженным: о наличии проблем в этой сфере заявляли 47% респондентов, об отсутствии таковых 27%. Местные жители опасались за свои ресурсы и не знали, что можно ожидать от «чужих, пришлых» людей с необычной для этих мест внешностью; корейцы в определенном смысле испытывали культурный шок, увидев огромную разницу в среднеазиатском и российском менталитетах у населения. К моменту же опроса 2014 г. о наличии напряженности в межнациональных отношениях в регионе проживания заявили только 24% респондентов, об отсутствии 62%.

областной миграционной службой в виде ксерокопий листов государственной ежеквартальной статистической отчетности в Федеральную миграционную службу, г. Москва.

Если в 2006 г. отношения, сложившиеся с местными жителями в пункте проживания, характеризовали как основанные на дружелюбии и взаимопомощи в общей сложности 44% корейцев, то в 2014 г. уже 68%. Этот показатель особенно высок среди самых старших поколений.

▶ *Прямая речь :*

Корейцы очень хорошо ассимилируются среди других народов. Мы показали свое трудолюбие, свою культуру, свою дисциплинированность, свою законопослушность, и сейчас нас все здесь уважают. А в первое время нет. В первое время, вы знаете, не очень хорошо относились к нам.[21]

Корейцы, проживая среди людей разных национальностей, конечно, стараются придерживаться традиций наших предков, но в то же время, соприкасаясь с культурой разных народов, обогащаются их духовными ценностями, обычаями, культурой, национальными традициями. Например, проживая в Узбекистане, мы приняли на вооружение в свою кухню почти все блюда национальной кухни узбеков, а здесь на Кубани мы консервируем на зиму кубанские салаты и т.д. В то же время все жители Кубани знают и любят корейские салаты, и они на столе у всех кубанцев.[22]

---

21) Интервью, 2016 г., из архива И.А. Ким

22) Выдержки из интервью любезно предоставлены Ларисой Михайловной Сим, Краснодарский край, 2017 г.

В 2006 г. в той или иной степени сталкивались с неуважительным отношением к себе (в той или иной степени) по национальному признаку 66% опрошенных корейцев. В 2014 г. упоминания о подобных инцидентах снизились до 44%.

Для более молодых корейцев пережитые ситуации неблагоприятного межэтнического взаимодействия ощущались острее. Поколение 40–50-летних фиксировало в последние 5 лет больше, по сравнению с 60-летними, случаев неуважительного отношения к себе по национальному и религиозному признаку, однако они свои отношения с местными жителями и соседями считают вполне благополучными.

Нужно отметить, что показатели дружелюбия (толерантности) выше для старшего поколения и для тех «иммигрантов», кто имеет более длительный срок проживания здесь, а также для женщин. В то же время иммигрантов из Таджикистана отличают более фрустрированные ожидания от контактов с местным населением.

Таким образом, старшее поколение корейцев с позитивным опытом и житейской мудростью может выступать медиатором в возможных негативных ситуациях межнационального общения, а также транслировать традиции дружественного соседского общения для молодых поколений.

2) Выбор этносоциальной идентичности

Сложная история корё сарам состоит из ряда миграционных перемещений, в которых формировался особый менталитет, отличающий их от хангук сарам и чосон сарам. Корё сарам испытывают потребность в удержании и стабилизации собственной идентичности в периоды миграционных кризисов. В связи с этим интересно рассмотрение довольно сложного для них выбора идентичности – этнической и гражданской (государственно-гражданской или национально-гражданской) в географических пространствах постоянно меняющихся идентичностей.

Этническая идентичность ближе к традиционным ценностям, а гражданская к модернизационным, и от сочетания идентичностей зависит адаптация и успешность социального взаимодействия после очередной, по большей части вынужденной иммиграции. Позитивная самоидентификация зависит от осознания себя как равноправного члена местного сообщества и гражданина страны проживания.

Этническая идентичность выступает мощным фактором формирования этниче¬ских групп и их социальных связей.

Гражданская идентичность является частью социальной и политической идентичности индивида и отражает представления личности о принадлежности к государственному образованию, структурам гражданского общества. Этногражданский аспект идентичности возникает в случае дисперсно-диаспорного проживания, ведь перед носителем этничности (этнофором) возникает необходимость выбора вектора развития – в этническом или национально-государственном смыслах. Недаром в среде коре сарам активно дискутируется сформулированный узбекистанским корейцем, профессором Валерие М. Ханом вопрос: «Кто мы такие и куда мы идем?».

▶ *Прямая речь :*

Проживая в такой огромной стране как Россия, с её огромными природными ресурсами, где люди не агрессивны, добры и нравственные по сути своей можно, сказать, что нам повезло. Ведь по прогнозам большинства пророчеств, ясновидящих разных стран, России предрекают лидирующую роль среди всех государств планеты.[23]

Наибольший вес среди опрошенных представителей активного поколения имела самоидентификация «я российский кореец» (в сумме всех выборов 47%), включающая

---

[23] Выдержки из интервью любезно предоставлены Ларисой Михайловной Сим, Краснодарский край, 2017 г.

в себя этническую и гражданскую идентификацию. На втором месте гражданская самоидентификация «я россиянин» (30%). Самоидентификация «я кореец из республики бывшего СССР» (далее для краткости «кореец из СНГ») также занимает немалую долю (23%), и она может характеризовать уровень адаптации иммигрантов в принимающем сообществе (рис. 10).

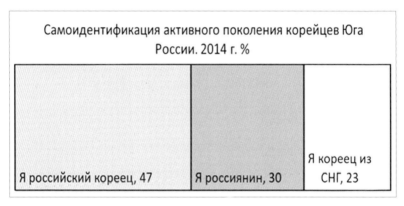

Рис. 10. Диаграмма распределения идентичностей

Рассмотрим, чем обусловлен выбор идентичностей в процессе парной самоидентификации опрошенных корё сарам активного поколения (табл. 5, рис. 11).

Таблица 5. Выбор доминирующей идентичности активного поколения корё сарам по данным опроса 2014 г.

	ответивших %	валидный %
Я россиянин	29	61
Я кореец из СНГ	19	39
Итого	48	100
Системные пропущенные	52	
Я россиянин	14	35
Я российский кореец	26	65
Итого	40	100
Системные пропущенные	60	
Я российский кореец	43	73
Я кореец из СНГ	16	27
Итого	59	100
Системные пропущенные	41	

Выбор из двух самоидентификаций гражданской «я россиянин» (61%) и этногражданской «я кореец из СНГ» (39%) говорит об актуальности факта проживания в России и наличии некоторой ностальгии по прошлой жизни в центральноазиатских республиках СНГ. Аналогично при выборе из двух этногражданских статусов «я кореец из СНГ» (27%) и «я российский кореец» (73%) больший вес имеет актуальная на момент опроса самоидентификация как жителя России. В выборе между гражданской идентичностью «я россиянин» (35%) и этногражданской «я российский кореец» (65%) определяющим маркером является отношение к собственной этничности.

Рис. 11. Диаграмма распределения парных выборов идентичности

3) «Я кореец из СНГ» как маркер сильной этнической идентичности

Выбор из двух гражданских самоидентификаций «я россиянин» и «я кореец из СНГ» - фактически это превосходство нынешнего географически-гражданского статуса (61%) над прошлым (39%), с одной стороны. С другой стороны, выбор идентичности «я кореец из СНГ» при достаточно большом сроке проживания в российских регионах имеет ностальгический налет. В общих чертах «корейцы из СНГ» дистанцируются от «россиян» за счет более слабых родственных связей на Юге России, явного желания поменять нынешнее место жительства, особенно эмигрировать за границу.

Отношения с местными жителями в этой группе описываются как нейтральные, но иногда враждебные. Имея более негативный опыт межэтнического и межконфессионального взаимодействия, у них присутствуют соответственно негативные ожидания. Получив в основном среднее и среднее профессиональное образование, они занимаются сельским хозяйством, имеют невысокие доходы, у многих из них нет собственного жилья. У «корейцев из СНГ» высок уровень гордости за свою этническую принадлежность, семьи их в основном моноэтничные, они более строги к добрачным отношениям корейской молодежи, привержены к сохранению этнических традиций, в том числе праздников, в их среде более сохранен коре маль. Они менее религиозны, чтут Будду. Среди них много пожилых одиноких женщин.

Возможно, в основе идентичности «Я кореец из СНГ» лежит конфликт между традиционными установками более этнически сплоченных корейцев активного поколения, по существу мигрантов из центральноазиатских республик СНГ, с современными реалиями дисперсного вынужденного проживания в российских регионах.

Специфика: сильная этническая идентичность.

4) «Я российский кореец» как маркер ослабленной этнической идентичности

При выборе из двух этногражданских статусов прошлого времени «я кореец из СНГ» (27%) и настоящего времени «я российский кореец» (73%) больший вес имеет актуальная самоидентификация как жителя России.

Уровень этнической гордости среди «российских корейцев» также довольно высок. Однако следует отметить некоторое ослабление среди «российских корейцев» этнических маркеров, по сравнению с «корейцами из СНГ»: знание истории своего и традиционных корейских праздников имеет меньшее значение, роль коре маль также заметно уменьшается, среди них есть небольшое число метисов (чагубя), их материальное благосостояние несколько выше.

Представители этой группы более христианизированы. Две трети этой группы составляют иммигранты первой волны, хотя много проживших всю жизнь в России. Для них характерна толерантность и добрососедские отношениях, но имеется опыт негативных взаимодействий по национальному признаку. Они массово занимаются земледелием, многие из них не имеют собственного жилья. Третья часть из них одинока, они несколько моложе «корейцев из СНГ».

Можно предположить, что основная масса с самоидентификацией «я российский кореец» – адаптированные к жизни в России иммигранты активного поколения, в основном первой волны, старше 50 лет и с образованием на уровне среднего специального и высшего.

Специфика: этническая идентичность несколько ослаблена.

5) «Я россиянин» как маркер размывания этнической идентичности

В выборе между гражданской идентичностью «я россиянин» (35%) и этногражданской «я российский кореец» (65%) определяющим маркером является отношение к собственной этничности или этноидентичность.

Для корейцев с самоидентификацией «я россиянин» их этническая принадлежность имеет меньшее значение, они гораздо менее осведомлены об истории своей семьи, рода, менее поддерживают традиционные корейские праздники и питание, в меньшей степени знают как традиционный коре маль, так и хангуго, среди них больше представителей смешанных по этническому признаку семей. Они настроены гораздо более толерантно, хотя также имели опыт негативных межэтнических взаимодействий по месту жительства, менее склонны к миграционным перемещениям. Среди них заметно большая доля христиан.

Более половины сделавших выбор идентичности «я россиянин» имеют высшее образование. Они меньше остальных групп заняты в сельском хозяйстве, заметное большинство обеспечено собственным жильем, среди них больше состоящих в браке, половина из них прожила в России большую часть своей жизни, половина иммигрировала из центральноазиатских республик. Выбор гражданской самоидентификации «Я россиянин», очевидно, является результатом модернизационных процессов и размывания этничности. Этому способствует дисперсное проживание в российских регионах, при отсутствии полноценных каналов передачи этнической традиции.

Специфика: этническая идентичность в процессе «размывания».

6) Семья как фактор сохранения этнической идентичности

Проживание в этнодисперсной и иноэтничной среде с неизбежностью приводило к смешанным бракам, снижая показатель семейной моноэтничности коре сарам. По данным опроса 2014 г. почти три четверти (73%) семей активного поколения являются моноэтничными, остальные семьи смешанные межнациональные. Доля смешанных семей наиболее высока среди корейцев, проживших жизнь в России (37%) и среди таджикистанских корейцев (33%). Компактное проживание в Узбекистане позволило корейцам сохранить достаточно высокий уровень моноэтничности семей (82%).

В этнически неоднородной городской среде межнациональные браки заключаются чаще, чем в небольших сельских общинах: смешанные семьи по преимуществу проживают в городе (62%), моноэтничные корейские семьи распределились почти равномерно в городе (48%) и в селе (52%).

Моноэтничные семьи более ориентированы на необходимость выбора брачного партнера для корейской молодежи только из своего народа (58%), в сравнении с корейцами из смешанных семей (37%), которые более открыты для дальнейшей метисации и ассимиляции. Обращает на себя внимание также, что среди представителей моноэтничных семей показатель разводов ниже (14%), по сравнению со смешанными семьями (24%). В моноэтничных семьях хранятся этнокультурные традиции: национальные блюда готовят в большинстве (82%) из них, в отличие от смешанных семей, где о готовке домашней корейской пищи сообщили меньше респондентов (69%).

Религиозные верования корейцев из смешанных семей больше устремлены в сторону христианства (в общей сложности 60%, православие 12%). Среди представителей моноэтничных семей показатель христианизации меньше (в общей сложности 65%, православие 7%), но более сохранны традиционные буддийские верования (10%) по сравнению со смешанными семьями (5%).

Интересно выступление в защиту буддизма и христианства одновременно одной из информанток.[24] Ее размышления характеризуют способность корейцев к симбиотическому усвоению и использованию в обыденной жизни различных философско-религиозных систем как средству адаптации и духовной интеграции в принимающее общество.

▶ *Прямая речь :*

Наблюдая за корейской диаспорой, проживающих не важно где, в Узбекистане, в Москве или в других городах России, видишь, что большая часть молодежи пришли к православию, крестят своих детей, ходят в православные храмы, но у них нет той истиной веры в Бога, как у русских людей, где эта вера у них в крови.

А ведь у наших предков было учение, миролюбивое открытое, любящее всех людей, независимо от цвета

---

[24] Из архива Сим Л.М., любезно разрешившей использовать запись для публикации. Краснодар, 2016 г.

кожи, от их веры и это было учение Будды. Мы потеряли в наших детях эту веру, эту любовь людей друг к другу, это состояние принятия всех обстоятельств жизни, какое бы оно тяжелое, неприятное и неприемлемое для нас не было бы. Ведь это все по воле Бога, через это нам дают научится терпению, приобретению какого-то опыта жизни, приобретению какого-то качества.

Ведь в каждом из нас есть частица Бога. Он видит нас и слышит нас через эту частицу. Мы же созданы по образу и подобию Бога, как говорится в Библии. Находясь в состоянии принятия всего, что случается у нас в жизни, каждый день, каждый час, но не тупого принятия, но принятия без обиды, а анализа всего, что происходит вокруг тебя. Человек может многое исправить в своей карме и не наработать новых. Как сказал Будда: То, кем вы являетесь, определяется тем, какими Вы были, а то, кем Вы будете, определяется вашими действиями в настоящем.[25]

Традиционная для корейцев многодетность также более характерна для моноэтничных семей: среднее количество детей, рожденных и воспитанных в их родительских семьях статистически больше (mean =4,27), чем среди родителей корейцев из смешанных семей (mean =3,41). Возможно, причина в том, что респонденты из этнически однородных семей несколько старше (средний возраст mean =51,49), чем респонденты из смешанных семей (mean =50,33),

---

[25] Выдержки из интервью любезно предоставлены Ларисой Михайловной Сим, Краснодарский край, 2017 г.

следовательно, мыслят более традиционно.

При несущественной разнице в количестве детей в семьях респондентов (в моноэтничных mean =2, 36, в смешанных mean =2,23) обращает на себя внимание среднее количество мальчиков, рожденных в смешанных семьях (mean =1,53), превышающее аналогичный показатель моноэтничных семей (mean =1,38), в которых девочек рождено в среднем больше (mean =1,44), по сравнению со смешанными семьями (mean =1,14).

В некоторой степени на убеждение о необходимости соблюдения этнической чистоты браков корейской молодежью повлияли перенесенные ранее респондентами случаи неуважительного отношения по национальному (коэффициент сопряженности Contingency Coefficient =0,199), религиозному (Cont. Coeff. =0,257) признакам, состояние развода (Cont. Coeff. =0,291), высокая этническая гордость (Cont. Coeff. =0,232), а также происхождение из моноэтничной семьи (Cont. Coeff. =0,257), иммиграция из Узбекистана (Cont. Coeff. =0,314).

▶ *Прямая речь :*

Дети корё сарам умные, трудолюбивые, послушные, дисциплинированные, до сих пор эта традиция держится. Наши дети заканчивают школу с золотой медалью. Очень серьезные, ответственные. Домашнее воспитание - уважать и слушаться старших -

чувствуется. Со временем, наверно, это будет ослабевать… Мы много лет жили в Средней Азии. Там менталитет похожий. Старших уважают. Мы все оттуда…

Мы против того, чтобы наши дети женились или выходили замуж за другие национальности. Нет, нет, нет![26]

Таким образом, моноэтничность корейских семей активного поколения является фактором сохранения этнической идентичности корейцев в условиях ограниченного брачного ресурса, а также способствует семейной стабильности. Для корё сарам именно семья является единицей, составляющей и сохраняющей уникальную социально-этническую общность, существующую полтора столетия на территории России и бывшего Советского Союза. Во многом успешность позитивной этнической идентичности зависит от того, в каком положении находится современная семья российских корейцев. Представляется, что удачный симбиоз традиционного общинного («деревенского») социально-психологического уклада и стремления к модернизации позволяют современной корейской диаспоре успешно адаптироваться к вызовам времени и активно развиваться в перспективе.

---

26) Лето 2016 г. Из архива И.А. Ким

Глава 2

Общественные организации корейцев активного поколения

1. Введение: Законодательные основы для общественных этнических объединений

Распад Советского Союза вынудил многих корейцев республик Средней Азии и Казахстана к миграции в Россию. На новых местах жительства корейцы активного поколения стремились объединяться в общественные организации для защиты собственных интересов и сохранения этнической самобытности. В свою очередь, государственная национальная политика Российской Федерации стремилась создавать законодательные основы для правового, политического и социально-экономического обеспечения интеграции этнических групп в постсоветское российское общество согласно Конституции РФ. Одному из авторов (И.А. Ким) довелось в свое время участвовать в разработке областной целевой программы «Этносоциальное развитие населения Волгоградской области» (на 2003-2005 гг. и до 2010 года) в составе Комитета по национальностям и казачеству Администрации Волгоградской области.

Импульсом к организационному объединению разрозненно проживающих корейских общин послужил выход Постановления Верховного Совета СССР от 9 октября 1990 г. N 1709-I "О введении в действие Закона СССР "Об общественных объединениях".

После выхода Постановления Верховного Совета Российской Федерации от 01 апреля 1993 г. № 4721-1 «О реабилитации российских корейцев» органам местного самоуправления предписывалось оказывать практическую помощь в обустройстве и расселении российских корейцев, рекомендовалось выделять им земельные участки для индивидуального жилищного строительства, организации крестьянских (фермерских) и личных подсобных хозяйств, сельскохозяйственных кооперативов и акционерных обществ, а также предоставить организационные возможности для этнокультурного развития и сохранения этнической самобытности.

На учредительном съезде Всесоюзной ассоциа¬ции советских корейцев (ВАСК) 18-19 мая 1991 г. было принято решение о создании региональных ассоциаций корейцев в целях «пробуждения национального самосознания и мобилизации к активному участию во всесторонней перестройке советского общества». На раннем этапе самоорганизации корейцы объединялись в ассоциации, входившие во Всесоюзную ассоциацию советских корейцев (ВАСК), образованную в 1991 г.

В 1992 г. Министерством юстиции Российской Федерации зарегистрирована Ассоциация корейцев России (АКР). Одной из её основных задач было обеспечение прав и реабилитация незаконно репрессированных корейцев. Статья 21 «Право на культурно-национальную автономию» Закона РФ от 9 октября 1992 г. N 3612-I "Основы законодательства Российской Федерации о культуре" явилась правовой базой для образования региональных национально-культурных автономий (НКА) корейцев. Закон регламентировал условия взаимодействия государства и общества для защиты национальных интересов граждан Российской Федерации в процессе выбора ими путей и форм своего национально-культурного развития. Как форма национально-культурного самоопределения НКА служили объединениями граждан РФ определенной этнической общности, на основе их добровольной самоорганизации в целях самостоятельного решения вопросов сохранности самобытности, развития языка, образования, национальной культуры.

9 октября 1996 г. состоялся общероссийский съезд корейских общественных объединений, создана федеральная Национально-культурная автономия корейцев (ФНКАРК), утвержден Устав, избран национальный совет. На учредительном съезде ФНКАРК представитель Северного Кавказа Николай Валентинович Ким был избран вице-президентом этой авторитетной этнической организации, заместителем (и официальным помощником) депутата Госдумы первых трех созывов Ю. М. Тена.

После образования Общероссийского объединения корейцев (ООК) в его состав вошли несколько десятков региональных общественных объединений, местных ассоциаций и культурных центров, созданных в 1990-е и 2000-е гг. активным поколением корейцев, тогда еще молодым и полным сил и энтузиазма. В Уставе ООК записаны его задачи: содействие формированию и реализации государственной национальной политики; развитие активности россиян корейского происхождения и приобщение их к участию в общественных делах. Разрабатывалась целевая программа развития единой социально-экономической и культурной базы возрождения российских корейцев. Эта деятельность осуществлялась также и на региональном уровне. Информация о многих первых общественных организациях корейцев Юга России осталась скудная, организационная преемственность обеспечивалась далеко не всегда и не лучшим образом, архивы и документация рассредоточены по частным лицам. Наш беглый обзор общественного сподвижничества активного поколения корё сарам на благо соотечественников далеко не полон, эта тема еще ждет своего исследователя.

2. ОБЩЕСТВЕННЫЕ ОБЪЕДИНЕНИЯ КОРЕЙЦЕВ СЕВЕРНОГО КАВКАЗА

1) Ассоциация корейцев Северного Кавказа

Корейцы, проживавшие на Северном Кавказе, организационно консолидировались для защиты своих интересов, но из-за обострения внутренней обстановки, ставшей небезопасной для жизни, постепенно стали покидать некогда гостеприимные республики.

На Северном Кавказе по инициативе Николая Валентиновича Кима возникло единственное в то времямежрегиональное объединение «Корейская ассоциация Северного Кавказа» (КАСК), входившее в состав объединенной Ассоциации корейцев России (АКР). 25 февраля 1993г. проведена учредительная конференция для создания добровольного общественного объединения корейцев Северного Кавказа.

Ассоциация корейцев Северного Кавказа (КАСК) была одной из первых корейских общественных организаций, объединяющей корейцев, проживающих в регионах Северного Кавказа. В северокавказских регионах создавались курсы корейского языка, обсуждались вопросы стратегии для корейской диаспоры, развития корейской культуры, оказывали правовую помощь переселенцам. С участием КАСК было образовано региональное общество корейских бизнесменов Северного Кавказа.

Деятельность КАСК имела позитивное значение для консолидации и защиты корейцев, проживавших в многонациональных республиках и регионах Северного Кавказа. К сожалению, в открытом доступе информация о деятельности КАСК минимальна, что требует отдельной работы в архивах и интервьюирования лидеров и участников корейского движения на Северном Кавказе.[1] В 1996 г. Ассоциация корейцев Северного Кавказа была ликвидирована вследствие изменения формы

---

1) http://www.arirang.ru/archive/kd/17/4.htm Официальный сайт Министерства юстиции Российской Федерации http://unro.minjust.ru/.Ли О.А. Путь к возрождению. - http://www.arirang.ru/archive/kd/13/2.htm http://base.garant.ru/104540/#friends#ixzz4cu3h9eOa

национальных общественных объединений, просуществовав до образования Северо-Кавказской национально-культурной автономии корейцев (КАСК).

2) Северо-Кавказская корейская национально-культурная автономия

Образованная на базе Ассоциации корейцев Северного Кавказа (КАСК) Северо-Кавказская корейская национально-культурная автономия (СККНКА) в 1996 г. вошла в состав федеральной Национально-культурной автономии российских корейцев (ФНКА РК) с регистрацией в г. Пятигорске Ставропольского края. СККНКА принимала участие во всех мероприятиях федеральной НКА на территории Северного Кавказа по развитию корейской культуры и традиций, сохранению этнической самобытности. Ее лидер Николай Валентинович Ким на учредительном съезде 9 октября 1996 г. был избран вице-президентом федеральной национально-культурной автономии корейцев. Деятельность НКА имела позитивное значение для консолидации и защиты интересов корейцев, проживавших в многонациональных республиках и регионах Северного Кавказа.

В настоящее время Северо-Кавказская НКА корейцев, как

и многие корейские НКА ликвидирована, деятельность корейских общественных объединений в республиках Северного Кавказа регулируется федеральным и местным законодательством. К сожалению, в открытом доступе информации о деятельности СК КНКА не имеется и изучение ее деятельности ждет своего исследователя.[2] Н.В. Ким скончался на 59 году жизни в 2005 г.

3) Ассоциация корейцев Дагестана (с. Кудали)

Ассоциация корейцев Дагестана была создана 30 октября 1992 г. В Дагестане объединительную работу взяли на себя Чон Нин Гу, А.И. Цой, О.К. Хон, Игорь Ли, занятые в аграрной сфере как фермеры, и другие корейцы и проживавшие в основном в селе Кудали Гунибского района. Лидером ассоциации являлся А.И. Цой. Перед ассоциацией были поставлены задачи по реабилитации незаконно репрессированных корейцев. Целью ассоциации также было обучение корейскому языку. Совместное решение экономических и производственных задач способствовало консолидации небольшой корейской общины Дагестана.

---

2) Официальный сайт Министерства юстиции Российской Федерации http://unro.minjust.ru/. http://base.garant.ru/104540/#friends#ixzz4cu3h9eOa

Деятельность Ассоциации корейцев Дагестана имела позитивное значение, явившись толчком к росту национального самосознания, что вело к экономической консолидации и культурному развитию корейского населения.

Численность корейских жителей Дагестана, по данным переписей населения, уменьшилась с 648 человек (1989 г.), до 302 чел. в 2002 г. и 226 чел. в 2010 г. Ассоциация ликвидирована как организационная форма, утратившая актуальность и информации о ней ничтожно мало.[3]

4) Ассоциация корейцев "Самченри" (Республика Северная Осетия – Алания, г. Моздок)

Общественная организация корейцев г. Моздока фактически существовала еще с конца 1980-х гг. Еще в 1987 г. по инициативе Моздокских национальных культурных центров, в числе которых и «Самченри» (председатель Всеволод Степанович Дон), постановлением Совета народных депутатов был создан Дом дружбы — координационный и

---

[3] Сим Л.М. Возрождение и развитие культуры российских корейцев на постсоветском пространстве // Корейцы в России: радикальная трансформация и пути дальнейшего развития. М., 2007. С. 104-105; Бугай Н.Ф. Корейцы Юга России: межэтническое согласие, диалог, доверие. М., 2015. С. 360; Официальный сайт Министерства юстиции Российской Федерации // http://unro.minjust.ru/.

методический центр по патриотическому и интернациональному воспитанию молодежи.

Северо-Осетинская республиканская ассоциация корейцев "Самченри" зарегистрирована 26 марта 1992 г. Она состояла из двух отделений в г. Моздок (руководитель В.С. Дон) и в г. Владикавказ (руководитель В.К. Пак). Ассоциация создавалась с целью объединения и координации действий корейского населения республики.

Ассоциация корейцев "Самченри" организовала фонд для финансирования возрождения корейской традиционной культуры. Помощь в приобретении необходимой для этого литературы оказывало Посольство КНДР в РФ и федеральное общественное объединение корейцев Бомминрен.

В 1990-е гг. главным направлением гуманитарной работы «Самченри» была организация обучения корейскому языку в воскресной школе при пресвитерианской церкви г. Моздока.[4] При корейских культурных центрах "Самченри" Моздока и Владикавказа успешно функционировали кружки национального прикладного искусства, национальной

---

[4] Гостиева Л.К., Дзадзиев А.Б. Этнополитическая ситуация в Северной ОсетииМ., 1994. С. 16;Храпов А. О. Роль корейцев юга России в культурных связях России и Республики Корея в 1990-2010 гг. // Корейцы юга России и Нижнего Поволжья: история и современность / материалы международной научной конференции. Волгоград, 2011. С. 157-163; Туаева Б.В., Макиева Е.Г. Малые города России: Моздок в условиях политических и общественно-культурных трансформаций. Владикавказ. 2015; Официальный сайт Министерства юстиции Российской Федерации // http://unro.minjust.ru/. http://www.socarchive.narod.ru/bibl/polros/Sevos_r/partii-sev.html

корейской борьбы, школа корейского и английского языков.

Ассоциация "Самченри" наладила связи с Сеульским государственным университетом, преподаватели которого периодически посещали республику для проведения семинаров. В мае 1993 г. в Моздоке была открыта корейская церковь, на церемонии открытия которой присутствовали представители Ассоциации американских корейцев и корейского духовенства.

В августе 2006 г. в Республике Северная Осетия – Алания находились с визитом пастор из Сеульского университета Камг Хи Чанг и президент компании "ДОНГ-А Корпорейшн" Хван Бюн Сун, результатом чего стал проект поставки лицензионной бытовой техники.

Численность корейского населения в Северной Осетии – Алании неуклонно снижалась: с 2960 чел. в 1989 г., 1841 чел. в 2002 г., до 1458 чел. в 2010 г. Ассоциация «Самченри» прекратила существование 30 ноября 2009 г., корейское общественное движение поменяло организационные формы.

5) Центр национальной корейской культуры «Чинсен» (Кабардино-Балкарская Республика, г. Майский)

В Кабардино-Балкарии проживало самое многочисленное

на Северном Кавказе корейское население, количество которого несколько уменьшалось от переписи к переписи: в 1989 г. 4983 чел., в 2002 г. 4722 чел., в 2010 г. 4034 чел.

В начале 1990-х гг. всюду на Юге России возникали региональные центры корейской культуры. Одним из них был центр национальной корейской культуры «Чинсен» («Дружба») со штабом в г. Майском (Кабардино-Балкарская АССР), созданный в 1991 г. при Республиканском фонде культуры Кабардино-Балкарии. Идея создания центра принадлежит Лилии Терентьевне Пак, также как и идея создания для популяризации корейской культуры и традиций культурного центра «Самчели».

Центр «Чинсен» организует и координирует культурно-образовательную, просветительскую деятельность среди корейцев Кабардино-Балкарии, оказывает правовую и экономическую помощь корейцам. В результате деятельности центра «Чинсен» более 1300 корейцев Кабардино-Балкарии смогли воспользоваться льготами по Федеральному закону «О реабилитации репрессированных народов» (1991 г.) – по оплате услуг жилищно-коммунального хозяйства, ежегодному бесплатному проезду по России.

В числе других мероприятий центра были проведение фестивалей корейской культуры и искусства, налаживание системы обучения родному корейскому языку, создание танцевальных и музыкального ансамблей. «Чинсен» - это единственный в республике культурный центр, имеющий хорошо разветвленную и организованную структуру локальных корейских общин. Он имеет тесные контакты с соотечественниками за рубежом и другими корейскими национально-культурными центрами в России. Центр «Чинсен» работает в тесном сотрудничестве с клубом «Самчёли», имеет тесные контакты с местными национальными общественными объединениями («Хасэ», «Тёре», «Товуши»). В 2014 г. в Доме культуры «Россия» города Майский прошли торжества по случаю корейского национального праздника «Киппын-Наль» («Радостный день») с приглашением делегации и артистов из Республики Корея. В настоящее время руководят центром «Чинсен» Э. Ким и О. Цой

Центр «Чинсен» тесно сотрудничает с органами власти Кабардино-Балкарской Республики в деле сохранения мира и согласия между народами, занимается возрождением и развитием корейских культуры, языка, традиций, народных промыслов, обрядов и обычаев.[5]

---

5) Аккиева С. Кабардино-Балкарская Республика. Модель этнологического мониторинга. Большие планы Чинсена // Советская молодежь. 1991. 8 марта; Бугай Н.Ф. Корейцы Юга России: межэтническое согласие, диалог, доверие. М., 2015. С. 361; https://www.kavkaz-uzel.eu; http://kbrria.ru/obshchestvo/v-mayskom-rayone-kbr-otmetili-koreyskiy-nacionalnyy-prazdnik-5295

6) Корейский культурно-национальный центр «Самчёли» (Кабардино-Балкарская Республика, г. Нальчик)

Первые корейцы в Кабардино-Балкарии занимались земледелием. Ныне многие их внуки и дети занимаются более интеллектуальным трудом. Корейцы интегрированы в местный социум, многие семьи двуязычны, знают русский язык и языки титульных этносов Кабардино-Балкарии, но не забывают собственные корейские культуру и речь. Национальный культурный центр «Самчёли» был образован в 1988 г. с целью изучения родного языка, сохранения традиций и обычаев заместителем председателя Нальчикского отделения «Чинсен» Н.С. Нам. Для этнокультурного возрождения открыты курсы обучения корейскому языку, проводятся фестивали корейской культуры, созданы танцевальный и музыкальный ансамбли. По признанию руководителя клуба «Самчёли» Светланы Пак, Россия давно стала второй родиной для корейцев. Многие молодые корейцы родным языком называют русский. Это говорит об особом значении России в их судьбах.

Клуб корейской культуры «Самчёли» (руководители С.Л. Пак и А.Т. Когай) проявляет высокую активность. По инициативе центра в городах Нальчике и Майском созданы воскресные школы, в которых дети могут изучать родной язык и культуру, сформирован коллектив художественной самодеятельности (взрослая и детская группы). Школа корейского языка и культуры имела контакты с КНДР. Для участия в фольклорных фестивалях были организованы поездки в Пхеньян, Москву и в другие города.

Корейский национальный культурный центр «Самчёли» продолжает деятельность при Кабардино-Балкарском фонде культуры. Центром проводятся не только культурные и обучающие мероприятия, но и общественные акции, направленные против терроризма на северном Кавказе. В январе 2014 г. в честь 25-летия Кабардино-Балкарского фонда культуры Председатель «Самчёли» С. Л Пак. награждена Почетной грамотой Общественной палаты КБР. Работа центра «Самчёли» имеет большое значение для выстраивания добрососедских отношений на многонациональном Северном Кавказе, создает позитивный портрет корейцев, способствует сохранению этнической идентичности и самобытности корейского населения.[6]

---

6) Бугай Н.Ф. Кавказ в судьбах российских корейцев: контакты, трансформации, перспективы. В сб. Корейцы Юга России и Нижнего Поволжья. Волгоград, 2011, С. 21. Бугай Н.Ф. Корейцы Юга России: межэтническое согласие, диалог, доверие. М., 2015. С. 298. http://nalchik.bezformata.ru/listnews/.

7) Корейский национально-культурный центр при «Церкви христиан веры евангельской» (Кабардино-Балкарская Республика, г. Прохладный)

Среди корейцев в Кабардино-Балкарии много последователей евангельской христианской веры. В г. Прохладном «Церковь христиан веры евангельской» возглавляет Светлана Афанасьевна Нам. При церкви функционирует культурно-просветительская общественная организация для популяризации корейской культуры и христианской веры «Корейский национально-культурный центр», созданный в 2002 г.

Кроме основной культурно-образовательной цели, в центре уделяется внимание просветительской деятельности, при необходимости оказывается юридическая помощь. Работают годичные курсы корейского языка, которые курирует пресвитерианская церковь в Прохладном. На курсах проходят обучение две группы – детская и взрослая. Программа обучения на курсах включает также знакомство с обрядами, старинными традициями, этикетом и церемониями.

Корейцы-прихожане принимают участие в общественной и культурной жизни республики. Активно контактируют с представителями других этнических общественных организаций, занимаются благотворительной деятельностью, художественной самодеятельностью, в кружках по интересам и спортивных секциях. Участие корейской церкви в жизни прихожан содействовало повышению их общественной активности. Деятельность общественного центра при церкви способствует возрождению корейской этнической общности в республике.[7]

3. Общественные объединения корейцев республики Калмыкия

1) Общественная организация «Калмыцкое Республиканское общество калмыцко-корейской дружбы» (г. Элиста)

Создание 24 января 1992 г. республиканского общества Калмыцко-корейской дружбы явилось заметным событием в жизни корейской диаспоры и всех народов Калмыкии.

---

[7] Бугай Н.Ф. Корейцы Юга России: межэтническое согласие, диалог, доверие. М., 2015. С. 360; Бугай Н.Ф. Кавказ в судьбах российских корейцев: контакты, трансформации, перспективы // Корейцы Юга России и Нижнего Поволжья. Волгоград, 2011, С. 21; Официальный сайт Министерства юстиции Российской Федерации // http://unro. minjust.ru/

Долгое время председателем Общества являлся Гелий Константинович Ким, затем Дмитрий Борисович Тян; Борис Григорьевич Тян занимал должность ответственного секретаря.

В Калмыкии в 1989 г. насчитывалось 643 чел., в 2002 г. 1049 чел., в 2010 г. 1342 чел. корейской национальности. Корейцы Республики Калмыкия активно включены в местный социум, трудятся в разных сферах экономики, культуры республики, возглавляют организации и ведомства республиканского масштаба. Будучи руководителем Общества Калмыцко-корейской дружбы, Г.К. Ким входил в состав Комиссии по разработке «Концепции государственной национальной политики Республики Калмыкия» (2000 г.). Обществом были организованы поездки туристов из Калмыкии в КНДР, делегация общества принимала участие в международных конференциях по мирному объединению Кореи в г. Пхеньяне, международных корейских фестивалях в г. Сеуле и г. Пхеньяне. В республику неоднократно приезжали работники посольства Республики Корея и КНДР, которые интересовались жизнью корейцев и деятельностью общества, при этом планировались и проводились совместные мероприятия.

Общество поставило перед собой задачу проводить работу по развитию дружбы и сотрудничества между народами, проживающими в степной республике, способствовать сплочению корейской диаспоры Калмыкии, возрождению родного языка, культуры, традиций и обычаев. Главными целями создания общества были: помощь калмыцким корейцам в поддержании национального менталитета и достоинства, гордости за свою этническую принадлежность, противодействие разобщённости, развитие культурных навыков, традиций, постижение корейского языка и передача его юным поколениям. Республиканское общество калмыцко-корейской дружбы сотрудничает с Ассоциацией корейцев России, культурными центрами корейцев Узбекистана, Казахстана, Украины и российских регионов, а также с национальными центрами, министерством образования, культуры и науки и общественными организациями Калмыкии.

Памятным событием было проведение Дней корейской культуры, в которых приняли участие и гости из Ставрополя - корейский культурный центр «Чинсен» Нефтекумского района, а также артисты театра танца «Ойраты», национального драмтеатра, спортсмены-тхэквондисты и другие. Общество активно участвует в общественной жизни республики.[8] Сейчас Обществом калмыцко-корейской

---

8) Намруева Л.В. Корейцы Республики Калмыкия: вклад в развитие растениеводства, обрядовая культура // Диалог культур как основа сохранения этнической самобытности национальных меньшинств Юга России. Элиста. 2014г.С.41-51; ОфициальныйсайтМинистерст ваюстицииРоссийскойФедерации//http://unro.minjust.ru/.; Бугай Н.Ф. Корейцы Юга России. С. 304, 361; Тян Б.Г. Корейцы Калмыкии // Хальмг

дружбы, которое также является региональным объединением Общероссийского объединения корейцев (ООК), руководит заслуженный артист Республики Калмыкия, муниципальный депутат Мерген Ким.

2) Корейский культурный центр Октябрьского района Республики Калмыкия

Октябрьский район Калмыкии в советское время неофициально считался «корейским» районом потому что был местом сосредоточения корейцев-рисоводов, приехавших из среднеазиатских республик. Здесь для стабильного развития корейской общины ощущалась острая необходимость в национальных общественных организациях. Корейский культурный центр был открыт в совхозе «Восход» в 1996 г. как культурно-просветительская общественная организация для развития корейской культуры и традиций под председательством Людмилы Глебовны Хен.

унн. 2010. 24 марта; Тян Б.Г. Корейцы в Республике Калмыкия // Народы Калмыкии: перспективы социокультурного и этнического развития / Под ред. А.Н. Овшинова. Элиста, 2000. С. 112.;Немгирова С.Н. Национально-культурные общественные объединения как фактор обеспечения стабильности в полиэтничном регионе // Вестник института комплексных исследований аридных территорий, 2013, №2 (27). С. 98-100.

Неоценимую помощь центру оказывало Республиканское общество калмыцко-корейской дружбы и местные органы власти. Основной целью центра является культурно-образовательная, просветительская, правовая, экономическая и организационная помощь корейцам. Для этого в 1997 г. были открыты курсы по изучению корейского языка и создан коллектив художественной самодеятельности Чин-Сен, который с Корейским культурным центром Октябрьского района по существу представляет собой единый коллектив. Ежегодные планы мероприятий центра включают подготовку и участие в фестивалях корейской культуры, обучение корейскому языку и традициям.

Представители районной власти, различных общественных организаций оказывают материальную поддержку – центр корейской культуры получил в подарок музыкальный центр, синтезатор, видеомагнитофон, телевизор, ханбоки. О буднях и праздниках центра снят документальный фильм съемочной бригадой из г. Москва. Налажены культурные связи и обмен опытом с представителями корейских общин других российских регионов.

Корейский культурный центр сотрудничает с миссионерами из г. Лос-Анджелес (США) и г. Сеул (Южная Корея). В центре частыми гостями стали преподаватели и студенты южнокорейских университетов, желающие больше узнать о жизни корейцев, живущих в Калмыкии, познакомиться с их обычаями и традициями. В настоящее время Центр корейской культуры в п. Восход испытывает сложности, связанные с оттоком корейцев из поселка. Ставится вопрос о переносе корейского культурного центра в п. Большой Царын, где сейчас проживает большая часть корейцев Октябрьского района. Создание и деятельность Корейского центра народной культуры в Октябрьском районе Калмыкии способствовали взаимопониманию и укреплению дружбы корейского и калмыцкого народов. Происходил взаимовыгодный обмен традиционными практиками проживания в засушливых климатических условиях.[9]

3) Народный корейский музей поселка Восход Октябрьского района Республики Калмыкия

В 1996 г. в п. Восход был создан корейский культурный центр и коллектив художественной самодеятельности «Чин-Сен», которому в 2000 г. присвоено звание «Народный

---

[9] Намруева Л.В. Корейцы Республики Калмыкия: вклад в развитие растениеводства, обрядовая культура // Диалог культур как основа сохранения этнической самобытности национальных меньшинств Юга России. Элиста, 2014. С. 41-51; Официальный сайт Министерства юстиции Российской Федерации // http://unro.minjust.ru/

коллектив» Республики Калмыкия. Руководителями культурного центра «Чин-Сен» в разные годы были Варвара Васильевна Пак, Светлана Борисовна Цой, Людмила Глебовна Хен. Народный музей по сохранению культурного наследия корейцев Республика Калмыкия был образован в 1997 г. как самодеятельная инициатива активистки корейского общественного объединения Варвары Васильевны Пак, поддержанная корейцами поселка Восход.

Кроме занятий вокальных и танцевальных кружков и уроков корейского языка, Центр корейской культуры начал организационную работу по созданию народного музея корейской культуры. Проживающие в окрестных поселках корейцы собирали предметы корейской культуры, хозяйства и быта, одежду, исторические фотоснимки и документы, которые должны были стать экспонатами.

Под руководством учителя корейского языка Варвары Васильевны Пак, энергичной деятельной женщины, энтузиаста своего дела, музей постепенно пополнился ценными экспонатами. Основной задачей самодеятельного музея корейской культуры поселка Восход является сбор и сохранение документов, писем, предметов, одежды, рабочих инструментов, описаний технологических операций домашнего труда и приготовления национальной блюд. Местные корейцы бережно хранят предметы культуры и быта своего народа, постоянно пополняя импровизированный музей Центра новыми экспонатами.

Хранители и собиратели музея время от времени меняются, ведь время неумолимо и многих пожилых активистов уже нет либо они уехали из Калмыкии. Редчайшие свидетельства эпохи хранятся в одной из комнат сельского дома культуры поселка Восход, где размещается музей. Ему необходима поддержка специалистов для реставрации и консервации отдельных предметов, бумажных документов, писем, фотографических карточек и др. Реставрационная работа требует и финансового обеспечения. Народный музей корейской культуры поселка Восход не имеет официального статуса в реестре музеев Российской Федерации. Однако музей имеет очень важное значение для сохранения памяти о корейцах, приехавших в Республику Калмыкия в 1960–1970-х гг. ради создания рисовой отрасли, для транслирования традиционных духовных ценностей молодому поколению корейцев Калмыкии.[10]

---

10) Намруева Л.В. Корейцы Республики Калмыкия: вклад в развитие растениеводства, обрядовая культура // Диалог культур как основа сохранения этнической самобытности национальных меньшинств Юга России. Элиста, 2014. С. 41-51

4. Общественные объединения корейцев Астраханской области

1) Астраханское Корейское этнокультурное общество «Дангёл»

В 1989 г. в Астраханской области насчитывалось 634 чел. корейской национальности, в 2002 г. 2072 чел., в 2010 г. 2939 чел.

«Дангёл» («Родина») - общественное этнокультурное объединение граждан корейской национальности Астраханской области, основано 3 апреля 2000 г. Оно создавалось в самом начале складывания корейского диаспорного сообщества в Астраханской области, которое состояло в основном из выходцев из бывших советских азиатских республик.

Основателем «Дангёла» был Л.И. Цой. Цель этого общественного объединения: культурно-образовательная, просветительская деятельность, юридическая, экономическая, консультативная помощь корейцам.

В Астраханской области экономическая деятельность корейцев базировалась на сезонном земледелии и выращивании лука, бахчевых. Для этого корейцы создавали предприятия малого и среднего бизнеса. Этнокультурное объединение способствовало более мягкой и естественной интеграции корейцев в многонациональный астраханский социум. В данное время объединение не функционирует, передав полномочия Астраханской общественной организации Корейский культурный центр "Хамке Идон".

Как и многие общественные объединения начала 2000-х годов, общество «Дангёл» сыграло консолидирующую и поддерживающую роль, необходимую в период адаптации активного поколения корейских иммигрантов на российских территориях после распада СССР.[11]

2) Общество корейской истории и культуры «Корё» Астраханской области

Правовой базой для образования группы послужила принятая распоряжением №1073 от 7 августа 1992 г. «Программа администрации Астраханской области по реализации государственной национальной политики». Создание в 1992 г. в Астраханской области общества изучения истории корейской диаспоры явилось результатом собственной инициативы населения. Его основателем и руководителем стал В.М. Пак. Общество корейской истории и культуры

---

[11] Бугай Н.Ф. Корейцы Юга России: межэтническое согласие, диалог, доверие. М., 2015. С. 365

«Корё» («Корея») проявляло активность эпизодически, хотя и прошло официальную регистрацию в 1992 г., лишь примыкая по тематике к национально-культурным.

Приоритетной формой работы для общества было изучение личных историй советских корейцев, прошедших через депортацию. Общество помогало собирать информацию для восстановления прав несправедливо репрессированных корейцев. Для этого нужна была грамотно организованная систематическая работа в областных и городских архивах, поиски нужных публикаций и литературы. Общество сотрудничало с печатным органом администрации области «Астраханские ведомости», публикуя там свою информацию в рубрике «Новости из Центра национальных культур и отдела по национальной политике».

Общество «Корё» ликвидировано в 1993 г. К сожалению, в открытом доступе более подробной информации о деятельности общества корейской истории и культуры «Корё» не имеется.[12] Для Астраханской области с ее традиционно многонациональным составом населения, в целом дружелюбным стилем общения его разных групп опыт работы таких обществ оказался полезным и интересным.

---

12) Официальный сайт Министерства юстиции Российской Федерации http://unro.minjust.ru;История Астраханского края. Астрахань. 2000: http://www.astrakhan.ru/history/read/110/

5. Общественные объединения корейцев Волгоградской области

1) Общественная организация «Корея»

В Волгоградской области в 1989 г. проживали 1613 корейцев, в 2002 г. 6066 чел., в 2010 г. 7044 чел. корейской национальности. Основными местами компактного проживания корейцев Волгоградской области были: города Волгоград, Волжский, районы Быковский, Светлоярский, Городищенский, Николаевский, Среднеахтубинский, Ленинский. Наличие достаточно структурированной, многочисленной общины, а также благоприятные климатические условия для ведения сельского хозяйства послужили основными причинами миграции корейцев в Волгоградскую область.

В 1992 г. в Волгограде возникла организация «Корея», как неформальное объединение под лидерством представителя активного поколения Владимира Романовича Хегай двух тысяч местных корейцев и корейцев-иммигрантов из Таджикистана, Узбекистана, Казахстана и соседней Калмыкии.

Более активная работа общественной организации началась с января 2001 г. Главными направлениями деятельности этой общественной организации были экономическое объединение и развитие корейской диаспоры, а также сохранение и развитие корейской культуры, самобытных традиций и языка; проведение праздничных и досуговых мероприятий; развитие и укрепление связей с корейскими диаспорами соседних регионов, а также с Республикой Корея. Общественная организация «Корея» представляла интересы корейской общины в местных органах власти. Она координировала экономическую деятельность, оказывала юридическую поддержку и сыграв большую роль в деле консолидации корейцев-вынужденных переселенцев и беженцев после распада СССР.[13]

В 2004 г. активность корейского сообщества области оказалась связана со вновь учрежденной Национально-культурной автономии корейцев Волгограда и Волгоградской области. Общественная организация «Корея» была исключена из государственного реестра 19 марта 2007 г.

2) Национально-культурная автономия корейцев Волгограда и Волгоградской области

Национально-культурная автономия корейцев г. Волгограда была образована в 2004 г. Она в 2005-2008 гг. при

---

[13] http://www.allrussiatv.ru/volgograd/society/

поддержке органов местного самоуправления Волгограда и Администрации Волгоградской области провела ряд крупных благотворительных социально значимых акций по передаче образовательным учреждениям и учреждениям культуры Волгограда 1,5 т ткани и 250 комплектов компьютерной техники из Республики Корея.

Компьютерная техника была предназначена для безвозмездной передачи семьям нуждающихся корейцев Волгограда, оснащения класса по изучению корейского языка и укрепления материально-технической базы муниципальных учреждений дополнительного образования детей (музыкальных и художественных школ), библиотек, театров, дворцов культуры Волгограда. Ткань была использована на занятиях по трудовому обучению учащихся, для благоустройства жилых комнат и учебных классов в детских домах. По инициативе Национально-культурной автономии корейцев была проведена гуманитарная благотворительная акция по передаче детским домам Волгограда 4 т свежих овощей.

Национально-культурной автономией корейцев г. Волгограда и Волгоградской области руководил Петр Владимирович Ким, выпускник местного политехнического института, проживший большую часть жизни в Волгоградской области. П.В. Ким проводил огромную организационную работу, помогал обустройству вновь прибывших, обеспечивал им юридическую помощь.

В рамках НКА планировалось открытие Центра корейской культуры, расширение курсов по изучению языка, истории и культуры. Проводились масштабные фестивали корейской культуры. Выделялись средства на обучение молодежи из малообеспеченных семей в рамках действующей при Посольстве Республики Корея в Москве молодежной программы. Особое внимание уделялось созданию совместных высокотехнологичных сельскохозяйственных предприятий по выращиванию и переработке сельхозпродукции.

По экспертным оценкам сотрудников органов власти различных уровней, учёных и активистов, общественные организации объединяли около 4000 чел., что указывало на высокий уровень структурированности и организованности корейской этнической общины Волгоградской области[14], на авторитет и доверие корейского населения к ним, правильное позиционирование интересов корейцев во властных структурах региона.

НКА корейцев Волгоградской области была исключена из государственного реестра 18 февраля 2010 г. Ее преемником является «Ассоциация Волгоградских

---

14) Суслов А.А. Региональные аспекты государственной политики в отношении этнокультурных меньшинств (по результатам социологического исследования этносоциальной жизнедеятельности российских корейцев на территории Волгоградской области // Корейцы Юга России и Нижнего Поволжья: история и современность. Волгоград, 2011. С. 91

корейцев», зарегистрированная в 2011 г., которую возглавляет Дмитрий Александрович Цой.

3) Волгоградское представительство РОО «Первое марта» и общественная организация «Седжонг»

На территории региона со второй половины 1990-х гг. активно функционировало представительство Московской региональной общественной организации "Первое Марта".[15] Это одно из старейших и авторитетных корейских общественных организаций не только Волгоградской области, но и России в целом. В её активе множество полезных, общественно значимых мероприятий в сферах науки, культуры, образования, оказания социальной и благотворительной помощи.

В 2002-2003 гг. по инициативе и при содействии общественного объединения "Первое Марта" (руководитель – пастор Ли Хен Кын) в с. Новоникольское и п. Приморск Быковского района приобретены дома для корейских семей, переехавших в регион из Узбекистана. При содействии пастора Ли Хен Кына корейцам из Каракалпакстана была оказана необходимая поддержка со стороны Правительства

---

15) Суслов А.А. Указ. соч. С. 94

России, Администрации Волгоградской области, органов местного самоуправления Быковского района Волгоградской области. Под руко-водством ОО «Первое марта» в с. Новоникольское Быковского района Волгоградской области в январе 2004 г. был открыт Дом русско-корейской дружбы. Также была оказана помощь корейцам переселенцам из Таджикистана.

При организации «Первое марта» организована «Школа для по-жилых людей» для тех, кому за 60 лет. Представителям старшего поколения корейцев ока-зывалась помощь в изучении этнокультурных традиций, обычаев, языка, занятия в Школе проводились один раз в месяц. Под патронажем организации «Первое марта» ежегодно (9 октября) в «День корейской письменности «Хангыль» проводился конкурс красноречия на корейском языке среди студентов и школьников, изучающих корейский язык. Побе-дители конкурса награждались ценными подарками.

С активным участием пастора Ли Хен Кына и активистов отделения первомартовского отделения «Седжонг» при Волгоградской областной научной библиотеке региональной обществен-ной организации «Первое марта» регулярно проводились заседания «круглых столов», научно-практические конфе-ренции, приуроченные к важным историческим датам в истории Кореи и российских корейцев. Авторам приятно сознавать свою причастность к деятельности

«Седжонга». На базе областной библиотеки были организованы курсы корейского языка, где после интенсивного обучения у носителей языка преподавали волонтеры, местные студенты, в числе которых наша дочь Адель Ким.

С отъездом уважаемого и любимого в Волгоградской области пастора Ли Хен Кына деятельность «Седжонг» переместилась в молодежное корейское объединение «Миринэ».

6. Общественные объединения корейцев Краснодарского края и Адыгеи

1) Краснодарская краевая корейская национально-культурная автономия

В Краснодарском крае в 1989 г. насчитывалось 1792 чел. (вместе с корейцами Адыгейской АССР, которых там было 635 чел.), в 2002 г. 3289 чел., в 2010 г. 3952 чел. корейской национальности. НКА сложилась из совместной деятельности нескольких корейских общественных объединений г. Краснодара: Краснодарской региональной общественной организации корейцев «Единство-2000» (руководитель Валериан Шин)[16] и, очевидно, Краснодарской краевой ассоциации корейцев, образованной 20 ноября 1992 г. (руководитель А.Н. Ким)[17], Общественного объединения корейцев Краснодара (1990 г.), которое затем объединяла корейцев областного центра г. Краснодара и пос. Яблоновский под наименованием «Национально-культурная автономия корейцев Краснодара».

Решением конференции 12 июня 1999 г. обе организации были слиты и преобразованы в Краснодарскую краевую НКА, объединившую корейцев всего Краснодарского края как культурно-просветительская общественная организация для популяризации корейской культуры и традиций под руководством Владимира Ильича Хан. Краевая НКА, в свою очередь, входит в Краснодарскую краевую общественную организацию «Центр национальных культур», образованную по инициативе корейцев.

Главной целью для НКА корейцев Краснодарского края является решение внутриполитических и социальных задач, способствующих разрешению острых проблем и поддержанию толерантности в многонациональном Краснодарском крае. Другая задача НКА – координация и

---

16) Пак Б.Д., Бугай Н.Ф. 140 лет в России. Очерк истории российских корейцев. М., 2004. С. 334-336; https://sbis.ru/contragents/2308073534/2 30801001#msid=s1477742321997

17) Официальный сайт Министерства юстиции Российской Федерации http://unro.minjust.ru

помощь в сельскохозяйственной деятельности местных корейцев (овощеводство и сбыт его продукции).

Во второй половине 1990-х гг. НКА проводила очень активную работу, устраивала художественные выставки, спортивные состязания, участвовала в городских и краевых торжествах. При Кубанском государственном университете открылись две группы по изучению корейского языка, создан фольклорный корейский ансамбль, секции тхэквондо, снят документальный фильм о корейцах Краснодарского края, подготовлен цикл телесюжетов для местного телевидения.

В начале 2000-х гг. НКА выпускала газету «Чосон-Дружба», создала библиотечный фонд и видеотеку. При участии НКА было основано корееведческое отделение на факультете востоковедения Института экономики, права и естественных специальностей в Краснодаре. НКА корейцев Краснодарского края обеспечила защиту интересов корейцев края, создав условия для экономической, правовой, организационной, культурно-просветительской деятельности. Ею была реализована собственная концепция культурного развития корейцев Краснодарского края.[18] Руководителем

---

18) Официальный сайт Министерства юстиции Российской Федерации http://unro.minjust.ru/.; Попова Ю.Н. Корейская диаспора Краснодарского края: историко-культурные аспекты (20 - нач.21 вв.) / Диссертационное исследование. Краснодар, 2004; https://vk.com/club115919828; http://kubanetnos.ru/?page_id=57; komo2727@mofa.go.kr

НКА является Андрей Валерьевич Тегай.

2) Общественная организация корейцев Тахтамукайского района (Республика Адыгея)

В Республике Адыгея в 1989 г. насчитывалось 635 корейцев, в 2002 г. 820 чел., в 2010 г. 766 чел., из них в Тахтамукайском районе проживало 606 чел. Общественное объединение (инициаторы и руководители создания общественной организации Л.М. Сим, С. Дегай) поначалу возникло без официальной регистрации на основе Соглашения между администрацией Тахтамукайского района Республики Адыгея и инициативной группой корейцев, в конце февраля 2000 г. Самоорганизация небольшой локальной группы корейцев в иноэтничном окружении (адыги, русские и др.) была очень важна для сохранения национальной идентичности, экономической устойчивости и создания благоприятной среды проживания.

В рамках сотрудничества с администрацией Тахтамукайского района принято решение экономических проблем корейцев путем предоставления им земельных угодий для занятий сельским хозяйством.

Как и в большинстве корейских общественных организаций, в качестве основных целей объединения декларировались культурно-просветительская деятельность и взаимопомощь. Поначалу деятельность велась во Дворце культуры аула Тахтамукай, затем перенесена в п. Энем Тахтамукайского района Адыгеи.

В самом начале деятельности совета объединения был проведен учет граждан корейской национальности, открыты курсы корейского языка, установлены контакты с университетом Кёнбук (т. Тэгу). Созданы танцевальный ансамбль «Кым Кот» («Золотой Цветок») и ансамбль барабанщиков «Самульнори» (рук. ансамблей Л. М. Сим). Оба ансамбля удостоены званий лауреата фестиваля «Кавказ – наш общий дом» (Республика Адыгея) и «Кубанская весна» (Краснодарский край). Деятельность организации корейцев Тахтамукайского района неоднократно освещалась в местных газетах и на телевидении. В рамках проводимых традиционных корейских праздников устраиваются выставки изделий корейского народного творчества.

Период 2000-2007 гг. был этапом наиболее активной деятельности, объединившей лидеров: Виктора Тен, Светлану Дегай, Ларису Сим. Последующий спад активности связан с отъездом главного идеолога и практика, профессора Ларисы Михайловны Сим. Организация вновь функционирует после её возвращения в 2012 г.[19) Координация деятельности

---

19) Бугай Н.Ф. Корейцы Юга России: межэтническое согласие, диалог, доверие. М., 2015. С. 376; Интервью с Ларисой Сим. Личный архив

общества осуществляется в доме руководителя, оно поддерживает тесные связи с Краснодарской краевой организацией корейцев.

7. Общественные объединения корейцев Ростовской области

1) Ассоциация корейцев Ростовской области

В 1989 г. в Ростовской области проживали 7132 чел. корейской национальности, в 2002 г. 11669 чел., в 2010 г. 11597 чел.

Ассоциация корейцев Ростовской области была создана в июне 1991 г. в целях сохранения самобытности, возрождения языка, культуры и традиций корейского народа. Основными целями и задачами организации является объединение усилий донских корейцев в деле возрождения и сохранения национальной культуры, традиций, родного языка, сплочение корейцев в единую дружную семью, содействие в сохранении традиций добрососедских взаимоотношений между всеми народами Дона, поддержание связи с

Ким И.А.

исторической родиной. В феврале 1991 г. корейцы г. Ростова-на-Дону впервые организовали празднование Нового года по лунному календарю в кафе на Рабочей площади. Тогда-то и было принято решение о создании Ассоциации советских корейцев Ростовской области (АСКРО).

Организатором этого мероприятия был Вадим Лигай (в последующем вице-президент АСКРО). У истоков становления АСКРО стояла группа единомышленников: Роберт Владимирович Ли, Вадим Лигай, Эдуард Ли, Юрий Ли, Галина Ли, Лариса Моисеевна Пак, Григорий Александрович Пак, Маргарита Ли, Сергей Дюфирович Цой, Виктор Афанасьевич Ким, Павел Александрович Ким, Геннадий Иванович Цай, Вениамин Николаевич Хан и др.

30 марта 1991 г. состоялась учредительная конференция АСКРО, наибольшее представительство на ней имели города Ростов-на-Дону, Батайск, Азов, а также Аксайский район, село Кулешовка. На конференции был принят Устав АСКРО, избраны первый президент АСКРО – Роберт Владимирович Ли, президиум, ревизионная комиссия. Устав АСКРО был зарегистрирован в отделе юстиции Ростовского облисполкома, регистрационный номер w7, от 6 июня 1991 г. Этот день считается датой основания Ассоциации корейцев Ростовской области. В 1999 г. при новой регистрации из названия Ассоциации было исключено слово «советских».

На протяжении 20 лет в деятельности АКРО главными приоритетами являлись: возрождение корейского языка; народных обычаев и традиций; изучение истории корейцев; развитие самобытной корейской культуры, искусства, литературы; защита законных прав и интересов корейцев Ростовской области; содействие повышению активности корейской диаспоры в жизни общества; укрепление дружбы между народами, развитие международных культурных и экономических связей. Основная работа Ассоциации проходила и проходит в первичных организациях, которые были созданы по территориальному признаку.

Изначально первичные организации АКРО были образованы в Ростове-на-Дону, Батайске, Азове, п. Веселом, с. Кулешовка Азовского района. Сегодня структурные подразделения АКРО существуют также в станице Ольгинской Аксайского района, п. Матвеев-Курган, Таганроге, п. Больше-Крепинском Родионово-Несветайского района, х. Сусат Семикаркорского района. В городах Ростове-на-Дону и Батайске, поселках Веселый, Матвеев-Курган и Кулешовка, станице Ольгинской работают классы по изучению корейского языка, которые могут посещать все желающие вне зависимости от национальной принадлежности. Занятия проводятся бесплатно. Лучшие учащиеся награждаются поездкой в Республику Корея. После Роберта Ли президентами АКРО избирались Сергей

Цой (с 1992 г.), Олег Ким (с 1998 г.), Сергей Тен (с 2000 г.), Вячеслав Нам (с 2004 г.), Афанасий Сон (с 2007 г.), Александр Эм (с 2016 г.).

Большую роль в становлении корейского движения в регионах сыграли энергичные и деятельные соотечественники, которые стояли у истоков становления общественной работы АКРО в разных населенных пунктах.

На протяжении многих лет на Дону мирно соседствуют друг с другом представители более 100 национальностей. Ежегодно корейская диаспора Ростовской области принимает участие в масштабных мероприятиях, посвященных межнациональной дружбе и согласию. Среди них: «Дон – наш общий дом», «Ростов многонациональный», «Нет вольнее Дона тихого», «Народов Дона дружная семья», Спортивный межнациональный фестиваль и многие другие. Руководство АКРО принимает активное участие в конгрессах, симпозиумах конференциях, «круглых столах» по темам межнациональные отношения, профилактика экстремизма и другие.

Ежегодно ассоциацией проводятся масштабные культурно-массовые мероприятия и национальные праздники: фестивали корейской культуры, Новый год по лунному календарю Сольлаль, Праздник весны Тано, День урожая Чхусок, День пожилых людей и другие. При ассоциации в 1991 г. был создан народный ансамбль корейского танца «Кым Ган Сан» («Алмазные горы»), который стал лауреатом многих региональных и всероссийских конкурсов и фестивалей.

Ассоциация корейцев Ростовской области поддерживает творческие инициативы молодого поколения соотечественников. В 2001 г. был образован Областной молодежный комитет Ассоциации корейцев Ростовской области. За годы своего существования им были проведён ряд запоминающихся мероприятий, такие, как «Мисс донская кореянка», тематические встречи, посвященные корейской культуре и традициям, молодежные конференции, вечеринки, конкурсы и прочее. Руководителями Областного молодежного комитета в разные годы являлись Артур Тян, Вадим Эм, Станислав Хан, И рина Тен, Анжелика Ким.

Корейцы Ростовской области вносят весомый вклад в развитие донского и российского спорта. С 1990 г. в Ростове существует спортивный клуб «Грандмастер», благодаря которому один из самых популярных корейских видов спорта тхэквондо прочно вошел в спортивную жизнь региона. Бессменным руководителем и основателем клуба является Станислав Владимирович Хан, член Президиума, Председатель спортивного комитета АКРО. Донские тхэквондисты входят в состав сборной России, представляя Ростовскую область на международной спортивной арене.

Своими достижениями они прославили корейцев этого региона и принесли немало побед и наград родному Дону.

В ноябре 2014 г. Региональная общественная организация «Ассоциация корейцев Ростовской области» была переименована в Региональную общественную организацию «Объединение корейцев Ростовской области». Ассоциация активно сотрудничает с органами исполнительной власти, национальными объединениями и землячествами, содействуя сохранению многолетних традиций добрососедских взаимоотношений между народами Дона. Она осуществляет взаимодействие с корейскими организациями разных регионов России, развивает и поддерживает плодотворное сотрудничество с Республикой Корея, является действительным членом Общероссийского объединения корейцев. Руководит АКРО Эм Александр Николаевич.

Ежемесячная газета «Путь» как периодический печатный орган Ассоциации корейцев Ростовской области была учреждена в августе 2001 г. и была первым средством массовой информации, посвящённого жизни донских корейцев. На её страницах освещается деятельность организации, публикуются мнения и пожелания читателей. Тираж газеты – 1000 экземпляров, главный редактор Ирина Тен.

Газета «Путь» в 2012 г. получила новое название «Коре Сарам-на-Дону». Она как ежемесячная ныне является единственным средством массовой информации о жизни, культуре и традициях корейской диаспоры на Дону. Архив газеты – это летопись многолетней истории АКРО. Цели и задачи газеты и ассоциации неразделимы. Основной целью издания является освещение жизни и деятельности донских корейцев Ростовской области, повышение уровня информированности читателей о культуре, истории. Тираж газеты 1000 экземпляров, распространяется бесплатно в первичных организациях АКРО Ростова-на-Дону и Ростовской области. Главный её редактор – Мария Николаевна Ким[20]

2) Батайская организация Ассоциации корейцев Ростовской области (АКРО) в г. Батайске

Ассоциация корейцев в г. Батайске образована в 1994 г. как одна из восьми первичных организаций Ассоциации корейцев Ростовской области. Функционирует как районная культурно-просветительская общественная организация для популяризации корейской культуры и традиций при

---

20) http://koredo.ru/associaciya-koreycev-rostovskoy-obl;https://nnao.ru/2012/02/11; http://www.arirang.ru/about/art4.htm;Бугай Н.Ф. Корейцы Юга России: межэтническое согласие, диалог, доверие. М., 2015; Сон А.Н. Прошлое и настоящее донских корейцев. Феномен Ассоциации корейцев Ростовской области // Гармонизация межнациональных отношений в Южном федеральном округе. Российские корейцы в диалоге народов и культур Дона. Ростов-на-Дону–Москва, 2011. С.123;Цой С.Д. История создания первой общественной организации донских корейцев // Там же. С. 187-196

Дворце культуры Батайска. Основатель и первый председатель Павлина Николаевна Ким (в 1994-2005 гг.). В настоящее время председателем является Елена Елисеевна Огай. В Батайске в 2010 г. проживало 1530 корейцев.

Корейцы организации участвуют в общественно-политической жизни города, в культурных событиях, в художественной самодеятельности. Регулярно проводятся встречи с консулом Республики Корея в Ростовской области, с местными предпринимателями и спонсорами. Члены актива общественной организации посещают пожилых корейцев, приглашают на праздничные концерты, особенно на 9 мая – День Победы и 1 октября – День пожилого человека.

Аналогично другим первичным организациям, в качестве первоочередной задачи было открытие школы корейского языка для всех желающих, создание совета старейшин и танцевальной группы. В Батайске школу корейского языка посещает молодежь в возрасте от 8 до 30 лет. Более 10 лет назад организован танцевальный ансамбль «Ариран», участники которого танцуют на всех корейских и городских праздниках. Репетиции ансамбля «Ариран» проходят в Батайском Дворце культуры. Здесь же функционирует спортивная секция тхеквандо. Батайской корейской организации помогают спонсоры, однако признается наличие проблем с финансированием, а также с недостаточной активностью местных корейцев.

Многие из корейцев Батайска ведут свое происхождение с Сахалина. Деятельность общественной организации помогает консолидации корейского населения и сохранению национальных культурных традиций и корейского языка.[21]

3) Первичная районная организация с. Кулешовка Азовского района в составе Ассоциации корейцев Ростовской области (АКРО)

Районная организация корейцев в с. Кулешовка образована в 1991 г. как одна из восьми первичных организаций в составе Ассоциации корейцев Ростовской области. Её основателем была Лина Михайловна Шин. Функционирует она как районная культурно-просветительская общественная организация для популяризации корейской культуры и традиций при районном Дворце культуры Азовского района в с. Кулешовка. Организация нацелена на культурно-образовательную, просветительскую деятельность, оказание юридической

---

21) Кан Т.Б. Проблемы развития региональных организаций АКРО (на примере Батайской организации АКРО) // Гармонизация межнациональных отношений в Южном федеральном округе. Российские корейцы в диалоге народов и культур Дона. Ростов-на-Дону–Москва, 2011. С.285-290

помощи корейцам, воспитание молодежи.

Открыты вечерние классы корейского языка для всех желающих, созданы два хора: хор старейшин «Кым Пури», молодежный хор и драматический кружок, исполняющий произведения на корейском языке, развивается народное творчество, восстанавливаются народные традиции и праздники. Школьники знакомятся с этнической культурой корейского народа по программе, утвержденной АКРО. Детям передается духовное богатство корейского народа.

В составе Кулешовской первичной организации существует активная молодежная группа, а также организация старейшин (руководитель Лина Михайловна Шин). В организации состоят корейцы разных профессий: учителя, врачи, экономисты, бухгалтеры, инженеры. Проводятся спортивные состязания среди молодежи, большую роль которых для воспитания стойкости духа отметил Герой России Ю.П. Эм.

Кулешовская организация принимает активное участие в жизни Азовского района. Совместно отмечаются корейские праздники и дни корейской культуры. В Азовском районе проживает больше 1100 корейцев, большая часть из них в с. Кулешовка, где первая корейская семья поселилась в 1954 г. Здесь работает много корейских производственных коллективов (бригады, большие фермерские хозяйства и производственные объединения). Деятельность общественной организации помогает консолидации корейского населения.[22]

8. Общественные объединения корейцев Ставропольского края

1) Корейская национально-культурная автономия Ставропольского края

На территории Ставропольского края в 1989 г. проживали 4621 чел., в 2002 г. 7095 чел., в 2010 г. 6759 чел. корейской национальности.

Национально-культурная автономия корейцев Ставропольского края перерегистрирована 21 января 2003 г. в Ставрополе, ее основатели Г.С. Ким, М.П. Дон, Ольга Петровна Уткина. НКАСК успешно выполняла свои задачи, будучи этапной формой самоорганизации корейцев России: содействие возрождению корейской духовной культуры; побуждение национального самосознания, просвещение; возрождение и сохранение самобытности, родного языка;

---

22) Ким Е.Т. Страницы из жизни корейской диаспоры села Кулешовка. - Сборник материалов межрегиональной научно-практической конференции «Гармонизация межнациональных отношений в Южном федеральном округе. Российские корейцы в диалоге народов и культур Дона». Ростов-на-Дону-Москва. 2011. С.258-260. Бугай Н.Ф. Корейцы Юга России. М., 2015. С. 281

создание образовательных и научных учреждений, учреждений культуры; активное содействие укреплению дружбы и взаимопонимания между народами; содействие развитию взаимоотношений между Российской Федерацией и государствами Корейского полуострова.

Корейская национально-культурная автономия решала также актуальные для корейских жителей Ставропольского края задачи: обеспечение условий для сельскохозяйственной деятельности корейцев края (аренда земли, выращивание овощей), задачи образования, здравоохранения, развития культуры и спорта. В ряде районов созданы хореографические ансамбли. Проводились фестивали культур народов, семинары, конкурсы на знание культуры корейского народа.

Корейская национально-культурная автономия Ставропольского края прекратила существование, поменяв организационную форму. НКА корейцев Ставропольского края сыграла объединяющую и развивающую роль для корейского сообщества региона.[23] Руководитель НКА Геннадий Семенович Ким награжден Почетной грамотой Министерства культуры РФ.

23) Ариран. №1, май, 2001; Сим Л.М. Возрождение и развитие культуры российских корейцев на постсоветском пространстве // Корейцы в России, радикальная трансформация и пути дальнейшего развития. М., 2007. С.104-119. Официальный сайт Министерства юстиции Российской Федерации http://unro.minjust.ru/

2) Корейская национально-культурная автономия Изобильненского района Ставропольского края

Общественное объединение корейцев Изобильненского района фактически создано в апреле 1997 г. Место первого открытия станица Баклановская, основатель Александр Енукович Эм. Как и многие муниципальные районные и городские национально-культурные автономии, НКА корейцев Изобильненского района постепенно объединилась с краевой НКА корейцев Ставропольского края и передала ей полномочия. Районная НКА вошла в состав Корейской национально-культурной автономии Ставропольского края в июне 2002 г.

Основная цель НКА – помощь корейским иммигрантам из Таджикистана, Узбекистана, Казахстана и других бывших советских республик, проживающих в Изобильненском районе. Среди конкретных задач – помощь в легализации, трудоустройстве, обеспечении жильем. Как общественное объединение НКА взаимодействовала с местными органами власти через этнические советы, созданные при муниципальных образованиях. Орган управления – Совет НКА. Как культурно-просветительская общественная организации для популяризации корейской культуры и традиций НКА организовала курсы по изучению корейского языка, привлекла корейцев к участию в группе художественной самодеятельности.

Корейская национально-культурная автономия за небольшой срок своего существования предоставляла возможность получения правовую, экономическую и организационную помощь местным корейцам, а также поддерживала культурные традиции корейского народа.[24] Ныне она исключена из реестра Министерства юстиции РФ и Министерства региональной и национальной политики РФ.

3) Ставропольское региональное объединение Общероссийского объединения корейцев (ООК)

Ставропольская корейская НКА вошла в качестве отделения в общероссийскую общественную организацию "Общероссийское объединение корейцев" 14 февраля 2005 г. в г. Георгиевске Ставропольского края. Этим путем пошли многие корейские региональные и местные ассоциации и культурные центры. Учредители регионального отделения ООК: Лариса Александровна Ким, Георгий Иннокентьевич

---

24) Официальный сайт Министерства юстиции Российской Федерации http://unro.minjust.ru

Тен, Раиса Николаевна Цой и его руководитель Владимир Миллориевич Ким. Ставропольское отделение проводит мероприятия в соответствии с Уставом ООК: поддержка работы курсов корейского языка, коллективов художественной самодеятельности и творчества, помощь в организации экономической деятельности, защита прав корейцев Ставропольского края. Согласно Постановлению Главы Георгиевска Ставропольского края, председатели СРО ООК Р.Н. Цой и В.М. Ким являются членами Совета Георгиевска по вопросам межэтнических отношений, что помогает им решать вопросы корейского населения.

Региональные отделения ООК являются подчиненной формой объединения в рамках единой регулирующей системы Российской ООК, а не самостоятельной организацией. Соответственно они не выполняют никаких действий, а являются передаточным звеном от РООК ко всем региональным корейским общественным объединениям. Ставропольское отделение действует как часть единой общероссийской организации корейцев России, выполняя задачи развития и единения корейской диаспоры.[25]

---

[25] Ким Моисей. Нужна единая система. http://www.arirang.ru/ news/2012/12115.htm. Сим Л.М. Возрождение и развитие культуры российских корейцев на постсоветском пространстве // Корейцы в России, радикальная трансформация и пути дальнейшего развития. М., 2007. С. 104-119

4) Другие организации

Кроме этих общественных организаций корейцев активного поколения Юга России, коротко и, вероятно, не всегда точно описанных нами по доступным источникам и литературе, можно найти упоминания об еще нескольких попытках организационного оформления корейских общин в регионах. Это национально-культурное объединение «Хон Гиль До» в Республике Северная Осетия-Алания[26], Региональная общественная организация «Объединение корейцев Ростовской области», зарегистрированное 29 декабря 2005 г. в Ростове-на-Дону на ул. Вавилова[27], некая «Ассоциация корейцев России», образованная 29 июля 1992 г. в Ставрополе ее руководителем А. Д. Могай[28], «Центр взаимопомощи корейцев» был зарегистрирован в Волгограде 25 января 2007 г. как специализированная структура при НКА. После закрытия НКА в Волгограде была зарегистрирована 21 января 2011 г. Ассоциация волгоградских корейцев под председательством Дмитрия Александровича Цоя и Петра Владимировича Кима, которая была исключена из реестра 12 сентября 2013 г.

---

[26] Бугай Н.Ф. Корейцы Юга России··· С. 362

[27] Официальный сайт Министерства юстиции Российской Федерации http://unro.minjust.ru

[28] Официальный сайт Министерства юстиции Российской Федерации http://unro.minjust.ru

Таким образом, активное поколение корё сарам осуществляло интеграцию корейских иммигрантов в российское общество, используя организационные формы, предлагаемые законодательством РФ. Среднеазиатским корейцам, оказавшимся в трудной ситуации вынужденной миграции, местными российскими корейцами оказывалась организационная, финансовая и психологическая, духовная помощь. Привлекались средства корейского бизнеса, российских государственных программ, помощь от правительства и граждан Республики Корея. В этих процессах проявлялись свои противоречия, борьба интересов, которые выражались также и в создании параллельных общественных объединений-однодневок, от которых остались лишь единичные упоминания.

С созданием ООК началась системная централизованная структуризация и воссоздание корейской общественной жизни в регионах. Общественными организациями все чаще руководит новое молодое поколение, о чем речь пойдет в следующей книге.

Глава 3

Персональный успех корё сарам юга России

1. Труженики сельского хозяйства

◎ Ким Валерий Владимирович

Валерий Владимирович Ким выращивает овощи и бахчевые культуры, лук, помидоры, перец. Но главным направлением деятельности в его хозяйстве является овцеводство и разведение крупного рогатого скота. В ближайшее время фермер планирует запустить молочно-товарную ферму, а также комплексное предприятие

Фото с сайта: http://ast rahan.bezformata.ru/

по выращиванию и откорму молодняка. С каждым годом хозяйство показывает тенденцию к росту прибыли. Этому способствует и техническое оснащение производственного процесса. А самое главное – это замечательный коллектив его хозяйства, люди, которые добросовестно трудятся, любят своё дело, стремятся к новым достижениям и успехам.[1)]

▶ *Прямая речь :*

Я пришёл работать в сельскохозяйственную отрасль в 1980 г., и с тех пор моя жизнь прочно связана с агропромышленным комплексом. В 1989 г. одним из первых в республике Дагестан я арендовал земельные угодья и развернул собственное производство сельхозпродукции, а в 1992 г. создал и возглавил агрофирму «Казбек»···

Начало девяностых – очень сложное время. Для нас, производителей, особенно. В те годы сельское хозяйство переживало кризис. Колхозы и совхозы расформировались, а производимая фермерами продукция была не востребована. В конце 90-х гг. пришлось свернуть собственное хозяйство. В течение нескольких лет трудился простым рабочим в составе сельхозбригады на местном предприятии, но в 2001 г. сумел вернуться к предпринимательской деятельности.

Уже через два года возглавил КФХ «Дмитрий». Мои родственники поддержали меня, хоть и сильно

---

1) По материалам: Талыков А. Дела и заботы астраханских фермеров; http://astrahan.bezformata.ru/listnews/prizvanie/24900589/. 08.10.2014.

рисковали. Все знали, как тяжело работать на земле. Многим из предпринимателей довелось пройти ещё и через экономические трудности, а именно, кредиты, ссуды. Кроме этого, необходимо учесть климатические особенности: засуху, сильные ветра, заморозки. Но сейчас всё хорошо, мы держимся, не сдаёмся, и вот уже 11 лет наше КФХ крепнет. Имеем дипломы за развитие сельского хозяйства, много раз на сельхозвыставках занимали призовые места.

◎ Шегай Георгий Николаевич

Г. Н. Шегай – глава образцово-показательного крестьянско-фермерского хозяйства. Родился в г. Намангань Узбекской ССР. Получил среднее образование и решил по примеру родителей и многих земляков заняться сельским хозяйством. Корейцы выбрали Астраханскую область по природно-климатическим условиям, как одну

Фото с сайта: https://www.agro-sputnik.ru

из лучших территорий в стране для возделывания лука. Они приезжали на сезон, достигали рекордных показателей в сборе урожая, демонстрируя местным жителям необыкновенное трудолюбие, и уезжали. Но со временем корейцы стали переезжать сюда на постоянное жительство, покупать или строить дома, брать в аренду землю, растить уже не только знаменитый лук, но и другую продукцию.

Так и Георгий Николаевич Шегай стал местным жителем в 2000 г. после того, как несколько сезонов приезжал на временные работы. Поначалу он арендовал небольшой участок земли и начал выращивать томаты. Техники не было, выращенное реализовывали, приглашая перекупщиков прямо на поле. Первый арендованный участок был площадью 30 га. Сегодня поля раскинулись на 700 га, в том числе 128 га находятся в собственности фермера. Четыре человека, кроме членов семьи Шегай, трудятся в хозяйстве постоянно. В сезон прибавляется ещё 150 из местных и иностранцев. Имеется техника – 5 тракторов и к ним весь набор навесного оборудования. Построено овощсхранилище.[2)]

◎ Ким Дмитрий Енхович

До распада СССР Д. Е. Ким проживал в Узбекистане и Казахстане, выращивал овощи, затем в России занимался несколько лет бизнесом в Москве. В 2002 г. Дмитрий Енхович Ким вновь «сел на землю», в первый год взяв 120 гектаров земли. Когда появилась возможность взять аренду на 49 лет, сделал это и высадил почти на всей площади лук.

---

2) По материалам: http://www.agro-sputnik.ru/index.php/agrobusiness/1152-georgiy-shegay-selskoe-hozyystvo-professiya-i-zhizn. 11.12. 2014

Урожайность лука в колхозах редко превышала 150 ц с га, но Д.Е. Ким в первый год получил по 450 ц с гектара. Каждый год, вплоть до 2010 г., Дмитрий Ким увеличивал производственные площади раза в два. Урожайность на некоторых из них довел до 800 ц лука с га. В его хозяйстве работают родственники и корейцы из бывших среднеазиатских республик, которые приехали в село в количестве 40 семей.

Ф о т о с с а й т а : http://orbita-znamensk.ru

Луковые плантации Дмитрия Кима считаются самыми большими в России и третьими в мире, с высокой эффективностью маркетинга. Хозяйство ведется с использованием передовых технологий: капельное орошение, механизированный сев и уборка лука. Сейчас в хозяйстве Кима под овощами занято 1046 га земли. Теплицы для рассады занимают полтора гектара. Тепличное хозяйство дает урожаи овощных и клубники. В теплицах работает итальянская технологическая линия по севу семян овощей в специальные кассеты, заменяющая труд 60 человек. Построено овощехранилище в соответствии с мировыми стандартами, оснащенное современными системами климат-контроля для увеличения сроков хранения сельхозпродукции. Заняты в хозяйстве более 600 человек

С 2010 г. Дмитрий Енхович Ким выступает на семинарах и симпозиумах в США и Израиле, куда его приглашают для обмена опытом. На базе его крестьянско-фермерского хозяйства в с. Пологое Займище прошел всероссийский семинар, организованный Волгоградским отделением компании «Агросемцентр». В его работе принимали участие специалисты из Голландии, из Ставропольского, Краснодарского краев и других северо-кавказских регионов, Саратовской, Ростовской, Волгоградской, Астраханской областей. Голландские специалисты считают, что овощное поле фермера Дмитрия Кима с высокой культурой земледелия - самое крупное в мире.[3]

◎ Цой Владимир Чансеевич

Владимир Чансеевич Цой, подполковник милиции в отставке, родился 13 августа 1946 г. в Гурьевской области Казахской ССР.[4] После окончания Ростовского

---

3) По материалам районной газеты:«Ахтубинская правда». 25 сентября 2008,9 июля 2009, 5 мая 2010; http://orbita-znamensk.ru/2011/10/dmitrii-kim-korol-trudyaga.

4) По материалам:Эрднеева К.Владимир Цой и его высоты: http://halmgynn.ru/4131-vladimir-coy-i-ego-vysoty.html. 29-08-2016, 11:18; Манжусова В., Калмыкия сегодня: https://vkalmykii.com/ovoshchi-ot-vladimira-tsoya; Гаишник, фермер, борец - мастер во всем: http://halmgynn.ru/338-ovoschi-ot-mastera-sporta.html. 12-09-2014, 16:13;http://yashkulrmo.ru/news/news/1317-ovohi-ot-coa.html

автодорожного техникума направлен на машиностроительный завод г. Каспийска. В 1974 г. начал службу в советской милиции в должности автоинспектора в Калмыцкой АССР, где за 25 лет службы стал начальником районной Яшкульской государственной автоинспекции Министерства внутренних дел Калмыкии. В. Цой более сорока раз

Фото с сайта: http://halmgynn.ru

поощрялся ведомственными дипломами, наградами от руководства МВД СССР, России и Калмыкии за грамотные действия при раскрытии преступлений и высокие результаты в оперативно-служебной деятельности, в том числе: медалью "За безупречную службу" I, II, III степеней, медалью "Ветеран труда" и нагрудным знаком "За отличную службу в МВД".

Владимир Чансеевич - мастер спорта СССР по вольной борьбе и кандидат в мастера спорта по греко-римской борьбе, почетный член Федерации вольной борьбы Калмыкии. В. Цой трижды в 2001-2003-х гг. становился чемпионом РФ в своей возрастной и весовой категории на чемпионате России по вольной борьбе среди ветеранов МВД. На чемпионатах мира по вольной борьбе среди ветеранов в 2011 г. в Германии и в 2013 г. в г. Сараево стал серебряным призером. За достижения в спорте удостоен звания "Заслуженный работник физической культуры и спорта Республики Калмыкия". После выхода на заслуженный отдых В. Цой участвует в патриотическом и нравственном воспитании молодежи республики. Здесь, в Калмыкии, выросли его дети, подрастают и шестеро внуков.

Фото с сайта: http://halmgynn.ru

В 2005 г. почетный гражданин Яшкульского района Республики Калмыкия, подполковник милиции в отставке Владимир Цой открыл фермерское хозяйство, где выращивает огурцы, помидоры, перец, морковь, лук, бахчевые культуры. Общая земельная площадь 800 га, в том числе площадь капельного орошения - более 40 га, площадь орошаемых земель - 120 га, площадь пастбищ – 640 га. Здесь ежегодно производится около 300 тыс. т овощей. Это экологически чистая продукция, удобрения, которые используются в хозяйстве Цоя, только естественные – куриный помет и навоз. Овощеводство – одна из наиболее трудоемких отраслей сельскохозяйственного производства, тем более в засушливом климате Калмыкии, где часты песчаные бури и небывалая жара.

У нас в хозяйстве заняты 20-40 человек. Но как же не хватает рабочих рук в поле, когда идет массовый сбор! Я уже предлагал зарплату в 1 тыс. рублей за день, но желающих оказалось мало. Не поверите, никто не хочет работать в поле, а технику для уборки помидоров и огурцов, к сожалению, еще не придумали. Из-за этого пропала часть огурцов и томатов. Ну разве что есть лукоуборочная техника, но и там без человеческих рук не обойтись. Собираем все вручную. Сельское хозяйство – это игра в карты. В прошлом году мы сняли урожай, но страна была переполнена продукцией. Весной я не смог продать 150 т лука и выкинул. За бесценок продал 300 т лука··· А главная боль земледельца - куда выгодно реализовать продукцию и как наладить надежный рынок сбыта.

Вместе с сезонными работниками трудятся около 60 человек. В помощниках у Владимира Чансеевича молодые выпускники аграрного факультета КГУ, в их числе кореец Владимир Лим. Фермер также выращивает коров, овец, занимается кормопроизводством. В рамках республиканской программы В. Цой получил на развитие производства из бюджетов всех уровней 3,2 млн. рублей субсидий, в том числе на приобретение оросительно-дождевальной установки «Бауэр». Рентабельность предприятия составила 35 %. Владимир Цой, являясь главой крестьянского фермерского хозяйства, сам трудится на поле наравне со всеми, и, возможно потому, несмотря на свои семь десятков лет, по- прежнему бодр и моложав.

2. Корейцы – люди культуры, искусства

◎ Мун Михаил Енсонович

Фото с сайта: http://gorodn.ru/

Михаил Енсонович Мун — заместитель директора Донской государственной публичной библиотеки и заслуженный работник культуры России. Родился в 1949 г. в Казахстане, в корейском поселке МОПР (Международная организация пролетарской революции), куда его родители попали в результате депортации. Здесь жили только корейцы, в замкнутом пространстве воспроизводился традиционный быт и образ мышления.[5]

Мать Ольга Дясековна Ким, отец Енсон Мун. Его дед по матери Дясек Ким, директор школы, был арестован по доносу и формальному обвинению в «троцкизме» в 1937 г.,

[5] По материалам: http://gorodn.ru/razdel/obshchestvo_free/klub_n/11820/; http://www.nvgazeta.ru/news/12376/509251/; http://www.arirang.ru/library/lib101.htmi др.

умер в лагере в 1941 г. Другой дед по отцу стал Героем Социалистического труда, в 1947 г. собирая урожай по 30 центнеров с га.

▶ *Прямая речь :*

Людей других национальностей в период жизни в Казахстане я не помню, до отъезда в 1954 г. я говорил только на корейском языке, думал на нем, ел палочками и знал все обычаи.

По семейной легенде дедушку арестовали за то, что нашли в его сундуке газету с портретом Яна Гамарника, известного в стране военачальника и партийца, который проходил по «делу Тухачевского» и был уже причислен к врагам народа. Но вряд ли

Родители Михаила Муна: Енсон Мун и Ольга Ким. Фото с сайта http://www.nvgazeta.ru/

именно портрет Гамарника стал причиной ареста. Просто, обнаружив его, энкавэдэшники (НКВД) громко кричали, потому семья и решила, что причина в портрете. Бабушка верила, что мужа скоро отпустят. Ну как можно арестовывать человека с такой биографией? О нем книгу впору писать: как в 1919-м участвовал в Корее в восстании против японского господства, был заключен под стражу, но бежал из тюрьмы, сделав с помощью обычных столовых ложек вместе с другими узниками подкоп; как перебрался через Китай в Россию и участвовал в установлении советской власти на Дальнем Востоке…

На Юге России в нач. 1950-х гг. активно развивалось рисосеяние. После смерти Сталина многие корейцы стали перебираться в Россию. В это время родители Михаила Муна приехали на Дон, в станицу Романовскую. Затем в 1957 г. они переехали в столицу Дагестана Махачкалу. В Дагестане к тому времени было уже много корейцев, которые сажали рис на землях Кизилюртовского, Хасавюртовского, Кизлярского, Бабаюртовского, Тарумовского районов. Энергичные, предприимчивые корейцы собирались в бригады, заключали договор с каким-нибудь хозяйством, по которому часть урожая получали в свое распоряжение. Колхозы и совхозы получали хорошие урожаи и на трудодни выдавали своим работникам рис, руководители получали ордена и медали. У корейцев после реализации риса оставались суммы, значительно превышающие годовой заработок рабочих и служащих. Но труд рисоводов был неимоверно тяжелый. Дагестан – многонациональная республика, где были приняты обычаи уважительного отношения к людям иной национальности.

⋯Жизнь в Дагестане очень сильно на меня повлияла. Особенность этого региона — в том, что там мирно живет огромное количество народностей. Так, у меня было 10 друзей, и все они были разных национальностей. Сложно придумать лучшую обстановку для воспитания толерантности. Отчасти это повлияло на мое мнение, что глобально у всех народов есть одинаково хорошие и одинаково плохие черты. В многочисленных поездках по республике я еще больше полюбил ее, узнал людей с лучшей человеческой стороны. Готовность помочь, верность слову, уважение старших, гостеприимство — это то, что я видел.

Михаил Мун с 1957 по 1983 г. прожил в Махачкале, здесь закончил школу. В армию попал из Казахстана, где он гостил у родственников. Отслужив в армии, Михаил поступил в Московский государственный институт культуры, по окончании вернулся в Махачкалу, где работал в научно-методическом отделе республиканской библиотеки имени А.С. Пушкина.

После школы, не поступив в вуз, я, как и все мои ровесники, загремел в армию. Служил я стройбате, в Забайкалье, на ст. Харанор. В то время обострились отношения с Китаем и в восточные округа спешно перебрасывались войска. А для них надо было заново строить все: дома, казармы, учебные корпуса, столовые и т.д. За два года стал классным строителем. Но в то же время нас учили стрелять, бросать гранаты для отражения китайского нападения. Пограничная станция Забайкальск находилась в 50 км от нас. Когда зимой 1969 г. шли бои на Даманском, мы три дня с оружием ночевали в соседнем полку. В первое время было тяжело без книг, без чтения. Потом к лету все вошло в норму. Мы, военные строители, зарабатывали деньги, поэтому могли выписывать себе газеты и журналы. Подборка периодики была хорошая. Были в курсе литературного процесса.

В 1983 г. Михаил Енсонович Мун обосновался в г. Ростов-на-Дону, стал работать в Донской государственной публичной библиотеке. Он активно участвует в общественной жизни ростовских корейцев. В 2011 г. в Ростове проведена большая Межрегиональная научно-практическая конференция «Гармонизация межнациональных отношений в южном федеральном округе. Российские корейцы в диалоге народов и культур Дона», в докладах и сообщениях которой раскрыта история появления корейцев в России, и в частности, на юге, на Дону, Кубани и Северном Кавказе.

Я человек русской культуры, но мне, конечно, хотелось бы сохранить и корейские обычаи и традиции. Поэтому я какое-то время активно занимался в Ассоциации корейцев Ростовской области налаживанием культурных связей с Южной Кореей: там формировался литературный фонд, предоставлялась возможность изучать язык. Наши усилия заметило посольство, и в начале 2000-х в Рос¬тове открылся официальный корейский культурный центр.

◎ Тен Дмитрий

Художник-график, член Союза художников России (с 2008 г.). Дмитрий родился в 1977 г. в Гурьеве. Учился в Астраханском художественное училище им. П.А. Власова (1992-1997 гг.).

После окончания училища преподавал изобразительные дисциплины в детской художественной школе в Астрахани (1998-2003 гг.), работал в рекламных агентствах (2003-2005 гг.), дизайнером

Фото с сайта: www.dmitriyten.com

на теле¬канале РЕН-ТВ Астрахань (2006-2007 гг.). С 2008 г. он дизайнер в Астраханском государственном объ¬единенном историко-архитектурном музее-заповеднике. Вы¬полнил ряд музейно-выставочных дизайн-проектов для му¬зейных экспозиций в Астраханском кремле (в музее этно¬графии,

Артиллерийской башне), для Музея истории города (2007-2008 гг.).

▶ *Прямая речь :*

Я родился 22 марта 1977 г. в Гурьеве в Казахстане. Живу и работаю в старинном городе Астрахань. Мой дед вёл небольшую родословную, ездил даже в Корею, искал, но не нашёл родственников. Это был его порыв, что его двигало, не знаю. Никто с ним не захотел общаться, это было во времена СССР.

Я с маленького возраста рисую. В 5 лет перерисовал с фотографии броненосец «Потемкин». Дед, когда увидел мои детские работы, сразу сказал, что я буду художником. Сказал, что у меня есть фантазия. Так мне мама сказала, мама очень хорошо в детстве рисовала. Я ходил заниматься во дворец пионеров, учился в художественной школе, потом в художественном училище. Мама коренная астраханка, по национальности татарка. Отец жил в Гурьеве, данных у меня нет, когда его семья переехала в Казахстан. Мама по профессии инженер, папа работал на электростанции.

Город Астрахань у нас многонациональный, и разные народы живут дружно. Моя жена русская, из Волгограда. Среди моих родственников тоже есть смешанные браки. Я вырос в смешанной семье, и всегда чувствовал себя комфортно. Корейский язык не знаю, не помню, и не изучаю. Корейцы все разные, мне трудно сказать, какие. Почти все мои корейские родственники переехали в Москву. Я бы хотел посетить страну своих предков и узнать их культуру и обычаи!

Имя Дмитрия Тена известно не только в Астраханской области, но и за ее пределами. Он неоднократный участник выставок разного уровня: областных (1999-2007 гг.), регио¬нальных («Мир Кавказу», 2003 г.; «Большая Волга», 2003 г.), всероссийских (в рамках музейного фестиваля «Волжский сплав», Ярославль, 2002 г.; «Молодые художники России» к 250-летию Российской Академии художеств, 2007 г.; посвя¬щенной 65-летию Победы в Сталинградской битве, 2008 г.).

Дмитрий Тен – дипломант секретариата правления Союза художников России за участие в зональной выставке «Большая Волга» (2003 г.) и в Международной вы¬ставке «Открытый Каспий» (2006 г.), которая проводилась в рамках

Дмитрий Тен. «Церковь Тинаки». 2006. Фото из личного архива Д. Тена

Дмитрий Тен.«Листва». 2017. Фото с сайта www.dmitriyten.com

Дмитрий Тен.«Воздух». 2017.
Фото с сайта : www.dmitriy
ten.com

фестиваля «Каспий – море дружбы» в г. Актау, Казахстан. В 2013 г. участвовал в XI Межрегиональной художественная выставке «Юг России».

Дмитрий Тен также стал дипломантом III Международной Ташкентской биеннале в Узбе¬кистане (2005 г.), в которой принимали участие 70 художников из 25 стран мира: США, Греции, Испании, Кореи, России, Польши и т.д. Попасть на столь престижный художественный форум было нелегко. Весной 2005 г. в странах, изъявивших принять участие в биеннале, прошли отборочные конкурсы. В России такой конкурс выиграла команда астраханцев, в числе которых был и Дмитрий Тен. Они направили в Международную конфедерацию союзов художников в Москве свои буклеты с работами и компьютерную версию инсталляции. Эти работы – графика, живопись, инсталляция вызвали интерес у коллег и специалистов, особенно понравились абстрактные работы. В них чувствовался философский смысл композиции, бренность нашего бытия. Это четко нашло отражение в экологическом проекте-инсталляции «Глупец гневит небо», одним из творцов которой был Дмитрий Тен.

Первая персональная выставка Дмитрия Тена в технике и стиле авангардной графики состоялась в Астрахани в 2006 г. как своеобразный творческий отчет за период с 1999 по 2006 гг. Его самобытная манера письма, особый взгляд на окружающий мир пришлись по вкусу специалистам и зрителям. Основные его произведения на той выставке: «Марсианское плато» (2000 г.), «Падшие души», «Жизнь на Цезаре» (2001 г.), «Янгы-Юлга» (2002 г.), «Память земли», «Молога», «Ангелы», «Расстрел яиц на Марсовом поле» (2003 г.), «Фото № 1», «Тени» (2004 г.), «Хитрый Суфий, или Хазрат», «Одинокая коло¬кольня», «Старые паруса» (2006 г.). В основном материалами для художника служат лист ватмана и карандаш, на выставке были также представлены несколько работ в технике сепии и офорт.

Каждая моя работа предназначена для какого-то отдельного человека и подходит ему по энергетике, духовной, философской составляющей. Картина рождена в определенное время, в определенный период жизни, она имеет свой образ и отражает то понимание и мироощущение, которые сложились на момент создания работы.

Мои картины – это фантреализм: инопланетные миры, населенные странными существами и насекомыми, загадочные ландшафты и ...предметы, знакомые всем нам с детства. Иными словами, сюжеты и некоторые предметы взяты из реальной жизни, а место действия, герои - творческая фантазия. Фантастический реализм заключает в себе грань соприкосновения между фантазией и реальностью.

Дмитрий Тен учился под руководством известного астраханского художника-живописца Шамиля Такташева. Готовый к инновациям талантливый художник Дмитрий Тен работает и в современных формах изобразительного искусства: инсталляции (пространственно-ориентированные композиции с объектами) и перформансы (спектакли с художественными превращениями). Задумок для реализации в этих жанрах у автора много. Дмитрий постоянно ищет новые формы в искусстве. В 2006 г. Дмитрий создал студию авторского дизайна, которая занимается созданием фирменных брендов и продвижением web-сайтов. Богатый опыт работы и любовь к своему делу позволяют воплощать в жизнь самые смелые задачи.

Я художник, дизайнер, иллюстратор. Сейчас работаю над иллюстрированием детской фэнтези. Я считаю, что любая книга должна быть качественным продуктом. Я делаю проекты, которые должны приносить коммерческий успех. Мне трудно описать свои достижения. Я считаю, что самое главное – это само творчество, то, что я создаю. А регалии и награды для меня второстепенны. Я занимаюсь творчеством и дизайном. Можно ли это назвать наградой, не знаю, я член союза художников России, член Международной ассоциации изобразительных искусств АИАП ЮНЕСКО. Но, думаю, лучшие работы у меня еще впереди⋯

Произведения Дмитрия Тена хранятся в Астраханской картинной галерее им. П.М. Догадина, Астраханском государственном объединённом историко-архитектурном музее-заповеднике, в Музее современного искусства г. Ташкента в Узбекистане, в частных коллекциях в России и за рубежом.[6] Его работы можно увидеть на сайте www.dmitriyten.com.

3. Корейцы учёные и преподаватели

◎ Сим Лариса Михайловна

Лариса Михайловна Сим – кандидат исторических наук, доктор лингвистики, профессор, ранее заведовала кафедрой восточных языков Российского государственного

---

6) По материалам: Лаванд И. От контрастов до полутеней // Газета АИФ-Астрахань, 1 ноября; http://karakull.tumblr.com/post/; https://www.livemaster.ru/topic/475875-nemnogo-iz-istorii-nashej-masterskoj-denis-litvinov; www.dmitriyten.com;из личных интервью с Д. Теном, архив авторов, 10 декабря 2017.

социального университета г. Москва.

Л. М. Сим родилась 1 марта 1951 г. в с. Авангард Кунградского района Каракалпакской АССР. Ее родители прожили недолгую трудную жизнь. Отец Сим Михаил Семенович (1926-1959 гг.) родился в с. Сучан Шкотовского района Приморского края, работал врачом, закончив Ленинградскую Военно-медицинскую Академию. Мать Кан Ен Сун, (1928-1963 гг.) из Шкотовского района, домохозяйка. Остальные их дети (дочь и два сына) также получили высшее образование.

Лариса окончила среднюю школу в 1968 г. в г. Ходжейли, Каракалпакской АССР. Там же начала свою трудовую деятельность архивариусом в Издательстве республиканских газет ЦК КП Таджикистана в г. Душанбе. В 1977 г. окончила исторический факультет Таджикского университета в Душанбе. С 1971 г. по 1988 гг. работала в Институте марксизма-ленинизма при ЦК КП Таджикистана и Совете Министров Таджикистана (Главархив) на разных должностях: от архивариуса до старшего научного сотрудника. В 1985-1989 гг. входила в республиканскую комиссию Главархива при Совете Министров Таджикской ССР по рассекречиванию архивных документов, будучи старшим научным сотрудником Центрального Государственного архива Таджикской ССР.

В 1988 г. переехала с семьей Россию в г. Краснодар на

постоянное место жительства. В 1986 г. получила второе высшее образование на факультете архивного дела в Московском историко-архивном институте на факультете архивного дела, а в 1989 г. закончила аспирантуру этого же института. Одновременно преподавала в школе, затем в колледже.

С 1998 г. по 2008 г. работала преподавателем, доцентом кафедры Восточного регионоведения факультета Востоковедения Кубанского государственного университета в Краснодаре. В 2006 г. защитила диссертацию на тему: «Корейцы Союза ССР, России и Казахстана: социокультурные процессы (20-е годы XX в. – начало XXI в.)». В том же году прошла стажировку по повышению квалификации преподавателей корейского языка в Институте международного образования Сеульского национального университета (г. Сеул, Республика Корея). В 2007-2008 гг. как обладатель Международного гранта «Korea Foundation» прошла стажировку по корейскому языку в Лингвистическом институте корейского языка университета Ёнсе (Сеул). В 2008 г. преподавала историю России на отделении русской филологии университета Ёнсе. В 2008-2009 гг. преподавала историю России в Институте международного образования Сеульского национального университета.

С января 2009 г. Л.М. Сим заведовала кафедрой восточных языков факультета иностранных языков Российского

Встреча представителей корейской диаспоры РФ с президентом РК Ли Мен Баком. 2008 г. В первом ряду вторая слева Лариса Сим. Фото из личного архива Л.М. Сим

государственного социального университета (г. Москва). В 2011 г. защитила диссертацию по лингвистике и получила докторскую степень в университете Ёнсе (Сеул).

С 1982 г. участвует в различных международных, всероссийских и региональных конференциях историков, историков-архивистов, историков-востоковедов, преподавателей корейского языка университетов России и стран СНГ (Алматы, Ашхабад, Ташкент, Киев, Москва, Краснодар, Екатеринбург, Владивосток-Уссурийск), Кореи (Сеул, Иксан, Тэгу, университеты в Ёнсе, Корё, Хангук, Кёнбук) и др.

Лариса Михайловна Сим имеет более четырех десятков научных публикаций, из них две монографии. Руководила дипломными и диссертационными исследованиями проектов по специализации: «История, культура стран Востока» (всеобщая история). Владеет языками: русским как родным, корейским и немецким свободно, турецким, узбекским, казахским и адыгским частично.

Л.М. Сим много лет является активистом корейского общественного движения. В 2007-2009 гг. входила в Консультативный Совет Международного Комитета по мирному объединению Корей. В 2008 г. принимала участие в заседаниях Комитета по мирному объединению в Москве и Сеуле и в том же году посетила КНДР в составе делегации членов Комитета. В 2004 г. она представляла Краснодарскую краевую Ассоциацию корейцев на юбилейной конференции к 140-летию добровольного переселения корейцев в Россию. В 2008 г. была делегатом V съезда Общероссийского объединения корейцев в Москве. В период 1999-2008 гг. Лариса Сим возглавляла различные общественные организации корейцев в Краснодарском крае.

Муж Лигай Вильгельм Васильевич, родился в 1949 г. в с. Атазин Горьковской области; окончил Душанбинский политехнический институт, инженер. Сын Лигай Владимир Вильгельмович родился в 1979 г. в Душанбе, окончил Кубанский госуниверситет. Специалист по информационным технологиям. Женат, имеет дочь. Жена Бабич Наталья Владимировна – специалист по информационным технологиям.

▶ *Прямая речь :*

- На протяжении всей трудовой жизни я была связана со сферой архивной службы и народного образования. Мой сын выбрал свой путь, окончив два факультета: математический как специалист по информационным технологиям и факультет востоковедения как специалист по Турции (владеет языками английским свободно, турецким и японским). К сожалению, корейского языка не знает. Супруг мой кореец, но корейским владеет частично (коремар). Я частично владею коремар, свободно корейским языком хангуго.

До приезда на Кубань в 1988 г. я проживала в Таджикистане 20 лет. Могу вспомнить только превосходные отношения с местным населением, где бы ни проживала, начиная с детских воспоминаний и по сегодняшний день. Исключение составляют неприязненные отношения (со стороны недальновидных, а то просто безграмотных людей) на бытовом уровне.

На Кубани я живу уже 30 лет. Корейцы Краснодарского края и Республики Адыгея во взаимоотношениях со всеми другими этническими группами населения дружелюбны, спокойны, уравновешены и позитивны. Никогда не замечала нетерпимых, а тем более агрессивных действий ни стороны коренного населения по отношению к корейцам, и точно также наоборот.

О положительных и отрицательных сторонах корейцев, как этнической группы можно говорить очень долго и в подробностях, но то, что отмечают в корейцах почти все, кто каким-то образом сталкиваются с ними – это подчеркнуто во многих описаниях их характерных черт – трудолюбие до крайнего «трудоголизма», дружелюбие, ровное отношение к окружающим, абсолютное отсутствие агрессивности и огромное стремление к образованности.

◎ Ким Игорь Константинович

Ким Игорь Константинович – кандидат исторических наук, доцент кафедры всеобщей истории и методики преподавания истории и обществоведения Волгоградского социально-педагогического университета (ВГСПУ). Родился 11 февраля 1958 г. в Сталинграде (ныне Волгоград), мать русская, отец – кореец (умер в 1961 г.). Мать Ираида Михайловна Наследышева была студенткой Константина Иосифовича Кима на естественно-географическом факультете Волгоградского государственного педагогического института. В конце 1940-х гг. они поженились, и это была одна из первых корейско-русских семей в городе. Постоянно проживая в Волгограде, Игорь Константинович после окончания средней школы в 1975 г. поступил в ВГПИ (теперь ВГСПУ) на специальность история. Специализировался по истории Польши межвоенного

Фото из личного архива 2015 г.

периода. Закончив его в 1979 г., был направлен по распределению учителем в сельскую школу Волгоградской области, где проработал до 1982 г.

В 1982 г. был избран по конкурсу ассистентом кафедры научного коммунизма ВГПИ, одновременно поступив в заочную аспирантуру Института славяноведения и балканистики АН СССР. В 1984 г. И.К. Ким был переведён на кафедру всеобщей истории ВГПИ. К 1987 г., закончив аспирантуру, подготовил к защите диссертацию «Санация и основные оппозиционные партии в Польше в 1938-1939 годах», которую и защитил в Совете при Институте славяноведения и балканистики АН СССР в 1988 г. В ВГПИ он был избран старшим преподавателем кафедры всеобщей истории, затем доцентом.

В 2002-2006 гг. И.К. Ким находился в докторантуре Школы общественных наук при Институте общественных наук при Институте философии и социологии Польской академии наук (Варшава), начал подготовку докторской диссертации на тему «Взаимоотношения основных польских политических сил в период режима санации в Польше (1926-1939 годы)». В настоящее время работа над ней почти завершена. Владеет польским языком. Он имеет более 90 научных и учебно-методических трудов, включая статьи, изданные в Польше, Беларуси и Украине, а также монографию. Регулярно участвует с докладами в конференциях, включая международные, как в России, так и за рубежом в Польше, Украине, Беларуси, Корее. Является членом редколлегии «Российско-польского исторического альманаха» (Ставрополь). За время работы в ВГСПУ неоднократно получал почётные грамоты за достижения в преподавательской и научной деятельности, а также почётный знак ВГСПУ «За заслуги» 3 степени.

▶ *Прямая речь :*

Значительную часть жизни в Волгограде я прожил при практически полном отсутствии корейцев в окружении, не изучал язык, не был знаком с корейской культурой и историей. Никаких проблем в связи с происхождением никогда не имел. Иногда только интересовались откуда такая необычная фамилия. Родственников-корейцев по линии отца не знаю, мне не известно, поддерживал ли отец в последние годы своей жизни отношения с ними. Родственники по линии матери – русские (в т. ч. казаки), поэтому я постоянно находился в полностью русской среде, практически без каких бы то ни было контактов с представителями корейской диаспоры. Об отце я рассказывал в нашей книге о старшем поколении корейцев Юга России.

В 1986 г. женился, жена татарка по национальности.

Дети 1986 и 1987 гг. рождения – частично пошли по моим стопам. И сын Константин, и дочь Адель закончили педагогический университет соответственно по специальности история и изобразительное искусство. Научный интерес сына в студенческие годы был связан с историей Корейской войны, сейчас он художник-конструктор в области 3D моделирования. Дочь активно участвовала в деятельности корейской организации Волгограда, изучила и преподавала корейский язык, а затем 4 года в рамках образовательной программы обучалась в магистратуре в Сеуле, некоторое время работала там.

Мой интерес к Корее и корейскому проявился в течение последних примерно 15 лет. Это связано с созданием Культурно-национальной автономии корейцев Волгоградской области, в деятельности которой я принимал некоторое участие. В частности, с моим выступлением об истории переселения корейцев в Россию была подготовлена и показана в 2014 г. телевизионная передача (ВГТРК Волгоград) из цикла «Живём вместе», посвящённая корейцам Волгоградской области. Толчок к научному интересу к корейской проблематике дали пребывание и деятельность на территории Волгограда и области пастора Ли Хен Кын. Он сначала привлёк для исследования корейской диаспоры области жену, социолога по специальности (Ильгизу Ким), а потом и меня. По инициативе пастора Ли Хен Кына и при моём участии в педагогическом университете были организованы краткосрочные курсы корейского языка для студентов и была предпринята попытка организовать там центр корееведения.

В рамках научной деятельности мной были изучены

материалы архива Волгоградской области, на основании чего был подготовлен доклад о корейцах в Нижнем Поволжье в 1920–1930-х гг. для международной конференции по корееведению в Волгограде в 2011 г., в организации которой я принимал участие.

Кроме того, мною был собран значительный объём дипломатических документов о Корее за 1945-1977 гг. в архиве МИД Польши в Варшаве. Опираясь на них, мною были написаны и опубликованы в 2012-2017 гг. 5 статей, посвящённые пребыванию корейских сирот войны в 1950-е гг. в Польше, а также положению гражданского населения, состоянию экономики, культуры и образования в Корее в 1950-е гг. Используя собранные архивные материалы, я принял участие с докладами в международных конференциях по корееведению в России (Петербург, Краснодар, Южно-Сахалинск) и Корее. В последние годы мной были предприняты попытки получения грантов от научных учреждений Южной Кореи по продолжению исследований по истории Кореи: сбору и обработке архивных материалов, написанию, публикации научных работ и участию в других исследовательских проектах. Принимаю участие в южнокорейском проекте по исследованию корейской диаспоры в России.

◎ Лим (Ли) Венера Сергеевна

Автобиография Венеры Сергеевны Лим (Ли), 1946 г. рождения, интересна по ряду причин. Во-первых, история этой красивой корейской женщины подтверждает на

семейном материале традиционную важность для корё сарам получения высшего образования и высокой профессиональной квалификации. Во-вторых, доказывает мощную адаптивную способность и мотивированность людей корейской национальности на социальный успех – как для себя лично, так и в качестве основы благополучного развития будущих поколений.

В-третьих, в небольшом тексте заключена история нескольких поколений, сохранены даты жизни и корейские личные имена, которые для молодежи могут звучать непривычно или даже экзотично. Благодарим за предоставленный материал Сим Ларису Михайловну.

Я, Лим (Ли) Венера Сергеевна, родилась в Узбекистане, в Ташкентской области, Средне-Чирчинского района, сельсовет Сталина. Окончила школу в Казахстане, в городе Панфилове, Алма-Атинской области и в том же 1962 г. поступила в Одесский Государственный Университет на химический факультет, закончила в 1967 г.

После окончания университета долгое время работала в научно-исследовательском институте химии и технологии хлопковой целлюлозы в г. Ташкенте, где в 1980 г. защитила кандидатскую диссертацию и получила степень кандидата химических наук.

От первого брака у меня есть дочь Попова (Огай) Наталья Афанасьевна (1968 г. р), 2 внука. Она с семьей живет в г. Сергиев-Пасаде, Московской области. Она работает главным бухгалтером в школе.

После смерти мужа, через 8 лет (я) вышла замуж за вдовца с тремя детьми и переехала в пгт Яблоновский, Тахтамукайского района, Республики Адыгея.

Отец Венеры Ли Сергей Иванович (Ли Пяк-Ман). Фото из личного архива В.С. Лим (Ли)

Муж, Лим Константин Хак-Пемович окончил Ташкентский политехнический институт, энергетический факультет по специальности «Тепловые станции». После института работал на заводе им. Седина в г. Краснодар. Потом, как многие корейцы, работал на полях и еще долгое время занимался очисткой труб на промышленных предприятиях севера по специальной технологии.

Мои родители – отец Ли Сергей Иванович (Ли Пяк-Ман) (1911-1975 гг.), мама – Пак Агафья Борисовна (1917-1992 гг.) со своими родителями, братьями и сестрами родились и жили до выселения корейцев в поселке Посьет на Дальнем Востоке.

Мой дедушка Пак Борис Иванович (1895-1956 гг.) и бабушка Ким Агафья Иннокентьевна (1895-1953 гг.), они были крещенные, у них было пять детей. Моя мама была старшей из детей, ей приходилось рыбачить вместе с отцом на лодке, и все это перерабатывать, так как это была основная пища у них.

Дети Пак Бориса: Пак Агафья Борисовна, Пак Зоя Борисовна, Пак Ирина Борисовна, Пак Анатолий Борисович (1928-1991 гг.), Пак Лиза Борисовна (1925-1998 гг.), Пак Виктор Борисович (1936-1992 гг.).

Дети Агафьи – Ли Бронислав Сергеевич (1939 г.), Лим (Ли) Венера Сергеевна (1945 г.), Ли Эльза Сергеевна (1947 г) и Ли Герасим Сергеевич (1950 г.).

Мой брат Бронислав Сергеевич профессор, доктор экономических наук, свободно говорит на корейском, английском языках. Он много лет работал деканом в Ташкентском педагогическом университете и сейчас тоже работает. Его жена Этти Алексеевна (1944 г.) имеет степень кандидата филологических наук.

Дети Бронислава – Ли Игорь Брониславович (1962 г.), Ли Михаил Брониславович (1975 г.). У Игоря двое детей и проживает в Москве, работает системным администратором. У Миши две дочери и сын, он живет и работает в Сеуле, Южная Корея.

Сестра Эльза жила с семьей в Ташкенте, работала в Министерстве сельского хозяйства. Сейчас они живут рядом со мной в п. Яблоновском. Дочь Эльзы – Эм Александра Антоновна (1977 г.) и сын – Эм Андрей Антонович (1971 г.). Александра с семьей живет в Москве, работает в японской фирме по продаже офисной техники руководителем департамента бизнес-стратегии.

Её дочь, Сон Анастасия (1996 г.) учится на 3 курсе Российского химика-технологического университета им. Менделеева. Сын Андрей с семьей живет в недавно построенном доме в станице Марьянской, Краснодарского края, у него четверо детей. Младший брат Герасим живет в Московской области, пос. им. Цюрупы.

Пак Зоя Борисовна жила с семьей в Каракалпакии, в городе Ходжейли. Пак Ирина Борисовна жила с семьей в г. Нукусе в Каракалпакии.

Пак Лиза Борисовна (1925-1998 гг.) с мужем и четырьмя детьми жили в городе Гулистане, Ташкентской области. Её дети – Ким Вадим (1944 г.), Ким Инна (1947-1970 гг.), Ким Тимофей (1950-1982 гг.), Ким Ирина (1951 г.). Сын Ким Вадим живет в г. Казани, дочь Ирина живет в Гулистане в родительском доме.

Пак Александр Анатольевич, его дети – Пак Мила Анатольевна (1949 г.), Никулина (Пак) Светлана Анатольевна (1950 г.), Пак Александр Анатольевич (1956 г.). Они все живут в г. Ульяновске. Дети Александра, две дочери живут в Германии со своими семьями. Сын Светланы Сергей (1976 г.) работает в Москве. Сын Милы, Анатолий (1985 г.). Пак Виктор

Борисович был капитаном дальнего плавания на рыболовных судах. У него сын Олег.

У моего отца был старший брат Ли Пяк-Нюй (1894-1962 гг.). Его дети Ли Татьяна (1936 г.), Ли Роберт (1942-2001 гг.), Ли Эсфира (1944 г.). Дети Ли Татьяны, Рита, Володя, Вадим и 4 внука. Дети Роберта, Алик, Моника, Эдик, Андрей, Анжела и 6 внуков. Дети Эсфиры – Пяк Артур, Пяк Евгений, 4 внука и 1 правнук.

Родственники мужа – дед Лим Дон-Ин (1884-1958 гг.) родился в Северной Корее, бабушка Ли Александра (1899-1973 гг.), тоже родилась в Северной Корее. Первым перешел границу России дед, через некоторое время перешла границу и бабушка Александра. У них в Корее остались 2 или 3 детей, оставили на родного дядю. В России они жили где-то возле озера Хасан. Потом в 1937-38 гг., когда высылали корейцев с Дальнего Востока, их привезли оттуда в Узбекистан, на территорию нынешнего колхоза им. Молотова, Средне-Чирчинского района. В 1951 г., когда корейцам разрешили выезжать с их места ссылки, дед Дон-Ин с бабушкой и детьми маленькими переехал в Осетию, село Дарг-Кох.

Уже в России у них родилось пятеро детей – Лим Хак-Пем (1913-1983 гг.), Лим Бон-Гир (1920-1990 гг.), Лим Екатерина (1927-1986 гг.), Лим Ир-Бем (1929-1990 гг.), Лим Анатолий (1935-2015 гг.).

Старший сын Лим Хак-Пем и Ли Софья (1919-1994 гг.) – это родители моего мужа Константина.

Дети Лим Хак-Пема – Лим Константин Хак-Пемович (1946 г.), Лим (Шегай) Светлана Хак-Пемовна (1951 г.), Лим Антонина Хак-Пемовна (1955 г.) и Лим Валерий Хак-Пемович (1957 г.).

Дети Лим Константина, моего мужа – Лим Дмитрий

(1975 г.), Лим Наталья (1978 г.), Лим Екатерина (1983 г.) и 7 внуков.

Дети Лим Светланы - Шегай Анна, Шегай (Угай) Жанна и Шегай Марина и 6 внуков. Дети Лим Антонины – Ким Сергей (1982 г.), Ким Александр (1978 г.р.) и 4 внука. Дети Лим Валерия – Лим Виталий (1980 г.) и Лим Денис (1984 г.). Все дети и внуки Лим Хак-Пема проживают на Кубани.

Лим Дмитрий работает заместителем директора строительной организации, его дочь Татьяна учится на 4 курсе политехнического университета по специальности «строительство уникальных зданий и сооружений». Дочь Лим Константиновна, Наталья живет с семьей в Сеуле, вместе с мужем работает в своем издательском доме «Санест».

Панова (Лим) Екатерина - индивидуальный предприниматель. Сын Антонины, Сергей директор фирмы по производство металлопластиковых конструкций.

У второго сына деда Дон-Ина, Бон-Гира трое детей: Лим Татьяна (1950 г.), Лим Афанасий (1955 г.), Лим Эдуард (1959 г.) и трое внуков.

Дочь Дон-Ина Екатерина была замужем за известным корейским писателем Угай Дегуком. Дети Екатерины Тэн (Угай) Римма (1950 г.), и Угай Роман (1956 г.). У Риммы дочь Светлана и сын Александр и 2 внуков.

Третий сын деда Дон-Ина, Лим Ир-Бем, его дети Лим Владимир (1957 г.р.) и Лим Галина (1960 г.р.) и двое внуков. Четвертый сын деда Дон-Ина, Лим Анатолий, одна дочь Лим Марина (1961 г.р.) и 2 внука.

4. Корейцы общественные деятели и политики

◎ Сим Тамара Чан-Юновна

Директор средней школы №21 г. Элисты (Республика Калмыкия), депутат Элистинского городского собрания. Родилась 20 сентября 1957 г. в Дагестане. Окончила Калмыцкий государственный университет, историческое отделение филологического факультета в 1980 г. Тамара Сим с 1981 г. работала учителем истории и обществоведения в средней школе №8 г. Элисты, в 1987 г. назначена заместителем директора по учебно-воспитательной работе. В апреле 1990 г. была назначена директором школы-новостройки № 21 г. Элисты, где и работает по сей день. Имеет высшую квалификационную категорию по должности «Учитель» и «Директор». Тамара Чан-Юновна в 2000 г. стала победителем российско-американского конкурса учителей истории и граждановедения и прошла 6-недельную стажировку в школах США (штат Вашингтон). В 2001 г. награждена нагрудным знаком «Почетный работник общего образования РФ». В 2001, 2003 гг. школа №21 под руководством Тамары Сим была признана Школой года России; в 2006 г. стала победителем конкурса инновационных общеобразовательных учреждений и обладателем гранта

Президента России; в 2013 г. вошла в число 100 лучших школ России.

В 2006 г. Тамаре Сим присвоено звание «Заслуженный учитель Республики Калмыкия». В 2007 г. Сим награждена дипломом и денежной премией Главы Республики Калмыкия за победу в конкурсе «Лидер в образовании», а также дипломом и премией Мэра г. Элисты за победу в конкурсе «Лидер в образовании». Тамара Сим награждена нагрудным знаком "За заслуги перед городом Элистой" – за многолетний добросовестный и плодотворный труд в деле воспитания подрастающего поколения.[7]

▶ *Прямая речь :*

Я закончила школу в Беслане в Северной Осетии. Рано потеряла родителей и жила одна. Мои родители приехали в Беслан в 1946 г. из Узбекистана. А родилась в Дагестане, потому что мои родители работали в это время там на поле. В Элисте жил мой брат. Когда я закончила школу, приехала к нему. Брат настоял, чтобы я поступила на исторический факультет в университет. Там я встретила своего будущего мужа, и уже в 1976 г. мы поженились, в 1977 г. у нас сын родился. Я ни одного дня занятий не пропустила. Все пять лет я была старостой группы. После окончания я пошла работать в школу.

В 1990 г. меня пригласили директором в новую школу В штате были только два человека – женщина-

---

7) По материалам: http://www.gorod-elista.ru/about/info/news/5219; https://
kalmyk.er.ru/persons/11719/

завхоз и я. А нужно было закупать мебель и оборудование. Все это прошло через руки моего мужа, который оказал мне неоценимую помощь.

Жили мы далеко, уходили очень рано и возвращались очень поздно. В районе я никого тогда не знала. Близлежащие школы постарались отправить ко мне своих не лучших учеников. Из 532 учеников 30 человек стояли на учете в комиссии по делам несовершеннолетних за плохое поведение⋯ В первый же день в новой школе ученики выдрали все ручки из дверей и поломали все. За ночь пришлось восстанавливать все замки и дверные ручки в школе. И так пять раз – они снова ломали, мы снова восстанавливали. И все с сочувствием смотрели на меня, потому «что там учатся одни бандиты». А сейчас наша школа – самая лучшая.

Идея с корейскими классами возникла, потому что мне очень хотелось выучить корейский язык, и я искала учителя. Здесь жили много корейских семей, в которых ни родители, ни дети не знали корейского языка, и они не могли меня научить. В то время на меня вышел южнокорейский пастор Ли Хен Кын. Когда я его увидела, он мне очень понравился. Мы создали при школе корейский культурный центр. Пастор Ли Хен Кын очень помогал. Каждый его приезд вдохновлял и давал импульс к действию.

Нам посчастливилось, что при университете был обмен студентами. Студенты из Кореи у нас работали больше года. Мы стали изучать корейский язык. Класс всегда был полный. Потом студенты уехали. Тогда я попросила пастора найти учителя, и он нашел нам Юрия Сергеевича Бека, который ездил к нам из поселка Большой Царын преподавать корейский язык.

Пастора Ли Хен Кына нам очень сейчас не хватает. Он помогал нам сплотиться и участвовал в нашей жизни. Привозил сюда разных людей. Мы получали много внимания от него.

Тамара Сим в первом ряду в центре. Слева Юрий Бек и Борис Тян. Справа пастор Ли Хен Кын и гость из консульства РК. Открытие корейского культурного центра. 2012 г. Фото автора

Калмыки и русские хотят изучать корейский язык, и меня огорчает, что корейцам это неинтересно. Наша молодежь не очень стремится уехать в Корею. Они уже наслышаны, как к ним там относятся корейцы, что такое гастарбайтеры… От нас едут в Корею зарабатывать, а не в брачных целях.

У моей внучки всего 25% корейской крови. Она себя считает калмычкой, но никогда не забывает, что в ней течет корейская кровь. Здесь корейцам намного легче, калмыки и корейцы похожи внешне. Корейцы все друг друга знают, и на большие торжества стараются приглашать корейцев. Но общественной жизни среди корейцев нет.

Лучшие черты корейцев – трудолюбие и работоспособность. Корейские женщины очень хорошие домохозяйки, я знаю это по себе и своим знакомым. Дома у них всегда порядок и чистота, а мужчина – это добытчик. Я помню с детства, что это позор, если жена командует мужем. Корейские женщины умные, никогда не покажут, что они стоят во главе семьи. Еще хорошая черта – уважением к старшим. В моем окружении это было всегда. Семейно-родственные связи и соблюдаются, передаются детям. Но все же корейцы не такие дружные, как кавказцы, есть разобщенность.

Я работаю депутатом городского собрания. Это очень сложно. Мне больше нравится работа в школе. Моя с мужем семья не пользуется никакими связями. Поэтому мы все делаем сами всё как надо.

Через тернии к звездам – это про меня.

◎ Цой Сергей Вячеславович

Депутат Думы Астраханской области. 18 сентября 2016 г. председатель Астраханской региональной общественной организации корейский культурный центр «Хамке Идон» и председатель Астраханского регионального отделения Общероссийского объединения корейцев «ООК» Сергей Вячеславович Цой избран депутатом Думы Астраханской области.[8)]

Цой Сергей Вячеславов¬ич родился в 1973 г. в г. Кувасай Ферганской области Узбекской ССР. В 1991-1993 гг. проходил срочную военную службу в г. Теджен Туркменской ССР. В 1997 г. поступил на работу в школу г. Алмалык преподавателем физического воспитания. В 1997-2005 гг. он работал

Фото с сайта: http://astroblduma.ru/

в производственном управлении «Водоканал» г. Алмалык ведущим инженером, заместителем директора по сбыту. В 200¬4 г. избирался депутато¬м горсовета Алмалы¬ка.

В 2005 г. переехал¬ в Россию. В июне 2014 г. избран председателем Астраханской региональной общественной организации корейский культурный центр «Хамке Идон», в феврале 2016 г. стал председателем Астраханского регионального отделения Общероссийского объединения корейцев (ООК). Окончил Астраханский государственный университет в 2015 г. Член этноконфесионального совета при губернаторе Астраханской области.

С. В. Цой в сентябре 2016 г. избран депутатом Думы Астраханской области шестого созыва, став членом

---

8) http://astroblduma.ru/dp/S6_111

двух её комитетов (по промышленной политике, предпринимательству, торговле, транспорту и связи и по образованию, культуре, науке, молодежной политике, спорту и туризму) от избирательного объединения «Астраханское региональное отделение политической партии ЛДПР - Либерально-демократическая партия России».

◎ Сон Афанасий Николаевич

Афанасий Николаевич Сон в течение многих лет успешно руководил Ассоциацией корейцев Ростовской области (АКРО) и региональной общественной организацией «Объединение корейцев Ростовской области» (ОКРО).

Крупный общественный деятель корейского движения России, Афанасий Сон родился 14 апреля 1960 г. в Узбекистане. Служил в Советской Армии в 1979-1981 гг. Окончил Ростовский институт сельскохозяйственного машиностроения. После службы успешно работал в промышленной сфере: с июля 1987 г. по октябрь 1991 г. как инженер на заводе «Ростсельмаш» в Ростове-на-Дону, а с 1991 г. как предприниматель в различных коммерческих структурах. С 2004 г. стал генеральным директором Ростовской газонаполнительной станции; а в 2009 г. председателем совета директоров акционерного общества «Газонаполнительная станция».

В 2007 г. А.Н. Сон дал согласие на избрание Президентом АКРО. Он также вошел в консультативный совет при Администрации Ростовской области и в координационный совет ООК. В 2009 г. А.Н. Сон утвержден на должность Почетного консула Республики Корея в Ростове-на-Дону. В этом качестве он активно поддерживал тесные связи с субъектами Южного и Северо-Кавказского федеральных округов по вопросам взаимоотношений России и Республики Корея.

За время его руководства укрепился авторитет АКРО и связи с городским и областным руководством Ростовской области. А.Н. Сон занимался благотворительной деятельностью, финансово и организационно поддерживая ансамбль танца «Кым Ган Сан». При Афанасии Николаевиче Соне открылись новые первичные организации в разных населенных пунктах, были возрождены корейская первичная организация Ростова-на-Дону,

Афанасий Сон (слева). Фото с сайта https://koryo-saram.ru

корейская газета, молодежный комитет. А.Н. Сон проявлял заботу о ветеранах труда и войны, неоднократно посещал первичные корейские ячейки. Много лет был спонсором Ольгинской корейской первичной организации, покупал музыкальные инструменты, оплачивал работу учителей музыки и танца.

Его стараниями восстановлены документы ветерана войны Нама Константина Николаевича и получена субсидия на покупку для него благоустроенного жилья. А.Н. Сон налаживал сеть обучения корейскому языку в Ростовской области. Он был также постоянным участником мероприятий по поддержанию дружественных связей народов Кавказа и стран корейского полуострова, встречался с лидерами религиозных конфессий. Он публиковал статьи, а в 2009 и 2011 гг. принимал активное участие в научно-практических конференциях. А.Н. Сон спонсировал газету «Коре Сарам на Дону». Вследствие тяжелого длительного заболевания А.Н. Сон скончался 30 ноября 2016 г.[9]

---

9) Сон А. Н. Прошлое и настоящее донских корейцев. Феномен Ассоциации корейцев Ростовской области. – Гармонизация межнациональных отношений в Южном федеральном округе. Российские корейцы в диалоге народов и культур Дона. М.-Ростов-на-Дону. 2001. С. 9-18; Бугай Н.Ф. Корейцы Юга России: межэтническое согласие, диалог, доверие. М. 2015. С. 259-260; "Белые пятна" российской и мировой истории" № 1-2 за 2014 год, http://publishing-vak.ru/archive-2014/history-1-bugai.htm Российские корейцы. – 2011. – № 131. http://www.arirang.ru/archive/ksd/KSD.2017.01.pdf. https://rostov.mid.ru/casto-zadavaemye-voprosy//asset_publisher/ZPNsLt1FS6Qn/content/o-koncine-a-n-sona?inheritRedirect=false; https://koryo-saram.ru/nagrady-

5. Корейцы военнослужащие

◎ Эм Юрий Павлович

Российский военный и государственный деятель, генерал-майор. Герой Российской Федерации.[10]

Родился 12 сентября 1953 г. в поселке Курган, ныне Чердынского района Пермского края, в семье ссыльных поселенцев. Его отец – военный лётчик, кавалер ордена Красного Знамени Эм Дюн, родился на Дальнем Востоке, сын красного

Фото с сайта: http://koredo.ru/

партизана, член коммунистической партии с 1933 г. Дюн Во был неординарным, смелым и даже отчаянным человеком. В начале 1930-х гг. окончил Балашовскую летную школу (Саратовская область), стал работать инструктором. Орден получил за спасение самолета – в 1936 г. не дал машине упасть на город и умело посадил отказавшуюся слушаться

istoricheskoj-rodiny/

10) Снегина А. В речном порту Ульяновска на воду торжественно спустили теплоход «Герой Юрий Эм» // Ульяновская правда. 17 июля 2009; Ильинов И. Подвиг военного комиссара Ставропольского края Юрия Эма // Ставропольская правда. 15 января 2011; http://koredo.ru/yuriy-em; https://ru.wikipedia.org/wiki/Эм,_Юрий_Павлович; http://lib.fedpress.ru/person/em-yurii-pavlovich; http://www.warheroes.ru/hero/hero.asp?Hero_id=5482и др.

технику на грунт далеко от аэродрома. Эм Дюн Во был репрессирован в 1937 г. реабилитирован в 1960-х гг. Мать Амалия (Кристина) Федоровна Геринг, поволжская немка, репрессирована в 1941 г. Маму Юрий потерял в трехлетнем возрасте. Воспитывала его бабушка, а потом папа.

Отец видел сына только военным. Юрий в 1971 г. окончил школу, где начал заниматься вольной борьбой. В середине 1970-х гг. Юрий Эм был мастером спорта СССР, входил в сборную Казахстана и в число призеров чемпионата Советского Союза. Навсегда Юрий запомнил слова своего тренера, говорившего, что в противоборстве на ковре или на поле боя побеждает тот, кто сильнее характером, кто, до конца сохранив хладнокровие, в решающий момент способен взорваться мускулами на пике максимального человеческого напряжения.

В 1975 г. Ю. Эм окончил Алма-Атинское высшее общевойсковое командное училище. Как отличный спортсмен был распределен в воздушно-десантные войска. Служил в Киргизской ССР, городе Ош. Сначала был командиром взвода, затем батальона. В 1980-1982 гг. Ю. Эм воевал в Афганистане в составе ограниченного контингента советских войск, где исполнял обязанности начальника штаба парашютно-десантного батальона. Был награжден орденом за проявленный в боях героизм, хотя предполагалось представление на звание героя Советского Союза.

По окончании службы в Афганистане Юрий Эм служил в Ленинградском военном округе, затем направлен на учёбу в Военную академию им. М. В. Фрунзе, которую окончил в 1988 г. Назначен заместителем командира десантно-штурмовой бригады, по прошествии нескольких лет стал её командиром. Участвовал в боевых действиях в Нагорном Карабахе, Южной Осетии, Абхазии, прошел первую чеченскую войну (1994-1996 гг.). В 1998 г. из бригады был сформирован десантно-штурмовой полк, которым руководил Юрий Павлович Эм. За участие в боевых действиях в Дагестане вторично был представлен к званию Героя России, но указ снова не был подписан. С октября 1999 г. по январь 2000 г. его полк воевал в Чечне. Среди проведённых им операций – освобождения населённых пунктов и захваты стратегически важных объектов, высадки десанта. Ко всем операциям Ю. Эм тщательно готовился. При нападении на засаду боевиков он был контужен, но не покинул поле боя, продолжая руководить действиями бойцов до конца боя.

В составе этого полка сражался его старший сын Александр Эм, награждённый орденом «За личное мужество» и медалью «За отвагу». С 2016 г. Александр Юрьевич Эм работает заместителем мэра г. Невинномысск Ставропольского края.

Указом Президента РФ от 6 мая 2000 г. за мужество и героизм, проявленные в ходе контртеррористической операции на Северном Кавказе, полковнику Юрию Павловичу Эму было присвоено звание Героя Российской Федерации с вручением медали «Золотая Звезда»: «за ряд военных операций, принесших Восточной группировке успех на главных направлениях с наименьшими потерями».

В 2000 г. Ю. П. Эм – заместитель Председателя Правительства Чеченской республики, с 2002 г. главный федеральный инспектор Южного федерального округа, в 2004 г. заместитель военного комиссара Калужской области, а с 2005 г. военный комиссар Ульяновской области. В январе 2007 г. Ю. П. Эму присвоено воинское звание «генерал-майор». В марте 2008 г. генерал-майор Эм назначен военным комиссаром Ставропольского края. Тогда же получил диплом Поволжской академии государственной службы (г. Саратов). В 2011-2012 гг. и в 2014-2016 гг. был депутатом Государственной Думы РФ.

Сегодня главная его задача - патриотическое воспитание призывной молодежи. В июле 2009 г. его именем был назван теплоход «Герой Юрий Эм» в Ульяновске.

▶ *Прямая речь :*

Во мне не заложены гены героя. Просто в Советском Союзе у людей были другие ценности и ориентиры, и в соответствии с ними меня воспитывали. В том числе и отец. Так, наверное, воспитывали и парней, служивших в Афганистане. Знаете, там нередко случалось, что при формировании группы для выполнения ответственного задания и отборе в нее

Рисунок 31. Юрий Эм на присвоении теплоходу «Герой Юрий Эм» его имени. Фото А. Снегиной

бойцов ко мне подходили молоденькие солдаты и с обидой в голосе спрашивали: «Почему идет Иванов, а не я? Отправьте меня!». Немало было таких ребят и в Чечне — рвались вперед, под пули. Вот они и есть настоящие герои — те, кто, не задумываясь, будет защищать страну, товарищей, семью, а не думать о шмотках и жратве. К сожалению, сейчас таких людей — с искренней духовностью — все меньше. И это не может не тревожить.

— Это ведь сделано не для того, чтобы увековечить в названии теплохода лично меня как Эма. Это сделано, чтобы отдать дань всем защитникам нашей Родины, всем ребятам, которые исполнили свой долг, которые проливали кровь и получали раны, защищая ее.

◎ Пак Сергей Максимович

Фото с сайта
http://61.фсин.рф

Почти полвека Сергей Максимович Пак посвятил служению Отечеству. За умелые и грамотные действия по руководству подразделением, за мужество и отвагу, проявленные при ликвидации незаконных вооруженных формирований в Северо-Кавказском регионе, Указом Президента России полковник внутренней службы Сергей Максимович Пак награжден орденами Красной Звезды, Мужества, а также именным оружием – пистолетом Макарова.

Сергей Максимович Пак родился в 1946 г. в рабочей семье в провинциальном узбекском городе Бекабад. Отец строил ГЭС в различных городах Средней Азии, семье приходилось часто переезжать. В первый класс пошел в Ленинабаде в Таджикистане. Учеба давалась легко благодаря унаследованному от родителей пытливому уму и трудолюбию. Как многие советские мальчишки, Сергей с детства мечтал стать военным, с гордостью носить строгую военную форму. Окончив школу, он уехал в Северную Осетию и поступил в военное училище МВД. После его окончания С.М. Пак стал командиром взвода конвойной охраны в Ташкенте. В 1968 г. целеустремленного и грамотного молодого командира избрали секретарем комитета ВЛКСМ конвойного полка, а вскоре назначили заместителем командира роты по политчасти.

В начале 1970-х гг. его, как компетентного специалиста, направили в город Чирчик для несения службы в так называемой «экспериментальной колонии». В те годы таких спецучреждений по всему Союзу было всего восемь. В них впервые использовались новые системы охраны «Кактус» и «Эдельвейс», разработанные советскими учеными. В 1979 году Сергей Пак был откомандирован для несения службы из Узбекистана в Коми АССР. За 10 лет прошел путь от командира взвода до заместителя командира бригады. В то время технические возможности контроля над осужденными были не столь совершенными, как сейчас. От сотрудника внутренних войск требовалась постоянная бдительность, и умение предотвратить малейшую возможность побега осужденного.

Интересно слушать его рассказы о службе в Коми АССР. Иногда случались курьезные случаи. Один раз заключенные пытались бежать: изготовили из тонкой арматуры каркас, похожий на бревно, обшили ДВП, а сверху, смолой приклеили кору деревьев. Получилось большое толстое «бревно» с люком для входа. А другой «народный умелец» попытался совершить побег с помощью самодельного вертолета, соорудив из бензопилы летающий аппарат, он взлетел вверх, повисел несколько секунд в воздухе, успел сделать «глоток свободы», и рухнул на землю. Сейчас Сергей Максимович говорит об этом с юмором. А тогда только благодаря его грамотным действиям удалось предотвратить массовые побеги.

В конце 1990-х годов началась реорганизация внутренних войск. Полковник Пак продолжил службу в Управлении по конвоированию УИН по Ростовской области, в должности заместителя начальника. Спустя три года он стал заместителем начальника управления УИС по ЮФО – начальником отдела охраны, конвоирования и вооружения. Отдельная и насыщенная страница в биографии Сергея Максимовича – его командировки на территорию Чечни и Южной Осетии. В 1995 г. полковник Пак был военным комендантом города Гудермес. В силу должностных обязанностей приходилось решать вопросы, как с гражданским населением, так и с военными. «Самое главное, совесть моя чиста перед родными моих бойцов, – говорит он. Из боевых командировок все вернулись живыми и здоровыми». Но испытания войной не прошли бесследно. Из-за постоянных стрессов у него начались проблемы со здоровьем.

Навсегда остался в памяти полковника холодный зимний день 14 декабря 1995 г. Полковник Пак вспоминает:

– 17 декабря предстояли выборы Президента ЧР, а 14-го боевики захватили город. В кольце захвата оказались две комендатуры – наша и железнодорожная. Бой с бандитами тогда завязался ожесточенный, но мы выстояли, а самое главное, не погиб ни один солдат и сержант срочной службы.

Август 2000 г. – очередная командировка в Чечню. В одном из жилых домов, саперы отряда, которым руководил полковник Пак, обнаружили взрывчатку. Если бы произошел взрыв, от здания осталась бы груда мусора. Но благодаря его грамотно спланированным действиям трагедии удалось избежать. Спустя две недели очередная бомба была обнаружена в школе, где в это время шли уроки. Пак приказал немедленно эвакуировать учеников и преподавателей из заминированного здания и обезвредить взрывное устройство. Боевики целенаправленно пытались уничтожать детей. Через несколько дней в той же школе была обнаружена закладка еще большей мощности. Таймер был установлен с таким расчетом, чтобы взрыв произошел во время школьной перемены. Оставалось слишком мало времени на раздумья. Полковник Пак приказал срочно эвакуировать людей. Силами саперов оперативного штаба взрывное устройство было обезврежено.

Как грамотному специалисту, ему всегда поручали самые ответственные участки работы. Под его руководством проходил переезд Администрации Чеченской Республики из Гудермеса в Грозный, организовано боевое дежурство и охрана здания Представительства Президента России в ЧР и Администрации Чечни, сопровождение и охрана высоких должностных лиц России по Чеченской Республике и Южной Осетии. В настоящее время Сергей Максимович Пак находится на заслуженном отдыхе. Он почетный пенсионер Донской УИС. Сергей Максимович с гордостью заявляет:

> – Я счастливый человек. Дети пошли по моим стопам – и сын, и дочь офицеры внутренней службы. Какую профессию выберут внуки, – не знаю. В одном я уверен, будут хорошими людьми и достойными гражданами своей страны.

Казалось, выйдя на пенсию, можно и отдохнуть. Но полковник Сергей Пак по-прежнему в строю. Являясь одним из активных членов Совета ветеранов Донской УИС, Сергей Пак регулярно выезжает в исправительные учреждения области, оказывает теоретическую и практическую помощь молодым сотрудникам, проводит встречи с молодежью, передавая им свой богатейший профессиональный опыт и знания.[11]

---

11) По материалам: Оганесян К. Совесть моя чиста: http://61.фсин.рф/ territory/Rostov/vedomstvennoe-smi/donskoy-gufsin/gufsin_3_2012.pdf; https://big-rostov.ru/veterany-gufsin-pokazali-svoi-talanty/

◎ Ан Рудольф Николаевич

Рудольф Николаевич Ан родился 13 июля 1955 г. в колхозе им. Ленина Нижнечирчикского района Ташкентской области Узбекской ССР.

Фото с сайта
http://old.redstar.ru

В 1972-1978 гг. он проходил учебу на военно-медицинском факультете медицинского института г. Томска. На выбор профессии повлиял старший брат Феликс Николаевич Ан, уролог, кандидат медицинских наук. Старший брат учился в Кемеровском медицинском институте и вслед за ним туда поступил Рудольф. В 1976 г. перевелся в Томск на военно-медицинский факультет, который закончил через два года в звании лейтенанта.

В 1978 г. Р.Н. Ан начал офицерскую службу в должности младшего врача полевого медпункта мотострелкового полка в Туркестанском военном округе. В том же году он был переведён в Дальневосточный военный округ в поселок Троицк, но в связи с напряженными отношениями с Китаем Рудольфа Ана, как и всех корейцев, перевели во внутренние округа. Так Ан попал в Туркестанский округ на должность младшего врача полевого медпункта мотострелкового полка.

С 1981 г. Рудольф Николаевич Ан прошел путь от младшего врача до начальника медицинской части полка в Гродно (Белоруссия), затем был назначен начальником медицинской службы полка в Группе советских войск в Германии, командовал отдельным медицинским батальоном мотострелковой дивизии в 1985 гг. в Германии. В 1990 г. он перевелся в Грозный командиром отдельного медицинского батальона, а в связи с реформированием дивизии в 1992 г. назначен там же начальником военного медицинского госпиталя.

23 декабря 1995 г. в Кремлевском Георгиевском зале — зале боевой славы Российской армии – получил из рук Президента РФ Б.Н. Ельцина орден «За военные заслуги» за участие в антитеррористической акции в первой чеченской войне. Во время неё он досрочно получил звание полковника медицинской службы.

В 1996 г. Р.Н. Ан назначен начальником Волгоградского военного госпиталя, а в 2000 г. начальником Окружного клинического военного госпиталя Северо-Кавказского военного округа (СКВО).

Рудольфу Ану – заслуженному врачу Республики Северная Осетия-Алания, в 2000 г. присвоено почетное звание «Заслуженный врач РФ».

В 2001 г. он стал начальником медицинской службы СКВО. Служил в горячих точках. В течение пяти месяцев занимался вывозом раненых и больных с территории Афганистана в Узбекистан и Россию. Принимал участие в чеченских компаниях. Дружил с Героем России Юрием Павловичем Эмом. За 16 лет службы в СКВО полковник Р.Н. Ан прошел путь от командира учебного медицинского батальона до начальника медицинской службы СКВО. Как хирург защитил кандидатскую диссертацию на основе накопленного в Чечне опыта.

11 сентября 2006 г. Рудольф Ан трагически погиб в авиакатастрофе вертолета Ми-8 под Владикавказом и похоронен в Ростове-на-Дону.

▶ *Прямая речь (из прижизненного интервью о чеченской войне):*

··· среди солдат и офицеров было много корейцев. К сожалению, есть корейцы и среди погибших. 6 марта 1996 г. погиб начальник КЭЧ в Грозном подполковник Ли. Он был направлен в Чечню для прохождения службы из Московского военного округа. В день гибели он выехал спасать своих сотрудников. Много корейцев — командиров частей — участвовали в войне. Например, командир саперного батальона подполковник Хван.

Мой двоюродный брат служил в Чечне, участвовал в первой чеченской кампании в Ханкале, сейчас проходит службу во Владикавказском военном округе. Майор Лим, начмед Ханкалинского госпиталя, был командиром роты Владикавказского медицинского батальона. Так что корейцы не прячутся. Мы служим Отечеству.

Заключение

Активному поколению корейцев пришлось строить новую реальность на развалинах Советского Союза. Местная корейская община Юга России складывалась постепенно, прибавляя ежегодно по несколько тысяч вновь прибывших иммигрантов из бывших среднеазиатских республик. Основой сплоченности и солидарности на новых местах жительства оказались семейно-родственные и земляческие отношения.

Одной из эффективных стратегий активного поколения корё сарам было получение высшего образования с профессиями и специальностями, связанными как с сельским, так и с городским способом трудовой деятельности. Гибкий подход при выборе при выборе форм хозяйственно-экономической деятельности способствовал адаптации в условиях социальной неустойчивости.

Трудолюбие, миролюбие и законопослушность

способствовали установлению добрососедских отношений с проживающим здесь населением на региональном и местном уровне. Интеграцию вновь прибывших иммигрантов в российское общество активное поколение корё сарам осуществляло, используя организационные формы, предлагаемые законодательством РФ, создавая общественные объединения, защищающие интересы корейского населения.

В новых условиях складывались новые идентичности корё сарам, связанные с жизнью в России, где на первое место выдвинулась гражданско-этническая самоидентификация «я российский кореец». Однако сложная экономическая ситуация в южно-российских регионах, проблемы трудовой занятости ведут к эмиграции в Республику Корея активных, трудоспособных и более молодых групп корейского населения. Эти процессы ослабляют «домашнюю диаспору» и затрудняют трансляцию нравственных и трудовых традиций от умудренного жизнью, но еще активного поколения, снижая ценность их достижений в строительстве жизненной среды.

Рассматривая биографии корейцев, нам представляется не совсем правильным делить представителей корейской этнической общности по ступеням профессионально-социального статуса или высокого положения в обществе. На наш взгляд, главной социальной характеристикой корейцев является исключительное трудолюбие, позволяющее добиться часто впечатляющих успехов в любом деле, от выращивания овощей в поле до уровня руководителя организации или ведомства. И очень важно не утерять эту национальную черту характера, которая ярко выражена в активном поколении корё сарам.

Стремление добиться максимально возможного в любом деле, является эффективной коллективной и личной адаптивной стратегией, передающейся из поколения в поколение корейцев независимо от географического места проживания. В личном он-лайн общении знакомый кореец из РК, изучающий русский и еще несколько языков одновременно, заявил автору буквально следующее: «Я кореец - значит, смогу!». В этом корё сарам и хангук сарам близки как самые настоящие родные братья.

Часть 3

ИДЕНТИЧНОСТЬ КОРЕЙСКОЙ МОЛОДЕЖИ ЮГА РОССИИ

Введение

Мы придерживаемся принятой в данном исследовании концепции трехпоколенческой исторической периодизации этнической общности корё сарам: «Русскоязычные корейцы прожили свою жизнь в различных исторических срезах. Старшее поколение, родившееся в советское время, среднее поколение, прошедшее 1990-е годы и третье поколение – это молодежь». Иными словами, самое старшее поколение заложило фундамент для «нового дома корё сарам», построенное следующим поколением, и в котором теперь живет молодежь, призванная развивать корейское сообщество.[1]

Особенность регионов Юга России как территории проживания общности корё сарам заключается в земледельческом характере расселения здесь корейцев, что

---

[1] Хон Ун Хо. Проблемы и направления изучения современных русскоязычных корейцев. – Сборник конференции. 2016. С. 178-179.

позволяет выделить и описать несколько специфических групп. Первая группа постоянно проживающих здесь советских корейцев (сорён сарам) появилась в 1933 г. в связи с необходимостью развития рисоводческой отрасли советского сельского хозяйства, в которой корейцы были отличными специалистами. Территориально-географическое расширение «северного» рисоводства позволило постепенно расширить и ареал расселения коре сарам на Юге России от Краснодарского края, Ростовской области, Ставропольского края до Республики Калмыкия.

Другая группа корё сарам не проживала на постоянной основе в южнороссийских регионах, а, скорее, вела «полукочевой» образ жизни, используя возможности трудовой миграции и собственного уникального бригадного подряда хозяйствования «гобонди», приезжая на сезонные работы из республик Средней и Центральной Азии. Именно их силами выращивался лук на огромных плантациях Кубани и других регионов. Знание географии, климата и наличие ранее установленных связей в регионах позволило после распада Советского Союза вынужденным переселенцам корейской национальности поселиться тут на постоянной основе. Эти две группы описаны нами ранее.

В качестве специфической третьей группы мы можем назвать новое поколение коре сарам, молодежи, основная часть жизни или вся жизнь которых прошла в России, в частности. Изучению их психологических, социальных и миграционных установок посвящена третья часть нашего исследования.

В первой книге, посвященной старшему поколению сорён сарам, нами было выявлено, что выживание и успешная социальная адаптация основывалось на симбиозе базовых конфуцианских норм с идеологическими советскими установками – приоритетом государственного/общественного над частным/личным и коллективизмом.

Расселившееся на российском Дальнем Востоке корейское население меняло локальный этнический ландшафт и воздействовало на технологические основы ведения сельского хозяйства, доселе неизвестные проживающим здесь русским. Традиции, обычаи и духовная культура корейских переселенцев представляла тип «деревенской» культуры.[2] Дальнейший процесс социокультурной адаптации корейских переселенцев приобретал черты интеграции, а повышение этносоциального статуса позволило продолжить формирование новой социально-этнической общности – «советских корейцев».[3]

---

[2] Хан В. С. Какие традиции мы возрождаем в поисках своей идентификации // Десять лет спустя: (К 10-й годовщине Ассоциации корейских культурных центров Республики Узбекистан). Ташкент-Сеул, 2001. С. 51.

[3] Ким И. А. Проблемы этнической идентичности корейского населения Нижнего Поволжья. // Национальная идентичность в проблемном поле интеллектуальной истории. – Ставрополь-Пятигорск-Москва.

Однако негуманный сталинский подход к этнонациональной политике и депортация 1937 года привели к резкому падению социального статуса и глубокой аффектации советских корейцев. В то же время следует отметить, что навязанная негативная идентичность не явилась определяющим фактором развития этноса на сухих землях Казахстана и Узбекистана. Трудовые успехи и лояльность корейцев позволили им довольно быстро улучшить экономическое положение. В силу достаточно высокого доверия государственной власти к социальным, трудовым навыкам, уровню профессионализма и политической благонадежности корейцев привлекли к созданию фактически новой сельскохозяйственной отрасли – «северного рисоводства» как в среднеазиатских республиках, так и в южных регионах РСФСР.

Вторая книга была посвящена анализу характера и условий для складывания новой идентичности среднего «активного поколения» корё сарам, вынужденного массово мигрировать к новым места проживания на Юге России. Как показал статистический анализ социологических данных, основой сплоченности и солидарности на новых местах жительства оказались семейно-родственные и земляческие отношения. Готовность трудиться и гибкий

2008. С. 458.

подход при выборе форм хозяйственно-экономической деятельности способствовал устойчивой адаптации в новых условиях. Были установлены добрососедские отношения с проживающим здесь населением. На основе организационных форм, соответствующих законодательству РФ, создавались корейские общественные объединения. В новой реальности сложилась гражданско-этническая самоидентификация корё сарам «я российский кореец».

Однако процессы экономической дезинтеграции в новом российском государстве и пространственной разобщенности не дали возможности корейцам для быстрой аккумуляции ресурсов и качественного скачка и привело к «тенденции экономического изоляционизма в сельской местности и культурной ассимиляции в городах».[4]

Таким образом, исследования первого и второго поколения корё сарам на Юге России позволили прийти к следующему выводу. Стремление достичь максимального результата в любом деле, исключительное трудолюбие как национальная черта является эффективной коллективной и личной адаптивной стратегией, передающейся из поколения в поколение корейцев независимо от географии проживания.

---

[4] Ли Н.Г. Стратегии самоидентификации и способы социокультурной интеграции корейской субобщности на юге России. Автореферат на соискание ученой степени кандидата философских наук. Ростов-на-Дону. 2013. С. 16.

Однако открывшиеся возможности трудовой и иной эмиграции в Республику Корея для трудоспособных молодых групп корё сарам вкупе со сложными социально-экономическими условиями способны ослабить «домашнюю диаспору» и затруднить межпоколенческую трансляцию нравственных и трудовых традиций. Вместе с тем для многих молодых корейцев возникает новая переходная «номо» идентичность – от «корё сарам» к «корёин». С другой стороны, не все молодые корё сарам связывают свои жизненные перспективы с эмиграцией на историческую родину.

Глава 1

Общее описание

Общее описание корейской молодежи основано на данных нескольких опросов и социологических исследований, проведенных общественной организацией «Первое марта» (руководитель южнокорейский пастор Ли Хен Кын), в которых авторы принимали прямое участие. Кроме того, нами проанализированы два кейса с описанием конкретных групп молодых корейцев, проведенных в 2001 г. среди вновь прибывших иммигрантов и в 2013 г. среди проживающих в компактном поселке бывших иммигрантов, приехавших еще в конце 1990-х гг. Также нами использованы данные из электронных СМИ и интернет-форумов. Таким образом, на основании анализа молодежных групп респондентов из более ранних исследований мы можем проследить эволюцию идентичности среди корейской молодежи, проживающей в южнороссийских регионах.

1) Количественный состав корейской молодежи по данным переписей населения 2002 и 2010 гг

Социологический анализ должен отражать реальную ситуацию, описанную статистическими справочниками. К сожалению, в открытом доступе информация по результатам всероссийских переписей населения 2002 и 2010 годов достаточно ограничена по различным параметрам и регионам Юга России.

Анализ данных переписей показывает некоторые демографические закономерности (рис. 1-6; Приложение: табл. 1, 2). В 2002 г. более подробные данные о корейцах были опубликованы для Ростовской области, в 2010 г. для Республики Калмыкия, Кабардино-Балкарской Республики и Астраханской области. Диаграммы возрастного распределения корейской молодежи показывают яму в кривой в возрастной группе 18-19 лет, в обеих переписях, разделенных 8 годами. Возможно, эта «потерянная» часть молодого поколения корё сарам рождена родителями, которые остались в республиках, и не вошла в иммиграционную группу.

В Ростовской области в 2002 г. проживали 11669 корейцев возраста от 0 до 34 лет включительно, из них 5985 мужчин

(51,3%) и 5684 женщины (48,7%); в городах 7190 чел. (61,6%), из них 3649 мужчин и 3541 женщина; в сельской местности 4479 человек (38,4%), из которых 2336 мужчин и 2143 женщины.

В 2010 г. в Астраханской области переписаны 2939 молодых корейцев в возрасте до 34 лет включительно, из них 1559 мужчин (53%) и 1380 женщин (47%); в городской местности переписаны 1133 чел. (38,6%), из которых 565 мужчин и 568 женщин; в селах проживали 1806 корейцев, из них 994 мужчины и 812 женщин.

В Республике Калмыкия на момент переписи 2010 г. проживали 1342 молодых корейца, из них 642 мужчины (47,8%) и 700 женщин (52,2%); из них в городе 330 чел. (24,6%), среди которых 158 мужчин и 172 женщины; основная масса

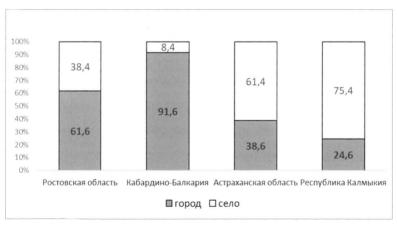

Рис. 1. Соотношение городской и сельской корейской молодежи в регионах Юга России. 2002 и 2010 гг. В %

проживала в селе: 1012 чел. (75,4%), из них 484 мужчины и 528 женщин.

В Кабардино-Балкарской Республике переписаны 4034 молодых людей корейской национальности, из них 1872 мужского пола (46,4%) и 2162 женского пола (53,6%). Практически все проживали в городе, это 3695 чел. (91,6%), из них 1697 мужчин и 1998 женщин; в сельской местности переписаны 339 чел. (8,4%), из которых 175 мужчин и 164 женщины.

Судя по этим цифрам, в Ростовской и Астраханской областях количественная доля молодых мужчин больше, чем доля женщин; для Калмыкии и КБР соотношение обратное, количественная доля женщин превышает мужскую долю.

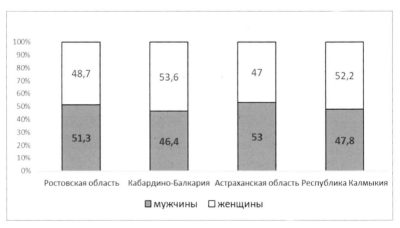

Рис. 2. Гендерное соотношение среди корейской молодежи в регионах Юга России. 2002 и 2010 гг. В %

В Ростовской области и Кабардино-Балкарии преимущественная часть корейской молодежи проживает в городах, в Астраханской области и Калмыкии в сельской местности. Соответственно должны наблюдаться различия в сфере трудовой занятости и в источниках основных доходов.

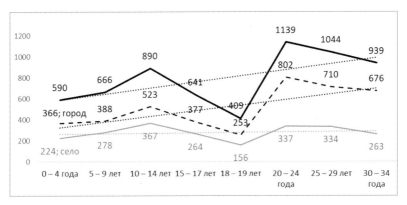

Рис. 3. Количественный состав корейской молодежи в Ростовской области. Перепись населения 2002 года.

Для Ростовской (2002 г.) и Астраханской (2010 г.) областей характерно заметное снижение численности корейской молодежи, достигшей возраста старше 25 лет в Ростовской области и старше 30 лет в Астраханской области. В Ростовской области подобный тренд более характерен для городской молодежи, линия тренда для сельской молодежи сглажена. В Астраханской области интенсивность изменений примерно одинакова как для городской, так и для сельской молодежи.

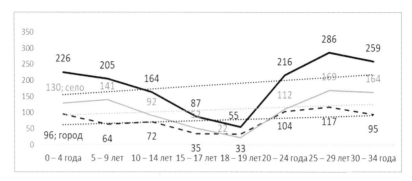

Рис. 4. Количественный состав корейской молодежи в Астраханской области. Перепись населения 2010 года.

В республиках ситуация с динамикой численности корейской молодежью также имеет собственную специфику. В Калмыкии и КБР количественная кривая устремляется вверх к 30-летнему возрастному рубежу только за счет молодых горожан. Численность небольшой группы проживающих в сельской местности молодых корейцев практически не изменяется или уменьшается.

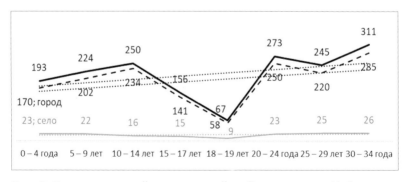

Рис. 5. Количественный состав корейской молодежи в Кабардино-Балкарской Республике. Перепись населения 2010 года.

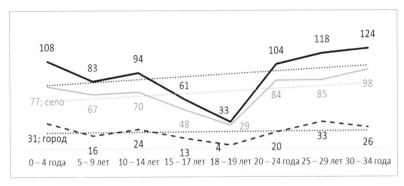

Рис. 6. Количественный состав корейской молодежи в Республике Калмыкия. Перепись населения 2010 года.

Таким образом, среди корейской молодежи, проживающей в регионах Юга России, имеются некоторые демографические и поселенческие различия, обусловленные иммиграционными условиями и предшествующими особенностями проживания старшего поколения корейцев.

2) Миграционное происхождение и идентичность

В целях оказания помощи вновь прибывшим иммигрантам в 2001 г. общественной организацией «Первое марта» было проведено массовое социальное обследование в виде анкетирования[1] 337 корейских семей (1479 чел.), приехавших из Средней Азии: из Узбекистана (217 семей),

---

1) Обследование Ли Хен Кын, анализ Ким Ильгиза.

Таджикистана (105 семей), из Казахстана (3 семьи), из других регионов России (10 семей), не указали 2 семьи (рис. 7-8).

Обследуемые семьи проживали в разных южно-российских регионах: в Волгоградской области (88 семей в Волгограде, 177 семей в районах), в Астраханской (39 семей) и Саратовской областях (7 семей), Калмыкии (2 семьи), в Ставропольском крае (1 семья) и других регионах России (3 семьи), на момент обследования еще в Таджикистане и Узбекистане (14 семей).

Семьи иммигрантов прибывали не одновременно: 189 семей приехали с 1992 по 1999 гг., 49 семей в 2000 и 2001 гг. На момент обследования в семьях находились 312 несовершеннолетних детей, из них 165 мальчиков (53%) и 144 девочки (47%). Наиболее многочисленной оказалась группа подростков возрастной группы 11-15 лет (112 чел., 36%), самой малочисленной группа старших подростков 16-17 лет 44 чел. (14%). Родители также привезли 71 ребенка младшего школьного в возрасте 7-10 лет (23%) и 85 дошкольников в возрасте 1-6 лет (27%).

В Узбекистане родились 208, в Таджикистане 99 детей.

Максимальный приток в 1992 г. семей из Таджикистана стал плавно снижаться после 1996 г., а приток из Узбекистана заметно увеличивался, достигнув максимума к моменту обследования в 2001 г.

В общей сложности зафиксировано прибытие молодых

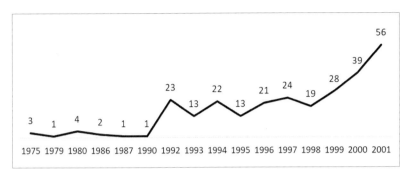

Рис. 7. Динамика прибытия в Россию детей в обследуемых семьях. 2001 г.

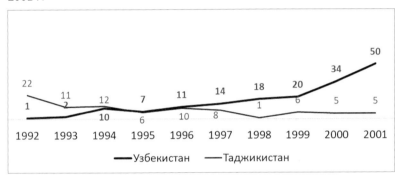

Рис. 8. Динамика прибытия детей из Узбекистана и Таджикистана в Россию. 2001 г.

корейцев в количестве 806 чел. возраста до 35 лет (50% мужчин, 50% женщин), из них из Узбекистана 527 чел., из Таджикистана 349 чел

Известны фамилии семей прибывших детей: Ким (79 чел.), Пак (26), Цой (23), Ли (22), Хегай (16), Когай (11), Хан, Ан (по 9), Тян (8), Сон, Тен (по 7), Ен, Лян, Мун, Ни, Пан, Хван, Чен, Югай, Юн (по 4), Лим, Син, Хен, Цхе, Чо, Шин (по 3), Дё, Дю, Кан, Квак, Лем, Нагай, Сек, Цан, Цхай, Чжен (по 2), Дон,

Егай, Лигай, Магай, Огай, Тё, Угай, Хом, Чай, Эм (по 1 чел.).

В социологическом опросе 2006 г. участвовали 139 молодых корейцев от 13 до 35 лет, из них женщин 76 (55%), мужчин 63 (45%), средний возраст 26,8 лет.[2] Родились в Узбекистане 94 чел. (72%), их средний возраст 26,9 лет, в Таджикистане 26 чел. (20%), их средний возраст 27, 2 лет; в России или прожили здесь почти всю свою жизнь 7 чел. (5%), их средний возраст 26,9 лет, в Казахстане и Украине 3 чел. Большинство иммигрантов (63%) прибыли в Россию с начала 2000-х гг. и в последующие годы, часть иммигрантов (37%) приезжали постепенно с начала 1990-х гг. (рис. 9)

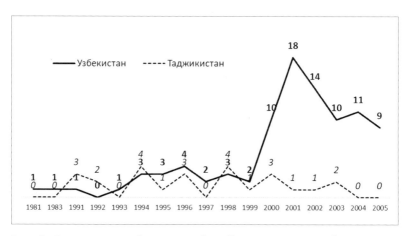

Рис. 9. Динамика прибытия корейской молодежи из Узбекистана и Таджикистана. Опрос 2006 г.

2) Ли Хен Кын, Ким Ильгиза. Корейское население Нижнего Поволжья (по результатам социологического опроса 2006 года). Корейцы в России, радикальная трансформация и пути дальнейшего развития. М., 2007. С. 120-148.

В 2013 г. в двух поселках Быковского района Волгоградской области было проведено обследование компактно проживающих 75 семей, состоящих из 345 чел.: в п. Приморск 69 семей из 305 чел., в п. Луговая Пролейка 8 семей из 40 чел.[3] Количество молодежи до 35 лет составило 177 чел., из них 94 мужчин и 83 женщины (рис. 10-12).

Узбекистан является родиной для 97 молодых корейцев, Таджикистан для 21 чел., Россия для 58 чел.

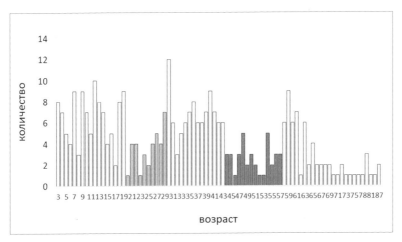

Рис. 10. Численность поколенческих групп корейцев. 2013 г.

На рис. 10 можно обнаружить количественное снижение числа двадцатилетней молодежи в данных поселках, что можно было бы, на первый взгляд, объяснить учебой или работой в городе. Однако три года спустя в наших личных

---

3) Обследование провел пастор Ли Хен Кын, анализ Ким Ильгиза.

беседах с жителями поселков описывался отъезд целых семейств с целью трудовой эмиграции в Республику Корея, включая молодежь и их родителей, что подтверждает также и количественное снижение среди взрослых 40 и 50-летнего возраста.

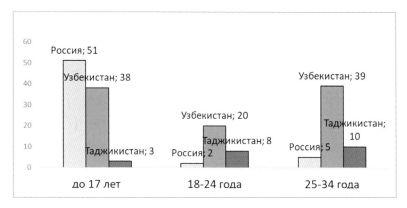

Рис. 11. Распределение молодежных групп по странам происхождения. 2013 г.

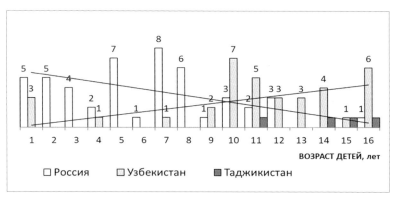

Рис. 12. Распределение корейских детей по месту рождения. 2013 г., Луговая Пролейка и Приморск (чел.)

Существует сильная статистическая связь между возрастом и страной убытия или рождения респондентов. Среди несовершеннолетних (группа до 18 лет) большинство составляют дети, родившиеся уже на российской территории (55%), хотя большинство их родителей приехали из Узбекистана и Таджикистана. Большая часть самого молодого поколения (до 18 лет) рождена в России (55 %) и в Узбекистане (41%), в Таджикистане всего трое несовершеннолетних детей (4%).

Судя по тренду, дети, родившиеся и приехавшие из Узбекистана, в целом заметно старше детей, родившихся в России, а дети из Таджикистана старше детей из Узбекистана.

Действительно, средний возраст детей до 18 лет в изучаемых селах равен 9,99 годам; средний возраст детей, приехавших из Таджикистана, равняется 15,33 года; средний возраст детей из Узбекистана 12,41 лет, а средний возраст корейских детей, родившихся в России, заметно моложе и составляет 8,07 лет. В целом среди молодых корейцев до 35 лет, проживающих в Быковском районе Волгоградской области, общий средний возраст составляет 18,22 года: среди родившихся в России 10,7 лет, среди родившихся в Узбекистане 21,73 года, в Таджикистане 23,95 года.

В выборочную совокупность исследования 2014 г. попали 86 молодых корейцев до 35 лет, из которых 54 чел. проживали в городах, 32 чел. в сельской местности (рис. 13-15). Прибыли из Узбекистана 55 чел. (64%), из Таджикистана 6 чел. (7%), из Туркмении и Киргизии 5 чел. (6%), из Казахстана 4 чел. (5%), с Украины 2 чел. (2%), жили в России всегда или большую часть своей жизни 14 чел. (16%). Как видно из рис. 14, нынешнее место жительства не является единственным для некоторой части молодежи.

Средний возраст опрошенной молодежи 25 лет: молодежи российско-корейского происхождения 23,6 лет, из Узбекистана 26,3 лет, из Таджикистана 28,3 лет.

Проживали ранее еще где-либо в России 28% респондентов из числа опрошенной молодежи; в других регионах Юга России 20%. У более чем половины (51%) молодых корейцев есть родственники в южнороссийских регионах.

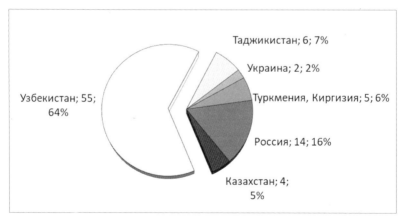

Рис. 13. Страны происхождения корейской молодежи. 2014 г.

Рис. 14. Динамика проживания в России и на нынешнем месте жительства. 2014 г.

Наиболее устойчивы в плане проживания в данном регионе и в данном месте жительства оказались молодые корейцы из Таджикистана: только 17% из них проживали ранее в других регионах РФ и ЮФО, 83% имеют родственников в ЮФО, что и явилось основанием для компактного расселения. Молодые корейцы (скорее, их родители) из Узбекистана оказались более мобильными: проживали ранее в других регионах РФ 29%, в ЮФО 20%, имеют родственников на Юге России 47%. Дисперсность проживания российско-корейской молодежи еще более заметна: по 36% из них проживали ранее в других регионах РФ и ЮФО, 57% имеют родственников в южных регионах.

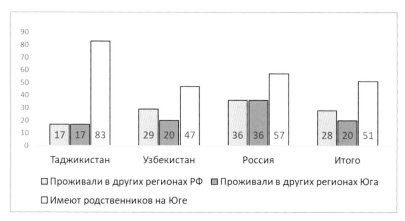

Рис. 15. Опыт проживания в других регионах РФ и ЮФО, связь с наличием родственников в ЮФО. 2014 г.

Таким образом, описанные демографические явления свидетельствуют о том, что на территории России формируется новое поколение корейцев, родиной которых является Россия, но родиной родителей и прародителей которых были советские республики Средней Азии. Происходит постепенное миксширование «азиатского» поколения корейской этнической группы с поколениями российского происхождения с формированием новой идентичности и нового менталитета. Этническое имя «российские корейцы» возвращает свое прежнее звучание, хотя и не без сложностей.

Вопрос о причинах иммиграции и о возможных миграционных планах корейской молодежи имеет стратегическое значение: будут ли молодые корейцы обустраивать свое пребывание как постоянное, или впереди новые перемещения, связанные, в том числе, с эмиграцией в Республику Корея.

В опросе 2006 г. респондентам задавались вопросы о степени влияния определенных причин на их иммиграцию в Россию. Наиболее значимые причины («сильно повлияло») ранжировались от безработицы на прежнем месте жительства (66%), простого желания жить в России (60%), трудной финансово-экономической ситуации (55%) в стране выезда, до желания быть ближе к родственникам в России (39%) и необходимости получить образование (37%).

В ряду незначительных причин иммиграции («не повлияло»): климатические условия, межрелигиозные конфликты и высокая преступность в местах бывшего проживания (по 71-72%), плохая экология (68%), ухудшение отношений с местным населением (63%).

Таким образом, новую российско-корейскую молодежь интересовала возможность получения модернизационных импульсов в целях собственного социального развития и продвижения.

В отличие от молодежи, для более старших поколений традиционное желание жить с родственниками в России имело несколько больший вес (коэффициент сопряженности =0,177 при значимости =0,008), а необходимость получить образование меньший вес (коэффициент сопряженности

=0,194, значимость =0,003); в остальном различий не наблюдалось.

Многим из опрошенных молодых иммигрантов пришлось неоднократно менять место жительства в России (в среднем 2,5 раз), в диапазоне от 1 (37%), 2 (31%) и до 11 перемещений (0,8%). В качестве основной причины переезда в последнее место проживания называлась «возможность заниматься земледелием (39%), объединение с родственниками (31%), поиски достойной работы (23%) и жилья (22%), семейные проблемы и бизнес (по 11%).

Миграционные планы 28% опрошенных молодых корейцев включали в себя поиски другого места жительства, 33% не собирались уезжать, 39% не задумывались об этом. На момент опроса 2006 г. возможные миграционные предпочтения отдавались внутрироссийским (14%) и внутриобластным (7%) перемещениям, в ближнее зарубежье хотели бы вернуться всего 2%, за границу 5%, остальные не делали никакого выбора. В то же время лишь 12% корейцев взрослых возрастных групп (старше 35 лет) планировали дальнейший переезд в другие местности (коэффициент сопряженности =0,286 при значимости =0,000).

Также выявлены заметные различия по направлениям предполагаемой миграции между молодежью и взрослыми поколениями, среди которых о возможном переезде заграницей думали лишь 2% (коэффициент сопряженности

=0,272, значимость =0,000).

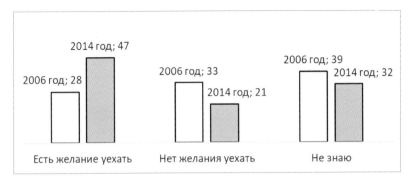

Рис. 16. Планы корейской молодежи по поискам другого места жительства и переезду. 2006 г. и 2014 г.; в %

Опрос 2014 г. показал возросшее желание и готовность корейской молодежи к дальнейшим миграционным перемещениям (47%). При этом планы значительно сдвинулись в сторону заграничной эмиграции, чаще всего в Республику Корея, которая открыла двери для трудовой миграции русскоязычных корейцев (рис. 16-17).

Однако акцентирование миграционных перемещений корейской молодежи на внешнюю эмиграцию вызывает некоторую настороженность, поскольку продолжение миграционной активности «ослабляет региональную идентичность, а если это - эмиграция за границу, это ослабляет и гражданскую идентичность.[4]

---

4) Ким Хечжин. Особенности идентификации корейской молодежи в современной России. Автореферат диссертации на соискание ученой степени кандидата исторических наук. М. 2008. С. 16.

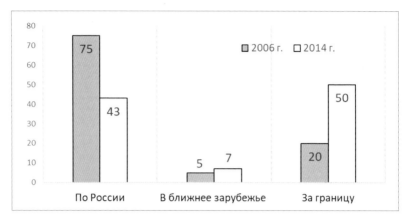

Рис. 17. Динамика миграционных предпочтений корейской молодежи. 2006, 2014 гг. В %

Эмиграционные тенденции в корейских семьях уже набрали силу, и постепенно места их локализации в городских агломератах начинают пустеть:

«- Раньше в нашем квартале жили много корейцев. Они занимали частные дома, жили близко друг к другу. Я люблю гулять со своими собаками по тем уютным зеленым улицам, но сейчас с удивлением и сожалением вижу, что некоторых «корейские» дома выставлены на продажу, и соседи говорят, что многие знакомые корейцы уехали или собираются уезжать. Похоже, что в нашем квартале происходит замещение новыми жителями из Средней Азии: узбекские и таджикские гастарбайтеры покупают дома и квартиры».[5]

---

5) Интервью с местной жительницей русской национальности. Волгоград, январь 2019 г. Женщина, 45 лет. Из архива авторов

«- Мотивация молодежи уехать в Корею? Вслед за родителями... но и собственное желание. Сейчас у многих моих учеников мечта поехать, но не работать, а учиться. Желание более качественной жизни, комфорта и решение таких простых жизненных проблем (например, замуж выйти или быть рядом с родителями), я думаю, главная причина. Многие уезжают и принимают решение остаться навсегда, рожают или привозят совсем маленьких детей. По моему мнению, зарождается обратная миграция, и в Корее скоро появится целый социально обособленный, но со временем ассимилированный пласт (если можно так назвать) корейцев, приехавших из СНГ. Молодежь, живущая там, полностью принимает уклад и стиль жизни, с единственным минусом - незнанием языка, и, конечно, ментальность российская еще превалирует, но эти же молодые люди лет через 10 будут больше похожи на южнокорейцев, нежели на нас. Не говоря уже о поколении рожденных там детей или привезенных в раннем возрасте. Труднее всего старшему поколению по ряду многих причин, но об этом целый том можно написать: трагедии, семейные истории, тяжелый труд работника, не понимающего язык, и, главное, с чем трудно справиться российскому корейцу - это с отношением к его личности, иерархической системой во всем. Мое отношение ко всей этой ситуации очень спокойное и даже, можно сказать, положительное, но сама я не думаю о возвращении на историческую родину, если только в качестве туриста или на учебу с коллективом».

3) Образование и профессии по переписи населения и по результатам социологических опросов

Уровень образования, указанный молодыми корейцами при переписи населения 2010 г. в РФ, слабо коррелирует с данными, полученными из социологических опросов. На момент переписи из корейской молодежи возрастной группы 20-35 лет, указавшей уровень образования (37841 чел.) высшее образование имели 33,5% (12693 чел.). Из них 12% получили степень бакалавра, 83% степень специалиста, 5% магистра. Профессиональное среднее образование имели 23,1% (8779 чел.); ограничились общим образованием 29,6% (11185 чел.); имели незаконченное высшее 12,5%,

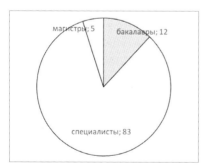

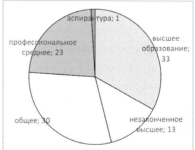

Рис. 18. Распределение по уровням высшего образования корейской молодежи 20-34 лет. 2010 год. В %

Рис. 19. Распределение по видам образования корейской молодежи 20-34 лет. 2010 год. В %

прошли аспирантуру около 1%. Остальные участники переписи данной возрастной группы либо не имели образования вообще, либо не дали информации (Приложение, табл. 3; рис. 18-20).

Участвовавшие в социологическом опросе 2006 г. молодые корейцы были в большей степени ориентированы на получение среднего профессионального и специального образования (47%), высшее образование имели 16%, среднее общее полное 22%, неполное среднее 15%. Уровень образования молодых иммигрантов на момент опроса в целом оказался заметно ниже по сравнению с местными российскими корейцами, что объясняется сложными внутриполитическими условиями того времени.

Рис. 20. Различия в уровне образования среди корейской молодежи. 2006 г. В %

Респонденты с высшим образованием имели следующие специальности: юриспруденция (30%), педагогика (25%), медицина и экономика (по 15%), строительство, менеджмент и инженерное дело (по 5%). Среди специалистов со средним профессиональным образованием значились: повар и парикмахер (по 13%), официант, сельскохозяйственный рабочий (по 8%), продавец, швея, водитель, педагог, автослесарь, радиотелемастер и технолог (по 4%), а также учащиеся и студенты (30%).

Среди молодых корейцев с неполным средним образованием более половины еще учились в школе (56%) или училище (11%), работали на низкоквалифицированных рабочих местах. Молодежь со средним полным образованием занята в основном в сфере обслуживания и в рабочих профессиях. На момент опроса 2006 г. большая часть из них (35%) была занята в земледелии, домашнем хозяйстве (13%), торговле (9%), общественном питании (8%), продолжали учебу (6%), не имели работы 5%, и др.

Проведенное в то же время исследование корейской молодежи в Ростовской и Волгоградской областях привело аспиранта из Республики Корея к выводу о первостепенной важности для молодых корейцев получения профессии как «существенным способом выживания в иноэтничной среде», поэтому качественное образование считается одним из необходимых условий для получения хорошей профессии.[6]

Структура полученного образования корейской

6) Ким Хечжин. Указ. соч. С. 23.

молодежи, опрошенной в 2014 г., поменялась в сторону высшего (39%), среднее профессиональное имели 15%, полное среднее 32%, неполное среднее 14%. Респондентами указаны профессии молодых корейцев, полученные с высшим образованием: экономисты и финансисты (9 чел.), менеджеры (6), инженеры (5%), преподаватели (2), программисты (2), врач, психолог, агроном, архитектор (по 1). В списке полученных профессий у молодежи со средним специальным образованием значатся медсестра, менеджер, повар (по 2 чел.), а также водитель, техник и сварщик (по 1).

4) Данные переписи населения 2010 г. РФ об источниках средств к существованию и самооценка уровня дохода молодых корейцев

В ходе переписи населения 2010 г. выяснялись структура источников дохода и средств к существованию. Имеющиеся у нас данные, к сожалению, дают ответ относительно всего корейского населения РФ в целом. Мы считаем возможным экстраполировать эти цифры на корейскую молодежь южно-российских регионов, поскольку экономические тенденции являются сходными для всей страны (Приложение, табл. 4-12).

Таким образом, среди 15-29-летней корейской молодежи подавляющее большинство имеет один источник к существованию (84,5%). Два источника средств имеют 14,5%, три и больше в пределах 1%. Существует заметная разница зависимости от проживания в городе или в селе: 20,5% сельской молодежи имеют два источника, в отличие от горожан (13%). С другой стороны, три и больше источника имеют 4,9% горожан, в отличие от 1,2% сельских жителей (рис. 21-22).

К основным источникам средств к существованию относятся: 1) трудовая деятельность, включая работу по совместительству; 2) личное подсобное хозяйство; 3) стипендия для студентов и учащихся; 4) пенсия по возрасту (кроме пенсии по инвалидности; 5) пенсия по инвалидности; 6) социальное пособис (кроме пособия по безработице); 7) пособие по безработице; 8) другой вид государственного обеспечения; 9) сбережения, дивиденды, проценты; 10) сдача в наём или в аренду имущества; доход от патентов, авторских прав; 11) иждивение, помощь других лиц, алименты; 12) иной источник. Таким образом, основным источником доходов для молодых корейцев данной возрастной группы является трудовая деятельность (43,1%), иждивение (39,5%), пособия (6,2%), стипендия (6%), хозяйство (3,8%), нечто иное (0,9%).

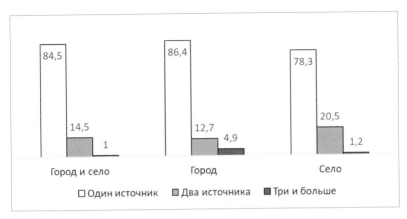

Рис. 21. Количество источников средств к существованию у молодых корейцев (15-29 лет). РФ. 2010 г. В %

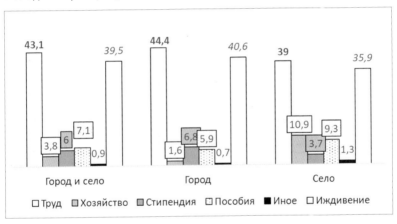

Рис. 22. Структура источников

В нашем опросе 2006 г. две трети волгоградских молодых респондентов (62%) обозначили уровень своего дохода на отметке «ниже среднего», 32% «на среднем уровне», 6% «выше среднего». Исследование, проведенное Ким Хе Чжин в южных регионах в том же году, подтверждает, что «большая часть опрошенных молодых респондентов оценивает удовлетворительно уровень материального благосостояния своей семьи, за исключением волгоградской молодежи».[7]

Рис. 23. Оценки уровня собственного дохода среди корейской молодежи в динамике. %

В 2014 г. оценка собственного дохода молодыми корейцами выглядела гораздо оптимистичней: «ниже среднего» 30%, на «среднем уровне» 60%, «выше среднего уровня» (10%) (рис. 23-24).

По данным опроса 2014 г., структура занятости молодых иммигрантов для получения основного дохода претерпела изменения: до переезда в Россию работой на государство зарабатывали на жизнь 14% молодых корейцев, после переезда в Россию только 4%; собственным делом в рамках предпринимательства в России пришлось заняться 10% (до

7) Ким Хечжин. Там же. С. 17.

переезда 3%). До переезда в Россию числились безработными 28% корейской молодежи, в России этот показатель снизился до 7%. Существенно возросла доля учащейся молодежи: от 10% до 30% в российских условиях.

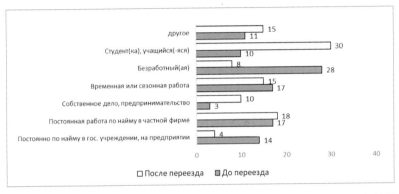

Рис. 24. Основное занятие или источник дохода ДО и ПОСЛЕ переезда в Россию. 2014 год, %

5) Социальные проблемы корейской молодежи

Основные социальные проблемы, обозначенные молодыми корейцами, отражали реалии 2006 г.: недостаток финансов, т. е. бедность (47%), рост цен и дороговизна основных товаров (34,8%), отсутствие гражданства РФ (32,6%), отсюда безработица (21,2%), а также сложности в получении медицинского обслуживания и образования (15,2%). У недавних иммигрантов также вызывало напряжение состояние окружающего социума: алкоголизм и наркомания (17,4%), межнациональные отношения (9,8%), преступность (8,3%), угроза терроризма (8,3%), низкий уровень духовности (6,1%) и др.

Для измерения эмоционального фона был использован «градусник настроения», со шкалой в диапазоне «наивысший позитив», «высокий позитив», средний позитив», «нейтральное настроение», «средний негатив», «высокий негатив», «наивысший позитив». На момент опроса настроение молодежи было достаточно позитивным (среднее позитивное значение 85,7%, среднее негативное 11%, нейтральное 3,3%): настрой «надежда» имел наиболее высокую положительную оценку 94,8%, «радостное» настроение 89,5%, «счастье» 84,6%, «спокойствие» 81,9%, «уверенность» 77,6% (рис. 25).

Молодежь, опрошенная в 2014 г., в рейтинге социальных проблем на первое место поставила сразу несколько факторов: сложности с получением образования и медицинской помощи, а также рост цен и низкий уровень культуры и духовности в ближнем социуме (по 35-36%). Следующие места занимала коррупция и взяточничество (28%), бедность (25%), безработица (22%). Гражданство РФ являлось проблемой для 9%, ксенофобия для 8%.

Условия, в которых проживали опрошенные в 2006 г. молодые корейцы, характерны для недавних иммигрантов:

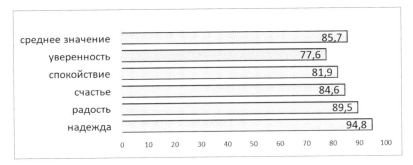

Рис. 25. Градусник позитивных настроений корейской молодежи, %, 2006 г.

42% жили в съемном жилье, 11% у родственников, и только 47% имели собственный дом или квартиру. Совместно с ними проживали в среднем 3,7 человек, обычно это один-два ребенка и родители или другие близкие родственники. Участвовавшие в опросе представители взрослых поколений в этом отношении были устроены лучше, 67% из них имели собственное жилье.

В 2014 г. молодые корейцы или их семьи немного улучшили свою жилищную ситуацию: свое жилье имели 54%, жили у родственников 12%, в съемном или временном жилье 34%.

Глава 2

Процессы социальной и этнической самоидентификации. Идентичность корейской молодежи

1. Семейная идентичность. Межнациональные браки

Социальная идентичность личности и этнической общности складывается на основе совокупности представлений человека о своем месте в обществе. При этом личность соотносит себя «с общественно значимыми культурными ориентирами и ролевыми функциями в публичной сфере, с социальными институтами и отношениями, формирует социальную идентичность. Важнейшими референтными группами социальной самоидентификации оказываются "большие сообщества"– социальная группа, конфессия, этнос, государство (страна), цивилизация».[1]

Особой формой социальной личностно-групповой идентичности для этнической общности является интегрирующий фактор семейной идентичности. Структурный аспект семейной идентичности выражается количественным и этническим составом, на который влияют этнические традиции и цивилизационные процессы. Этнические традиции определяют предпочтительный возраст вступления в брак, этническую принадлежность супруга/супруги, количество рожденных детей. Также имеет большое значение нуклеарный или расширенный характер состава семьи. Нуклеарная семья предполагает совместное проживание только супругов и их потомства, расширенная семья включает родителей и детей, а также других, более дальних родственников.

По нашим опросам, количественный состав корейских семей находился в диапазоне от одного до 11 совместно проживающих человек, включая отдаленных родственников

---

[1] Семененко И.С., Лапкин В.В., Пантин В.И. Идентичность в системе координат мирового развития / В.В. Лапкин, И.С. Семененко, В.И. Пантин // Полис. Политические исследования. – 2010. – № 3. – С. 40.

(до 6 чел. в семье). Количество совместно проживающих семей иммигрантов из Узбекистана и Таджикистана не зависело от городской или сельской локализации. Судя по тренду динамики ответов молодых корейцев, количественный состав совместно проживающих семей постепенно уменьшился (рис. 26).

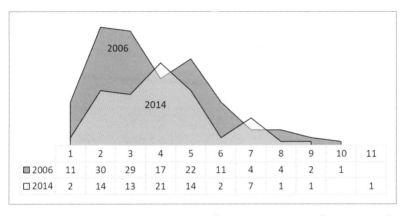

	1	2	3	4	5	6	7	8	9	10	11
■ 2006	11	30	29	17	22	11	4	4	2	1	
□ 2014	2	14	13	21	14	2	7	1	1		1

Рис. 26. Динамика количественной структуры корейских семей. 2006, 2014 гг.

В связи с этим характерно удивление иммигранта из Узбекистана российскими условиями для семейного проживания и постепенная адаптация к процессам нуклеаризации семей:

«- Дедушка был знаменитым человеком, председателем одного из крупнейших колхозов области ("Коммунизм"), поэтому его приходили навещать друзья, а еще у них с бабушкой было восемь детей (мой отец был старшим братом для семи сестер). Тети, дяди, двоюродные, троюродные, четвероюродные – у нас часто собиралось очень много народа, в большом доме всегда было весело.

Я искренне считал, что такое детство – когда полный дом родственников, друзей и соседей, шумные коллективные игры – есть у каждого. Когда переехал в Россию, очень удивлялся, как могут люди жить в таких маленьких квартирах, где и десять человек нормально не разместишь. Что за день рождения такой, если все помещаются в одной небольшой комнате? А сейчас привык».[2]

Среди опрошенных в 2006 г. молодых корейцев холостяками были 25%, женаты или замужем 68%, в разводе или вдовстве 7%. Семьи в большинстве мононациональны (89% имели супругов корейцев), в смешанных семьях 9% супругов русские, по 1% китайцы и узбеки. Состав выборки корейской молодежи 2014 г. сильно отличался по признаку семейного положения: женаты или замужем 47%, в разводе 2%, одиноки 51%. Большинство семей было мононациональны (84% супругов корейской национальности), 4% имели супругов метисов-тягубя, 12% русских.

В вопросе о смешанных браках среди корейцев Юга России имеются некоторые региональные различия. В национальных республиках Северного Кавказа случаи

2) https://koryo-saram.ru/andrej-shegaj-sovremenniki/

смешанных браков почти невозможны по причине строгого отношения родителей и местных национальных общин к соблюдению «этнической чистоты». Метисация корейцев и калмыков, напротив, нередкое явление, чему способствует внешне похожий монголоидный тип лица, хотя и разных географических ветвей. Калмыки принадлежат к центральноазиатскому антропологическому типу североазиатской монголоидной расы, а корейцы относятся к восточноазиатскому типу.

Семейная идентичность глубоко связана в сознании молодых корейцев с этнической самоидентификацией, однако в смешанных семьях может наблюдаться нечеткое национальное самоопределение. Особенно большое значение данное когнитивное искажение может иметь в семьях, где родители и родственники принадлежат более чем к двум разным российским национальностям:

«- Я росла вне национальной бытовой культуры российских корейцев и поэтому могу сказать, что лишь периодически идентифицировала себя с корейской нацией, когда мне, к примеру, не хотелось мыслить себя русской или татаркой. Меня редко смущало, что у меня не славянская внешность, с какой-либо дискриминацией по национальному признаку я практически не сталкивалась. Факт наличия корейских корней и при этом отсутствия какой-либо информации о них стал скорее поводом для долгой экзотизации и романтизации «Востока» в целом и Кореи в частности. Думаю, в этом я полностью проявила европейскую ментальность».[3]

Среди опрошенных молодых корейцев нет единого мнения о необходимости создавать свои будущие семьи только внутри собственной этнической группы. В опросе 2006 г. за моноэтничный брак «голосовали» в общей сложности 58% опрошенных молодых корейцев, хотя добрачные отношения, но с обязательным последующим корейским браком поощряли более трети респондентов, с небольшой разницей по полу; девушки же продемонстрировали достаточно высокий уровень толерантности (рис. 27).

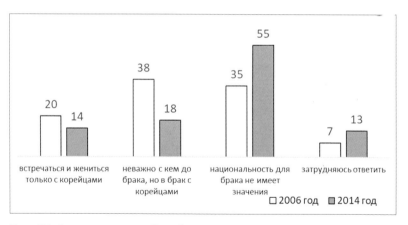

Рис. 27. Отношение корейской молодежи к межэтническим бракам. 2006 и 2014 гг. %

3) Интервью из архива авторов, молодая женщина из многонациональной семьи

В опросе 2014 г. мужчины и женщины почти сровнялись в этнической толерантности в брачном вопросе, но группа сторонников жесткого подхода среди мужчин усилилась (рис. 28).

Рис. 28. Брачные предпочтения по полу. 2006 и 2014 гг.

Несмотря на то, что к моменту опроса 2014 г. установки на мононациональный брак среди молодежи в целом пошатнулись, сохранилась четкая тенденция брачного этнического единства среди определенной части мужчин (для 2006 г. коэффициент сопряженности =0,240, для 2014 г. =0,308). Об этом красноречиво говорят и респонденты мужского пола (участники молодежных чатов корё сарам):

«- Корейцы женятся на кореянках. Кореянки выходят за корейцев. Так было всегда. Так будет и навеки веков. Кто поступает иначе, тот уже не кореец и поймет свою ошибку, когда уже будет поздно».

«- Мне все равно, кто с кем зачем и почему. Но женюсь на кореянке».

«- Лично для меня чистокровные кореянки выглядят симпатичнее».

«- Патриотизм больше относится к любви к своей Родине, там, где родился. Национальность больше к генам и воспитанию. В общем, разные понятия. А лозунг типа "типа корьянки для корейцев, а корейцы для корсянок" попахивает национализмом».

«- Ну, и тяй захочется и чимчи!»

«- Не стоит обобщать, националисты и с той и с другой стороны есть. Мы уже 4 года в браке (смешанном – авт.) и 8 лет вместе, и вроде еще никто косо не смотрел. А тяй, чимчи, кукси и т. д. никто есть не запрещает».

Среди молодых женщин оказывается довольно много затруднившихся с собственной позицией по этому вопросу, очевидно, их решение будет зависеть от подходящей по каким-то критериям «второй половинки».

Судя по рассуждениям в социальных сетях молодых коре сарам о межнациональных браках, особенно девушек, метисация имеет тенденцию к продолжению, во всяком случае, на территории нынешнего проживания. Возможно, в основе лежит подсознательное желание изменить антропологический облик в сторону большей европеизации корейских лиц, не только из-за привлекательности черт лица, но и для того, чтобы потомство меньше выделялось и было в большей безопасности в иноэтничном окружении. Генетическое своеобразие может нести в себе код социальной опасности, которая может спонтанно возникнуть по причине антропологического отличия в условиях нестабильной среды.

«- Я нейтрально отношусь. Дети красивее, конечно, метисы. Но все же склоняюсь больше к коре+коре».

«- Главное, чтоб любили! А там без разницы коре + коре, или коре + русские».

«- Межнациональные браки признаю не только русско-корейские, отношение положительное, т. к. ребёнок, рожденный в таком браке, имеет в плюсе необычную внешность, в минусе характер».

«- Все пишут, что дети красивые - обычно метисы или красивые, или некрасивые, 50 на 50, не совсем правильно говорить, что они будут красивые».

«- Дети от смешанных браков красивые... Сомнительный факт для вступления в семейную жизнь».

«- Моя мама русская, а папа кореец, поэтому могу сказать, что косо никто не смотрит, плохо не говорит, всё отлично».

Кроме того, женским аргументом для признания межэтнических браков служит еще и некоторая традиционная жесткость корейских мужчин к своим женам, обусловленная конфуцианскими традициями.

«- Еще есть такой плюс межнационального брака: кореянке легче и проще иметь русского мужа (если сравнивать брак с корейцем) в плане бытовухи, да и вообще. Русские парни (опять-таки, не без исключений), к девушкам относятся куда уважительнее. Корейцы же слишком избалованы маминой заботой и вниманием и принимают желаемое за должное. Честно говоря, это очень раздражает и бросается в глаза… В основном это так. Редко встретишь корейскую семью, где муж бы помогал жене по хозяйству…

Вы погостите в корейской семье, где мужики ведут себя как маленькие дети, вилку встать взять не могут, возьмите семью русскую, где муж не обломается и ужин приготовит. Я не спорю, готовка, стирка, уборка, - все это обязанности жены, но помощь мужа никто не отменял. Корейцы не жалеют своих жен… факт патриархата в корейских семьях отрицать никто не станет, это невооруженным глазом видно. Я наблюдаю во всех семьях, кроме некоторых, как ни прискорбно, но это уже норма у корейцев».

«- А «полевые» корейцы, так вообще беспощадные!»

«- Да, без понимания не обойтись. Не знаю, как парень с девушкой... но с женой важно, чтобы она уважала мужа, даже его увлечения. На самом деле жена должна быть очень мудрой, потому что в трудные минуты муж будет нуждаться в ее помощи. Всегда быть кроткой и ненавязчивой и, самое важное, не настаивать на своем».

«- Взрослое поколение патриотично болеет за корё брак, а взрослые мудрее».

«- Насчет принять нового члена семьи, это спорный вопрос. В корейских семьях доходит даже часто до ультиматума, жениться на кореянке или никак».

Одному из авторов доводилось выслушивать жалобы 50-летней кореянки, которая ушла от многолетнего тиранства мужа и свекрови и уехала в поисках новой жизни к одинокому корейцу в другой регион. К сожалению, нам не известно, какая атмосфера сложилась в новой семье.

Относительно старшего поколения коре сарам уместно было применение термина «кризис идентичности» вследствие радикальных социальных изменений, которые им пришлось пройти. Применительно к современной корейской молодежи можно рассуждать в понятиях «гибридной идентичности», двойной, тройной идентичности, вследствие чего рождается «метисный тип личности» с разновекторной идентичностью. Возможно, выбор молодежи оптимальной этнической брачной стратегии будет способствовать дальнейшей сплоченности российских корейцев, почти полтора столетия сохраняющих свою этническую идентичность на территории России.

Одним из маркеров семейной идентичности является традиционная многодетность или малодетность семьи. Современные семьи коре сарам не хотят иметь много детей, как это было у их прародителей и родителей, хотя остатки семейной традиции многодетности еще можно наблюдать.

Мы писали в предыдущих исследованиях о существовании выявленных закономерностей в корейских семьях. Первая закономерность заключается в том, что чем моложе респонденты, тем менее многодетными оказываются семьи их родителей. Другой закономерностью является почти полное повторение родительских традиций детности в семьях их потомства – если семья родителей опрошенных корейцев была многодетной, то вероятность того, что в семьях их детей также будет несколько детей, увеличивается. И, соответственно, потомство малодетных семей также воспроизводит малодетные традиции.

Мы разделили массивы анкет опросов 2006 г. и 2014 г. на три группы по поколениям: молодежь (до 35 лет), среднее поколение (до 60 лет) и старшее поколение (старше 60 лет). Дальнейший анализ для всех возрастных групп проводился по следующим параметрам: 1) сколько детей было рождено в семьях родителей респондентов; 2) сколько детей было рождено в семьях респондентов. Для группы молодежи анализировалось также: 3, 4) количество несовершеннолетних детей, мальчиков и девочек в семьях, а также 5) планы по дальнейшей репродукции.

В опросе 2006 г. молодые респонденты (до 35 лет) сообщали о количестве детей в их собственных семьях: в среднем 1,59, в диапазоне от одного до четверых, из них в среднем мальчиков 1,24 (от одного до двух), девочек 1,17 (от одной до двух). У их родителей было в среднем 2,87 детей (от одного до семи).

Среднее поколение (от 36 до 60 лет) имели в среднем 2,42 ребенка (от одного до восьми), а их родители в среднем 4,57 детей, в диапазоне от одного до одиннадцати. Старшее поколение (старше 60 лет) имели в среднем 3,19 детей (от одного до шести), а их родители 5, 14 детей (до одного до девяти). Таким образом, традиционная корейская многодетность осталась в прошлом, хотя фертильный возраст для молодых корейцев к моменту опроса еще продолжался и возможно продолжение деторождения. Для респондентов 2006 года статистическая корреляция показателей количества собственных детей по поколениям очень высока (R Пирсона =0,451, Спирмена =0,497, со значимостью =0,000).

В опросе 2014 г. тенденции по количественному уменьшению деторождения сохранялись, но уже не в такой «острой» форме.

Вопрос о количестве детей был дополнен вопросом о перспективах по дальнейшему деторождению. Молодежь до 35 лет имела в среднем 1,83 ребенка (от одного до пяти), несовершеннолетних мальчиков 1,19 (одного или двух), несовершеннолетних девочек в среднем 1,44 (от одной до трех). К сожалению, мы не имеем достаточных демографических данных, чтобы делать статистически достоверные выводы об уменьшении числа рождаемых мальчиков и увеличении числа рождаемых девочек.

В перспективе молодые респонденты хотели бы иметь в среднем 2,81 ребенка (в диапазоне от одного до пяти). Родители молодых корейцев имели в среднем 2,6 детей (от одного до семи). Респонденты поколения до 60 лет имели в среднем по 2,42 ребенка (от одного до семи), их родители 3,87 (от одного до девяти). Респонденты старше 60 лет указали, что у их родителей было в среднем 4,96 детей (от одного до десяти) (рис. 29).

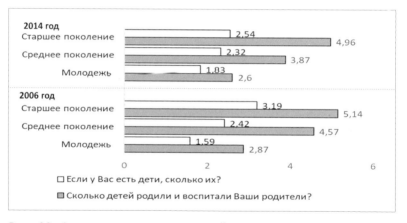

Рис. 29. Среднее количество детей, рожденных в семьях трех поколений. 2006, 2014 гг. (Mean)

Статистическая корреляция показателей количества рождения собственных детей по поколениям снизилась (R

Пирсона =0,198, Спирмена =0,208, со значимостью 0,000). Но корреляция между родительскими поколениями и количеством детей в них остается очень высокой (R Пирсона =0,481, Спирмена =0,512, уровень значимости =0,000). Максимальное среднее число детей, рожденных родителями респондентов, равно 6,5 (до 11 детей), минимальное 1,75. Максимальное среднее число детей, рожденных респондентами, равно 3,67, минимальное 1,65 детей.

Среди молодых респондентов максимальное среднее количество детей, рожденных их родителями, равно 2,80, максимальное среднее число детей, рожденных молодыми коре сарам, равно 3 (рис. 30).

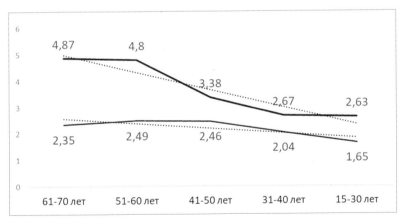

Рис. 30. Динамика деторождения по поколениям семей коре сарам Юга России. 2014 г. (чел. в среднем)

Динамика среднего количества детей, рожденных родителями и респондентами, показывает тенденцию снижения многодетности у родителей примерно 50-летнего возраста, которая закрепилась у родителей 40-летнего возраста. Это соответствует периоду 1960-1970-х и последующих годов и находится в общем русле демографических изменений того времени для европейской части Советского Союза.

Как видно на диаграмме, количественные тренды по снижению деторождения сближаются у респондентов 40 и 30-летних возрастных групп. Среди поколения 20-летних коре сарам отмечаются всплески по количественному росту деторождения, но эта тенденция пока не закреплена статистически (рис. 31).

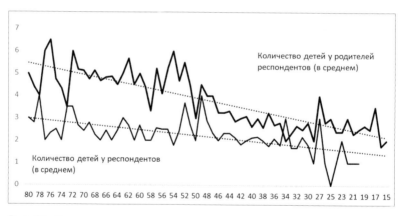

Рис. 31. Количественная динамика деторождения у коре сарам Юга России. 2014 год. Mean

Таким образом, традиционная многодетная семейная идентичность молодых коре сарам сменилась на малодетную, что находится в русле не только современной российской и европейской традиции, но и повторяет тенденции Республики Корея, хотя и не столь радикально.

2. Этническая самоидентификация

Этническая самоидентификация – это прежде всего самовыделение собственной этничности (или национальной принадлежности) из общего состава населения на основе сравнения.[4] Этническая самоидентификация включает в себя представление о сходных признаках, объединяющих людей в этническую общность, и о различиях, отделяющих этническую группу от окружающего социума. В состав признаков может входить внешность, язык и традиции (обычаи), культурные особенности и др. Таким образом, самоидентификация – это процесс соотнесения собственной личности, культуры, внешнего вида или любого параметра с конструированным образом либо идеалом.

Этническая идентичность как результат

---

[4] Сикевич З.В. Социология и психология национальных отношений. Спб, 1999. С. 102.

самоидентификации является частью социальной идентичности в многонациональном обществе, в котором существуют антропологические, языковые, культурные различия, усваиваемые в детстве. Дальнейшая социализация уточняет, конкретизирует и переводит их на язык этнических категорий. Таким образом, в сознании человека формируются представления о своей этнической группе, отличающейся от иных этнических групп.

Приведенные ниже примеры суждений молодого корейского мужчины (корё сарам) и молодой женщины из смешанной семьи (аргубя), приведенные ниже, указывают на явное снижение значимости фактора этнической идентичности для части корейской молодежи:

> «- На мой взгляд, национальная принадлежность – это уже не такая актуальная составляющая личности, и со временем она будет отходить все дальше. Думаю, и молодое поколение, в том числе российских корейцев, уже приходит к тому, что важно не то, где и кем ты родился, а то, с кем ты себя идентифицируешь, твоя политическая позиция, убеждения, образование, профессия и др. – словом, то, что является осознанным решением, а не обстоятельствами».[5]
>
> «- Национальная идентификация... Это что? Зачем?

---

5) Интервью из архива авторов. Женщина, 31 год, лишь дед со стороны отца был корейцем, бабушка русско-казачьего происхождения, отец тягубя, мать татарка.

Кому надо? Какая польза? Не кореец - это плохо? Я не уверен, что я - кореец! Я мало что знаю о Корее и корейской культуре. Я встречаюсь с русской девушкой, которая посещала синагоги, что намекает на её еврейство, и мне это безразлично! Будут дети? Пожалуйста!

Что это за концепция "корейцы для корейцев"? Глядя на корейцев, если быть откровенным, как-то не получается ими восхищаться! Как, собственно, и любым народом. Есть лишь личности отдельные, достойные и сильные. О многих, быть может, и вовсе никто не знает.

Кореец... У некоторых это слово означает постоянную величину? Чудесное совершенное существо? Сюда входят и те, кто оскорбляет слабых, поднимал руку на женщин, ленивый и тупой прожигатель своей никчёмной жизни.... Я против почитания традиций вслепую. Это консерватизм, это застой, это одно и то же, это уныло, скучно, тупо... Могу ошибаться···».[6]

Процессы этнической самоидентификации имеют специфику в зависимости от исторических, географических и иных условий и обстоятельств. Среди молодых корейцев, выросших в многонациональной среде, этнические ценности оказываются несколько размыты: для них в меньшей степени, чем для старших возрастных групп, национальность признается высшей ценностью в жизни человека.

---

6) Из социальной сети вКонтакте

По данным опроса 2006 г., среди молодых корейцев лишь 42% считают национальность высшей ценностью (среди старших 60%), значение которой для 14% молодых в наши дни уменьшается (среди старших для 8%). Если в 2006 г. 80% молодых корейцев «гордились своей национальностью», то в 2014 г. доля их уменьшилась до 74% (рис. 32).

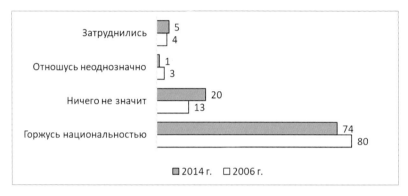

Рис. 32. Отношение к собственной национальности среди молодых корейцев. 2006, 2014 гг. В %

Одним из этнообразующих и этнодифференцирующих признаков является выбор доминирующей религии или вообще наличие религиозного сознания и традиционной обрядности. В этом вопросе молодое поколение имеет некоторые расхождения в своих установках со старшим поколением, но все же представляется, что фактор религиозности как этнообразующий признак для молодежи имеет более низкое значение (рис. 33).

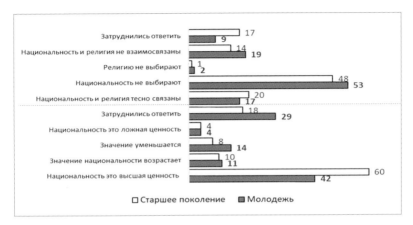

Рис. 33. Различия в этнических установках среди молодежи и старшего поколения. 2006 г. В %

Для успешной адаптации в инонациональной среде взаимоотношения с местными жителями имеют большую важность. Молодые корейцы придают состоянию межнациональных отношений и уровню межнациональной напряженности в регионе проживания высокое значение. По их оценкам, они подвергались негативному этническому и религиозному давлению довольно часто, и в сравнении с остальными возрастными группами даже чаще, особенно это характерно для мужчин. При этом достаточно заметна динамика снижения негативного ожидания корейской молодежи по мере врастания в местный социум. В опросе 2006 г. больше половины (53%) молодых респондентов констатировали наличие проблем межнационального общения в регионе их проживания. При этом ощущали выражение неуважения к себе со стороны окружающего инонационального отношения «довольно часто» (20%) и «редко» (54%) в общей сложности 74% опрошенных, не замечали неуважения к себе 26% (рис. 34).

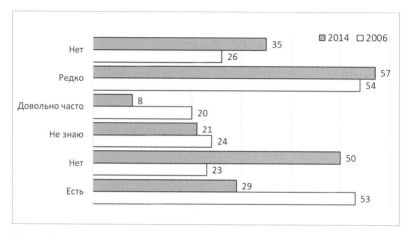

Рис. 34. Восприятие молодых корейцев динамики межнациональных отношений (проблемы и конфликты)

В опросе 2014 г. о наличии межнациональных проблем в регионе проживания заявили лишь 29%, об отсутствии 50%. К 2014 г. данный показатель конфликтности или агрессии со стороны местных жителей снизился до 65% (соответственно 8%, 57% и 35%) (рис. 35).

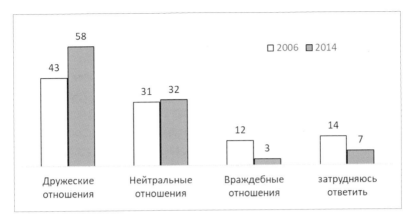

Рис. 35. Динамика взаимной адаптации корейской молодежи и местного населения. 2006, 2014 гг. В %

Таким образом, традиционно высокий уровень толерантности и социальной адаптивности корейцев быстро привел к уважительному отношению к ним со стороны местного населения.

Интересно в связи с этим прочитать интернет-рассуждения или заметки молодых коре сарам в социальных сетях:

«- ···Тяжко родиться корейцем среди русских, по себе знаю».

«- Школа, в которую попал в Саратове, была самой обычной, в спальном районе города. Это был 2001 год, непростые 90-е только закончились, и люди в основном смотрели друг на друга волком, а корейцы и вовсе были в диковинку. Директор в новой школе сказала – надо посмотреть еще, может вам надо на класс ниже? Мол, бывают прецеденты с учениками из бывших республик СНГ, когда программа сильно отстает, да географию России или историю России вы ведь там в Узбекистане не изучали···

Сложнее было привыкнуть к людям. Классная руководительница доверительно сказала маме: понимаете, для нашей школы Андрей-Сергей – экзотика. Так и было. Сидишь, пишешь диктант, дверь приоткрывается, заглядывают в щель младшеклассники. Один другому показывает пальцем и шепчет громко – вон там, смотри, живой кореец сидит. ··· В экзотичности были и плюсы, конечно, например, иногда старшеклассницы внимание обращали. Но минусов было больше – парни этих старшеклассниц тоже проявляли интерес.

Еще проявлялись периодически пресловутые «бритоголовые», да и обычным ребятам на дискотеке на районе почти всегда нужен повод для конфликта, а тут и придумывать не надо – почему глаза такие узкие, а? Постепенно привыкли, подружились – мол, нерусских мы, конечно, не любим, но ты кореец, вроде, нормальный».[7]

3. Гражданская идентичность

Перед молодыми корейцами, независимо от того, родились ли они в России или выросли, будучи

---

[7] https://koryo-saram.ru/andrej-shegaj-sovremenniki/

привезенными родителями после распада Советского Союза, всегда стоит вопрос выбора их идентичности и соотнесения себя со страной нынешнего проживания, со страной происхождения, либо с собственной этнической группой. Как известно, этническая идентичность формирует социальные связи в этнических группах, а гражданская идентичность включает в себя социальный и политический аспекты, отражающие принадлежность личности к государству и гражданскому обществу страны проживания. Этногражданский аспект обычно объединяет этнический и гражданский аспекты, особенно в условиях этнодисперсного проживания, либо вследствие миграционного кризиса внутри этнической группы или среди отдельных индивидов.

В нашем исследовании 2014 г. была поставлена задача: определить структуру и динамику развития этнической и гражданской акцентуации идентичности, согласно принятому термину[8], среди молодых корейцев, проживающих в южных регионах.

Наибольший вес среди опрошенной молодежи имела самоидентификация «я российский кореец» (50%), включающая в себя гражданскую и этническую идентификацию. На втором месте гражданская самоидентификация «я россиянин» (32%).

8) Сикевич З. Этнические парадоксы и культурные конфликты в российском обществе. Спб, 2012. С. 23.

Самоидентификация «я кореец из СНГ» на третьем месте (18%), и наибольший вес она набирает при выборе между самоидентификацией «Я россиянин» (36%) и «Я кореец из СНГ» (64%). В случае выбора из пары «Я российский кореец» (82%) вес утверждения «Я кореец из СНГ» намного ниже (18%). Таким образом, российская идентичность актуализировалась для молодых корейцев, бывших жителей Центральной Азии (рис. 36).

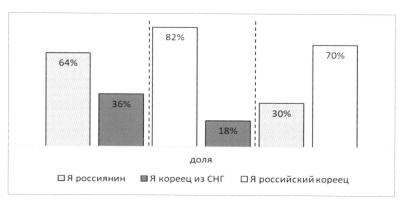

Рис. 36. Распределение выбора самоидентификаций. 2014 г. %

Гражданская и этническая идентичность взаимозависимы. Гражданская самоидентификация «Я россиянин» (гражданин, житель России), как правило, несколько понижает уровень «этнической гордости» («горжусь своей этнической принадлежностью», 53-73%), сравнительно с идентификацией «Я российский кореец» (78-85%) и «Я кореец из стран СНГ» (70-81%).

Для корейской молодежи, в отличие от взрослых поколений, более длительное проживание на территории России не влияет на выбор какой-либо самоидентификации. Гражданская самоидентификация, в свою очередь, снижает восприятие уровня вероятной местной межнациональной конфликтности. Корейцы с идентичностью «россияне» и «российские корейцы» более позитивно оценивают взаимоотношения между приезжими корейцами и местными жителями в сравнении с «корейцами из СНГ». Аналогичная взаимосвязь, хотя и менее выраженная, имеется по отношению к межличностным межнациональным конфликтам, которые для «корейцев из

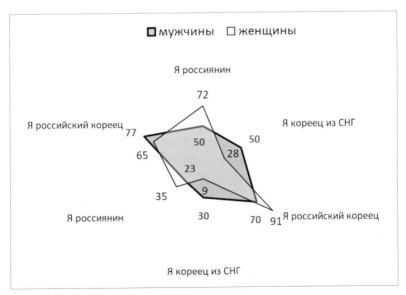

Рис. 37. Распределение самоидентификаций по полу. 2014 г. %

СНГ» имеют несколько большее значение. Судя по распределению по полу, причисляют себя к «корейцам СНГ» чаще всего молодые мужчины (30-50%), в отличие от молодых женщин (9-28%), которые чаще выбирают идентичность «Я российский кореец» (65-91%) и «Я россиянин» (35-72%). Очевидно, продолжают ощущать собственную принадлежность к республикам СНГ по большей части молодые мужчины, не успевшие вполне адаптироваться в российских условиях (рис. 37).

Из суждений молодых корейцев:

«- Так что, думаю все русские корейцы, как бы там не было, считают своей Родиной Россию».

«- Да, мы уже все русские».

«- Каждый сам решает, где ему комфортнее, и где он видит своё будущее и перспективы. Мне нравится в России, я люблю Россию. Здесь я получил образование, работу, друзей и единомышленников. Я могу развиваться в любой сфере и не ограничен в своей свободе. Конечно, есть вещи, которые мне кажутся неправильными, но к такому я стараюсь подходить спокойно и «философски». Не нравится – меняй, не хочешь менять – не нужно жаловаться и жалеть себя, не можешь менять – переезжай, меняй жизнь кардинально. Считаю, что для тех, кто хочет развиваться и готов работать, Россия – отличная страна».

В целом позитивная гражданская идентичность способна «сцементировать» российское корейское сообщество и способствовать новому рывку в социальном и экономическом развитии коре сарам. Возникающая в новых условиях инновационная идентичность может являться мощным ресурсом социальных изменений, и не только на территории России. К примеру, общественная организация «русскоговорящих корейцев» в Республике Корея уже сумела инициировать первые проблески новой социальной реальности в виде общественного и законодательного обсуждения Проекта поправок к закону о статусе зарубежных корейцев-соотечественников.[9]

4. Традиционный и духовный аспекты этнической самоидентификации

Некоторые факторы духовной жизни (религиозность, интерес к этнической и семейной истории, знание основ традиционной культуры и обрядности, а также родного корейского языка) также взаимосвязаны с отношением к собственной этничности. Мы не занимались глубоким

---

[9] https://opinion.lawmaking.go.kr/mob/ogLmPp/52527?fbclid=IwAR3RxT-8kcvfWm3rZ30Vqp8kv9buLU5CI-5rFOmOQf3IBl5MBN_i0vk9ino; https://www.ytn.co.kr/_pn/0465_201710220228277500?fbclid=IwAR2qM51Uz7TAGK7ArNc_tHz5cI1RVLUQZ-BeM8Uw32VtDqktF8mSDPKzrbs

изучением данного вопроса, но некоторые тенденции можно проследить и обозначить в рамках принятых концепций национализма. Просим относиться к терминологии в данном случае как достаточно условной.

Респонденты с высоким уровнем этнической гордости и признанием национальности как высшей ценности (условно «примордиалисты») в большей степени, чем остальные, связывают собственную национальность с определенной религией (коэф. сопряженности =0,442, R Пирсона =0,312, значимость =0,000). Кроме религиозного фактора, для осознания этнической идентичности большое значение имеет фактор родного языка. Среди респондентов, гордящихся своей национальностью, почти половина (45%) в той или иной степени знает корейский язык, в то время как среди остальных основная часть (75%) вообще не знают собственного языка. Аналогичная картина складывается при анализе желания изучать корейский язык: хотя в целом потенциал по всем группам достаточно высокий (76%, 61%, 83%), среди тех, для кого их национальность ничего не значит (условно «этносимволисты»), не имеют потребности в знании родного языка 24% (рис. 38).

Этническое самосознание рождается и формируется в семье. Подавляющее большинство (83%) молодых корейцев, гордящихся своей национальностью, родились и живут в мононациональных корейских семьях, в то время как среди

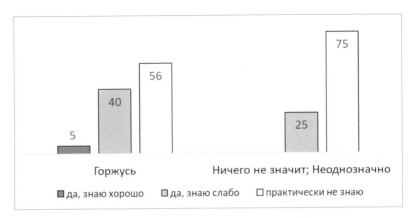

Рис. 38. Взаимосвязь знания родного корейского языка и этнической гордости.2006 г. %

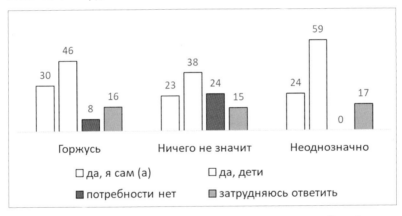

Рис. 39. Этническая гордость и желание изучить корейский язык. 2006 г. %

тех, для кого национальность ничего не значит, 59% происходят из этнически смешанных семей (коэф. сопряженности =0, 368, значимость =0,002). Поэтому и отношение к возможной метисации корейской молодежи в этих группах противоречивое: за мононациональные браки выступают 67% «гордящихся», этнический вектор будущих браков молодежи не имеет значения для 78% другой группы (рис. 39) (коэф. сопряженности =0, 422, значимость =0,001).

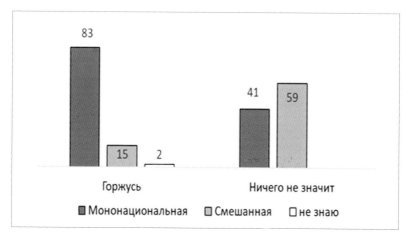

Рис. 40. Взаимосвязь семейного происхождения и этнической гордости. 2006 г. %

Аналогично мыслят респонденты («примордиалисты»), для которых национальность является высшей ценностью: 72% из них за этнически «чистые» браки, при этом 37% против ухаживаний и встреч с инонациональными партнерами (коэф. сопряженности =0,430, значимость =0,003). В этом вопросе часть молодых корейцев («этносимволисты») более лояльно относится к добрачному общению, но также категорично относится к необходимости соблюдать традицию мононациональных браков (57- 58%) (рис. 40, 41).

Рис. 41. Брачные стратегии и восприятие этничности. 2006 г. %

5. Языковая и традиционная идентичности

Слабое знание или незнание корейского языка ощущается корейской молодежью как проблема, которую они стремятся постепенно разрешить. В опросе 2006 г. о «хорошем» знании языка заявили лишь 5%, о «слабом» знании 36%, практически «не знали» 59% опрошенных молодых корейцев. В опросе 2014 г. ситуация несколько улучшилась: в общей сложности «знали» корейский язык 48% (13% знали родительский язык коре маль, 18% хангуго, 17% в стадии изучения), «не знали» ни одного варианта корейского языка 58%.

Готовность к изучению родного языка достаточно велика: в 2006 г. больше половины (51%) опрошенных молодых корейцев заявили о собственном желании изучать корейский язык, и большинство из них (64%) считали нужным обучение своих детей на языковых курсах. Поскольку в 2014 г. трудовая эмиграция в Корею еще не приобрела характер массовой, в качестве одной из мотиваций лишь 18% назвали «поездки в Корею», 37% необходимость сохранения «памяти предков», 35% «для общего развития».

В ходе изучения корейского языка молодые люди сравнивали традиционный знакомый им с детства коре маль с новым южнокорейским звучанием хангуго:

> «- Было интересно сравнивать тот корейский язык, который слышишь дома и на котором общались папа и мама, и тот корейский язык, который слышишь в сериалах···»

> «- Язык, безусловно, изменился. Из-за того, что прекратилось общение с родственниками из Кореи, наш язык, а точнее хамгёнский диалект корейского языка, на котором говорили наши предки, по сути, законсервировался. Корейский язык поначалу изучали в школах в корейских колхозах, но с годами эта практика прекратилась... Да и изучать язык, по сути, стало непрактично (а корейцы люди очень прагматичные) - куда важнее было освоить в совершенстве русский.

> Так постепенно, всего за два поколения, наша

диаспора практически полностью утеряла родной язык - сейчас на корейском говорят только те, кому за 60, и те, кто начал изучать корейский уже как иностранный. Остальные, включая меня, владеют лишь небольшим набором слов, который позволял понимать и общаться с бабушками-дедушками на бытовые темы ("подай воды", "принеси риса"). Однако, опять-таки в силу прагматичности, когда корейский язык изучать стало необходимо (для тех, кто собрался на историческую родину на заработки) - возродился и интерес к родному языку».[10]

Память предков в корейских семьях хранится бережно, несмотря на все трудности. Большая часть молодых респондентов (63%) интересуются и знают в разной степени историю своей семьи и своего рода, по данным опроса 2006 г.: их предки пришли из Северной Кореи (13%), из регионов Южной Кореи (6%), из Китая (1%). В опросе 2014 г. о северо-корейском происхождении заявили 26%, о южно-корейском 4% опрошенных молодых корейцев.

В большинстве семей (81%) корейской молодежи готовится традиционная корейская пища: кукси (69%), бегодя, пигоди (39%), сирянчанмури (в разных вариантах написания) (33%), кимчи (30%), корейские салаты (26%), пуктяй, бугдай (26%), каша, очевидно, из риса (19%), морковь чя (13%), чартоги (10%), сундя (11%), тяй (9%), кимпаб (9%) и

---

10) https://koryo-saram.ru/andrej-shegaj-sovremenniki/

многие другие блюда. В семьях 72% молодых корейцев отмечаются традиционные национальные праздники, иногда вместе с христианскими: соллаль (74%), асянди (53%), юбилеи (31%), рождество (11%), свадьбы (8%), чусок (5%), поминки (3%) и др.

«- Изменилась и кухня, ···в ход шло то, что есть - имеющиеся продукты приспосабливали для использования в "корейском стиле". Так появились многие блюда, о которых в современной Южной и Северной Корее не слышали, например, всем в России известная "морковка по-корейски" - "морковь-ча" или салат из баклажанов "кади-ча" ("ча" - суффикс, означающий "салат").

Кухня корё-сарам - одно из отличительных явлений именно нашей диаспоры, потому что корейцы в других странах мира (кроме Китая) имеют не настолько долгую историю, и такого явления, как собственная кухня у них не сформировалось. Также кухня оказалась одним из фундаментных блоков национальной идентичности».

Необходимо отметить взаимосвязь чувства этнической гордости и активного интереса к собственным историческим корням. Для корейцев очень важно знать свой пой (пон, бон, пой), т. е. территорию происхождения родов (однофамильцев), и многие молодые корейцы получили эти знания от своих родителей. Как отмечала в своем исследовании еще в 2006 году Ким Хе Чжин, «Одним из важных предметов, которым корейские родители обязательно учат своих детей, является «бон», указывающий на название места, откуда пошли род или семья людей. Значительное количество опрошенных знает свой бон, среди ростовских респондентов этот процент наиболее высок. Это один из примеров, доказывающих, что национальное воспитание происходит внутри семьи»[11], что подтверждается нынешним интернет-чатом ростовской молодежи, перечисляющей свои «боны» (пой), не знать которые «стыдно»:

«- Кимякинги (королевский пой королевской фамилии)»;

«- Снетенге или сёнтенге, говорят, что некоторые Аны нам родственники»;

«- Маранпакги»;

«- Пенгя (говорят, у всех Цай один пой)»;

«- У меня родственники Цайевские»;

«- Пина Кангя»;

«- Нам Пхёнг 남 평»;

«- Оянпанге... Переводится как половина»;

«- У меня бабушка Цай была. И другая бабушка, Ким (Кимякинги)»;

«- А я не знаю свой пой... мне стыдно... Но знаю, что у всех Ханов один пой, что все Ханы друг другу родственниками приходятся»;

«- Пан также все родня друг другу! Правда, мало кого знаю. Вот бы со всеми из Ростова хотя б

---

11) Ким Хе Чжин. Там же. С. 9.

повстречаться»;

«- Хан – это да, там всего одна родовая ветвь. А вот у Пан – три, и у каждой еще по несколько пой имеется»;

«- По таблице 3 ветви и у каждой разные пой, возможно, в СНГ встречается одна только одна родовая ветвь. Хотя, у Ким вроде тоже одна родовая ветвь, но зато около 50 пой»;

«- По факту Квон, а по-паспорту накосячили еще абаю... Кван. Пой: "Адон конъга"ю. Насколько знаю, все Квоновские – родня»;

- Миранъ Паге»;

«- От мамы Андо, от папы Диндю»;

«- Енвори»;

«- Точно не помню. Помню, что королевский, императорский пой»;

«- Я вот не знаю свой пой. Стыдно»;

«- Хядё»;

«- Кясамкимгя».

Наиболее часто встречающаяся фамилия среди родственников молодых коре сарам – это Ким. В общем массиве 2006 г. фамилия Ким среди всех фамилий родственников имеет вес 21%, а среди всех родственников опрошенной молодежи фамилию Ким имеют 58%, в массиве 2014 г. соответственно 24% и 66%. В списке фамилий 2006 г. на втором месте Цой (35% всех молодых респондентов имеют родственников по фамилии Цой), по 27% Пак и Ли.

В структуре родственных фамилий в опросе 2014 г. второе место занимает Пак (35% всех родственников носят эту фамилию), на третьем месте Ли (28%) и Цой (22%). В нижней части обеих таблиц находятся фамилии, которые упоминались всего по одному разу, т. е. самые редкие. Проблема еще и в том, что российские писари записывали фамилии корейцев на слух и одна и та же фамилия может быть записана по-разному, да еще и с приставкой -гай (табл. 1).

Табл. 1

Фамилии родственников опрошенных молодых корейцев	В общей структуре	Среди родственников респондентов
2006 г.		
Ким	21	58
Цой	13	35
Пак	10	27
Ли	10	27
Тен	5	13
Кан	4	10
Хан	3	9
Югай, Ан	6	17
Сон, Хегай	4	12
Хван, Тян, Нам	5	14
Когай, Шин	3	78
Пан, Огай, Юн	3	9
Но, Чен, Сим, Мун, Эм	4	9
Тю, Ни, Цай, Хон, Су, Дю, Хен	4	11
Кигай, Дон, Угай, Чё, Могай, Кон, Сек, Хе, Рем, Ха, Цхай, Ви, Шек, Дюгай, Те	5	12
Всего	100,0%	271%

Фамилии родственников опрошенных молодых корейцев	В общей структуре	Среди родственников респондентов
2014 г.		
Ким	24	66
Пак	13	35
Ли	10	28
Цой	8	22
Югай	5	13
Пан, Хегай	7	21
Сон	3	9
Тен, Хан	5	15
Тян	2	5
Хван, Когай	3	7
Цай, Чагай, Шин, Мун, Шегай, Дон, Ле, Лигай, Кан	8	22
Хен, Юн, Дю, Хе, Пягай, Мин, Ю, Ним, Хон, Логай, Но, Нам, Ян, Тё, Угай, Дюгай, Ан, Чен, Квон, Чхве, Легай, Тхай, Сим, Ню, Лим, Хо, Ногай, Люгай, Огай, Цхай, Э, Но	12	37
Всего	100,0%	279%

6. Этнические стереотипы корейской молодежи

В этнологии существует понятие интраобраза, т. е. представления о собственном этническом образе (самоописание), и понятие экстраобраза, т. е. представления о нечленах своего этноса (описание других народов).

Этнические образы сотканы из внешних и внутренних оценок[12], и те или иные этнообразы и этностереотипы нельзя считать объективными характеристиками, потому что они основаны на эмоциональных оценках

Этнообразы фиксируются в наборах этностереотипов: интраобразы в автостереотипах, а экстраобразы в гетеростереотипах.[13] Типичным часто является наделение интраобраза или автостереотипа оценкой со знаком плюс, и соответственно, экстраобраза или гетеростереотипа эмоциональной оценкой со знаком минус; однако это не является доминирующим. По соотношению позитивных и негативных оценок как в автостереотипах, так и в гетеростереотипах можно судить о степени толерантности и социальной адаптивности той или иной этнической общности или группы внутри нее.

В опросе 2006 г. респондентам было предложено назвать по несколько черт характера, положительно и отрицательно описывающих корейцев и русских (интраобраз и экстраобраз). Описание интраобраза далось корейской молодежи гораздо легче, было получено около семидесяти ответов, из которых 42 (60%) положительные, 29 (40%) отрицательные. В сравнении с группой взрослых

---

12) Чеснов Я. В. Лекции по исторической этнологии. М., 1998. С. 118

13) Сикевич З. В. Социология и психология национальных отношений. Спб. 1999. С. 108-115.

респондентов, которые дали 150 положительных (75%) и 48 (25%) негативных интраобразов, молодые корейцы оказались более самокритичными в отношении к собственной этнической группе.

В то же время, несмотря на ограниченное число экстраобразов (22 ответа), корейская молодежь положительно оценила окружающее их русское население: 64% позитивных и 36% негативных оценок. Данное соотношение описывается как «золотое сечение» в социальном плане, и говорит о хорошем уровне толерантности и адаптивности корейской молодежи в иноэтничном окружении (табл. 2, рис. 42).

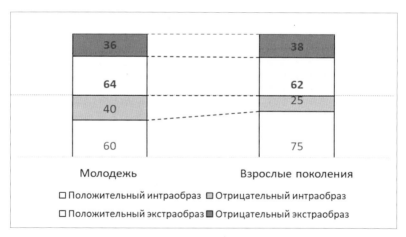

Рис. 42. Авто- и гетеростереотипы корейцев. 2006 г. %

Таким образом, на момент опроса 2006 г. корейская молодежь имела в целом позитивные этностереотипы, с некоторым самокритичным акцентом в автостереотипе. Судя по набору положительных характеристик, подтверждается идея исследователей о том, что позитивная этническая идентичность «включает не только объективные этнические характеристики, но и позитивные ощущения принадлежности к корейскому этносу».[14]

Табл. 2

Интраобразы корейской молодежи	Количество
Позитивные интраобразы, 42 ответов, 60%	
Трудолюбие	14
Стойкость, жизнестойкость, терпение, выносливость	5
Дружелюбие, доброжелательность, доброта	4
Честность	3
Почитание старших. Сплоченность, гордость, взаимопонимание, общительность, отзывчивость	10 (по 2)
Гостеприимство, пунктуальность, усидчивость, заботливость	4 (по 1)
Негативные интраобразы, 29 ответов, 40%	
Гордыня, высокомерие, чопорность, зависть, жадность	15
Разрозненность, недружные, недружелюбие	7
Скрытность, лукавство, равнодушие, эгоизм	7

14) Хан Валерий. Корейское международное сообщество: утопия или перспектива? Опубликовано на: Сервер «Заграница». Корейцы. Корееведение - htpp://world.lib.ru/

Глава 3

Процессы институционализации этнической и социальной идентичности среди молодых коре сарам

1. Молодежные организации

Этничность для этнодисперсных групп, подобных российским корейцам, в условиях модернизации является мобилизующим фактором для сохранения «ускользающей идентичности». При этом этническая и культурная идентичность играет важную роль в процессе формирования общероссийской солидарности. Способом интериоризации корейской идентичности с последующей манифестацией является следование традиционным культурным ценностям, выражаемым через музыку, танец, поэзию. Поэтому молодежные организации коре сарам часто выбирают как основную сферу деятельности культурно-фестивальную, с изучением корейского языка и с конкурсами чтецов. Воссоздаваемые в подобных организациях «традиционные обряды и ритуалы» чаще всего являются локальными и модернизированными, в целом дают ощущение принадлежности к общей древней истории. Массовое увлечение K-pop дает некоторую возможность понять современное корейское общество и молодежные субкультуры и относительно быстро адаптироваться к ним в случае проживания в Корее.

> «- Одна из целей нашей общественной организации – сохранение корейской этнической культуры, потому что за 150 лет проживания в России произошла существенная потеря··· Дело в том, что многие корейцы, особенно молодые и наши родители, потеряли язык. Но язык – это же один из основных признаков культуры, и через многочисленные общественные организации во всей России корейцы стараются изучать свою культуру, свой язык, традиционные танцы и традиционное искусство, и сохранять обряды и ритуалы, которые являются частью народной культуры».[1]

---

1) https://www.youtube.com/watch?v=TYqZpf4tAQk ГТРК «Волгоград-ТРВ». «Волгоград 24» На стыке культур. Игорь Ким, председатель

Этническая идентичность не является статичной, она зависит от необходимости соотнесения себя с инонациональным и социальным окружением. Для молодых корейцев, особенно выросших за пределами России, межэтническая толерантность является связующим звеном между процессами этнической мобилизации и становлением национально-гражданской российской идентичности. Имея вполне комфортный первоначальный предписанный этнический статус, в новой стране дети получают новую идентичность, часто с элементами культурного шока и снижением социального статуса. Дальнейшие процессы обусловлены механизмами внутренней адаптации, направленными на восстановление позитивной субъективной и объективной идентичности. Можно отметить, что среди молодых коре сарам идентичность приобретает качество гибридности, между традиционной и модернизационной идентичностями. Представляется, что гибридная идентичность является ресурсом для социальных изменений молодого поколения коре сарам. Наличие гибридной идентичности не говорит об отсутствии устойчивой идентичности, скорее, наоборот, дает возможность для профессионального и личностного роста. Таким образом, в российских условиях конструируется

Волгоградского корейского центра «МИРИНЭ». Интервью (выпуск от 19.02.2016).

новая этническая идентичность, которую можно обозначить как гибридную или биэтническую.

> «- Очень важно разделять нацию и национальность. По национальности я кореец, но при этом – гражданин России. Общественная организация позволяет сохранить и даже преумножить традиционную культуру, но в нашей миссии отдельно прописано развивать гражданскую позицию, быть активными и ответственными гражданами России».[2]

В конечном счете функционирование молодежных общественных организаций, несмотря на их внешне культурную направленность, определяет собой этнополитический аспект идентичности молодых корейцев, конструируемый на основе солидарности и создании собственной референтности, поскольку коллективная идентичность в поколениях размывается. Об этом, например, свидетельствует обоснование собственной миссии волгоградской общественной организацией «Миринэ». Представители старшего поколения транслировали авторам некоторое неудовольствие и даже чувство обиды от разрыва или ослабления связи с молодыми коре сарам.

---

2) Игорь Ким, «Миринэ», Волгоград; https://vk.com/mirine

«- Сохраняя культуру, традиции и историю своего народа, мы стремимся к самореализации и развитию, содействуем укреплению мира и согласия между различными национальностями Волгоградского региона, воспитываем в себе высокие нравственные качества и активную гражданскую позицию. Кто мы? Мы молодые, активные и неравнодушные! Мы ищем общения и ярких эмоций. Мы мечтаем, много работаем и стремимся. Мы разные, но нас многое объединяет. ···Мы самостоятельное общественное движение, не являемся ничьим молодёжным крылом, работаем с другими организациями на условиях равноправного сотрудничества».

2. Волгоградский корейский центр «Миринэ» (미리내) – региональная общественная организация

Дат основания (реорганизации): 25 мая 2012 г. Ведётся работа по направлениям: курсы корейского языка при Школе корейского языка "Миринэ"[3]; традиционные барабаны при Ансамбле национальных корейских барабанов "Чондун"; традиционные танцы при Студии корейского танца им. Ли Маргариты "Хвасон"; культурно-массовые мероприятия; национальные праздники; образовательные и научно-просветительские мероприятия;

---

[3] https://vk.com/mirine, https://vk.com/chondun, https://vk.com/hvason.

Фото 1. Свидетельство о регистрации «Миринэ»

социальные и благотворительные проекты. Итоги пятилетней работы: более 40 праздников, мероприятий и проектов (в т.ч., фестивали, Соллали, декады, социальные проекты, благотворительность, форумы, конкурсы); более 1,500 гостей ежегодно; более 100 активистов и волонтёров за 5 лет; более 300 студентов курсов языка, барабанов и танцев ежегодно.

Фото 2. «Миринэ» в подшефном детском доме

Особенн следует отметить социальные и благотворительные проекты Миринэ для воспитанников детских домов Волгоградской области.

«- Пять лет назад мы начинали нашу общественно-культурную деятельность, обсуждая будущие планы на скамейке в сквере... Нас было чуть больше дюжины человек - совсем молодых близких по духу друзей с горящими глазами и юношескими амбициями, стремящихся доказать в первую очередь самим себе, что мы знаем, как нужно делать правильно. Оглядываясь назад, мы видим большой трудный путь - каждого из нас и нашей команды в целом. Миринэ всем дало невероятный опыт, верных друзей и самые удивительные тёплые воспоминания. Многие из организаторов, активистов, волонтёров раскрывались с самой неожиданной стороны, но в самый нужный момент. В ком-то вырисовывался сильный лидер и организатор, кто-то нашёл себя в игре на барабанах или открыл удивительный мир корейского танца и k-pop, кто-то выучил корейский язык и ежегодно обучает более 200 студентов со всего Волгограда и Волжского, кто-то нашёл призвание помогать другим. Безусловно, результат Миринэ - это заслуга всех организаторов, активистов и волонтёров, которые работали и работают в нашей команде на протяжении уже долгих лет!».[4]

Центр «Миринэ» появился в мае 2009 года как молодежное крыло ВРОО «Центр взаимопомощи корейцев», но довольно быстро превратился в самостоятельное общественное

---

[4] Вконтакте

Фото 3. Активисты «Миринэ»

движение, осенью 2014 г. был зарегистрирован в Минюсте РФ как некоммерческая общественная организация. Мотивация для создания оказалась достаточно нетипичной. Первоначальной целью являлось стремление помогать приезжающим в регион гражданам Южной Кореи адаптироваться, лишь затем центр отошел в сторону клуба по интересам. Название центру подсказала ровесница из Южной Кореи. «Миринэ» переводится одно как «звездный мост», фактически таковой и оказалась функция организации: быть мостиком между Волгоградом и Сеулом, с помощью местных активистов-«звездочек».[5]

5) Акулиничев А. Газета «Аргументы недели. Нижнее Поволжье». №45

У корейского центра 5 ключевых направлений: родной корейский язык, обучение игре на традиционных барабанах, обучение корейским танцам, кей-поп танцам, а также волонтерская деятельность. За четыре года провели более 40 мероприятий: образовательные, культурные, общественные, социальные, спортивные проекты, праздники и мастер-классы, которые посетили тысячи волгоградцев. В планах у "Миринэ" открытие Кей-поп курсов в марте и фестиваль Кей-поп танцев в апреле. На лето запланирован большой межрегиональный конкурс национальных корейских творческих коллективов. В октябре – ежегодный масштабный региональный праздник Фестиваль корейской культуры, а в декабре — социальные и благотворительные проекты для воспитанников детских домов Волгоградской области.

Ниже приведены примеры программ фестивалей корейской культуры, которые проводил молодежный центр Миринэ.

V Фестиваль корейской культуры! 19 мая 2012. Волгоградская областная универсальная научная библиотека (ВОУНБ) им. Горького.

Часть 1. Открытие фестиваля. Краткое содержаля:

(366), четверг 27 ноября 2014 года. На стыке культур. Игорь Ким, председатель Волгоградского корейского центра «МИРИНЭ». Интервью (выпуск от 19.02.2016). ГТРК «Волгоград-ТРВ». «https://www.youtube.com/watch?v=TYqZpf4tAQk.

Вступительное видео. Привет.ственные слова руководства библиотеки и отдела иностранной литературы.

Часть 2. Урок корейского языка. Краткое содержание: рассказ об истории происхождения языка и алфавита. Импровизационное занятие.

Часть 3. Народные корейские барабаны «Самульнори». Краткое содержание: рассказ участников ансамбля о традиционных инструментах «Самульнори». Игра на барабанах.

Часть 4. Традиционный вид спорта «Тхэквондо». Краткое содержание: рассказ о традиционном боевом искусстве «Тхэквондо». Показательное выступление юных спортсменов.

Часть 5. Современная корейская культура. Краткое содержание: рассказ о «Корейской волне». Выступление танцевальных коллективов и вокального дуэта.

Часть 6. Закрытие фестиваля. Краткое содержание: информация о Молодёжном корейском центре «Миринэ», закрытие V Фестиваля корейской культуры.

Часть 7. Чаепитие. Краткое содержание: мастер-класс в приготовлении традиционного корейского блюда «Кимпаб». Чаепитие в холле. Общая продолжительность: 1 час 30 минут

12-й Фестиваль корейской культуры, посвящённый 25-летию установления дипломатических отношений между Россией и Республикой Корея. Волгоградский музыкальный театр. 10 октября 2015.

1) 11.00 часов. Корейская столовая, выставка Островка "14" (корейская косметика) и дегустация "Доширак".

2) Сотрудничество с фотостудией "Frame", у каждого из гостей появится возможность забрать с собой воспоминания о прошедшем Фестивале. Для этого нужно опубликовать фото во ВК или Instagram с хештегом #Фестиваль_Миринэ_2015, и через 20 секунд оно будет напечатано.

3) Совместно с Благотворительным фондом "Детские домики" мы организуем социальную акцию "Поделись своей радостью". Рядом со столом выдачи фотографий будет стоять копилка, в которой вы можете по желанию оставить любое пожертвование для детских домов Волгоградской области.

4) С 11.15 начнётся импровизированный концерт (фойе 2-го этажа), в котором центральное место займёт соревнование знаменитых волгоградских кей-поп команд: 4UP, Twinkle, Virus и Soulmates.

5) В 12.30 начнётся концертная программа (актовый зал), в течение которой мы расскажем о традициях празднования важнейших этапов жизни корейского человека, а национальные творческие коллективы Ансамбль барабанов "Чондун" и Студия танца "Хвасон" представят гостям свои яркие номера.

6) 11 октября в 15.00 Волгоградский корейский центр "Миринэ" и Отдел литературы на иностранных языках приглашают всех желающих на Литературный конкурс "Поэзия во имя мира", который пройдёт в актовом зале Областной

библиотеки им. Горького.

7) 17 октября Ансамбль барабанов "Чондун" и Студия танцев "Хвасон" приглашают всех желающих на День открытых дверей, который пройдёт на базе Молодёжного центра "21 век" (ул. Савкина, 8) с 16.00.

Молодой харизматичный лидер «Миринэ» Игорь Ким уже несколько месяцев проживает в Москве, многие участники повзрослели и покинули Волгоград, подрастает новое поколение. Очень важно, считает Игорь, разделять нацию и национальность: «По национальности я кореец, но при этом – гражданин России. Общественная организация позволяет сохранить и даже преумножить традиционную культуру, но в нашей миссии отдельно прописано развивать гражданскую позицию, быть активными и ответственными гражданами России». При этом в новых условиях, по словам Игоря Кима, «в Миринэ реализуется большой международный проект, о котором мы расскажем общественности ближе к осени. У нас есть большие планы по развитию Миринэ в разных направлениях: язык, история, культура, музыка, танцы, современная культура, социальная ответственность. Об этом тоже позже⋯».6) Таким образом, фестивали демонстрировали результаты культурно-массовой работы, привлекали молодежь к волонтерской и

---

6) Из личного интервью Игоря Кима, 11.01.2019. Архив авторов.

благотворительной деятельности, объединяли молодежный бизнес, знакомили с корейской кухней и традициями, развивали таланты и создавали позитивный образ корё сарам и Кореи.

3. Саратовский корейский центр «Тонмакколь» (동막골) - общественная светская организация

Саратовская область – это регион Нижнего Поволжья, географически близкий к Волгоградской области. Корейцев здесь, согласно данным переписи населения 2010 г., не столь много, поэтому создание активно действующего молодежного корейского объединения выглядит особенно интересным. Если «Миринэ» первоначальной целью ставило оказание помощи приезжим из Южной Кореи, имея в виду, скорее всего, южнокорейских студентов, то «Тонмакколь» ориентировался на «мостик дружбы» с обоими корейскими государствами.[7]

- «Мы - жители Саратова и Саратовской области, объединенные интересом к корейской культуре и желанием заниматься общественной деятельностью

---

7) https://vk.com/dongmakgol_saratov?_smt=groups%3A2

для достижения наших совместных целей.

Наши цели: сохранение и популяризация культуры, традиций и истории корейского народа; организация общественных культурных, социальных, спортивных и образовательных проектов и программ; укрепление мира, дружбы и согласия между представителями различных национальностей Саратовской области; развитие социально-культурных связей и сотрудничества между жителями Саратовской области и жителями Республики Корея и Корейской Народно-Демократической Республики; развитие инициативности, ответственности, культуры, высокой морали и нравственности, активной гражданской позиции у членов организации.

Мы - независимая общественная организация вне политики, религии и коммерческих интересов.

Мы открыты для равноправного сотрудничества с любыми организациями, деятельность которых способствует достижению наших целей. Мы разные люди, но нас многое объединяет. Неравнодушие, дружелюбие, стремление к саморазвитию и любовь к корейской культуре. Если тебе все это по душе - добро пожаловать в Тонмакколь!».[8]

Когда общество начинало свою организацию (2015 г.), будущие участники знакомились в социальных сетях и делились своей мотивацией для объединения. В основе большинства из них было желание осознать и исследовать свою идентичность в условиях этнического одиночества,

---

8) Социальная сеть VKontakte Вконтакте

Фото 4. «Тонмакколь». Саратов

поскольку практически все молодые корейцы в Саратове приезжие и еще скучают по своей среднеазиатской родине...

« - Мне 29 лет, я живу в Саратове с 2001 года. Лет пять или шесть назад стал интересоваться этническим самосознанием, читать всякое о том, как живут разные диаспоры, стал пытаться искать в Саратове корейские сходки или мероприятия. Года три назад начал вести корейский паблик вКонтакте, соответственно интересоваться историей и культурой Кореи, историей корё сарам. До языка так руки и не дошли, но надеюсь найти здесь единомышленников, с которыми будет легче решиться им заняться».

«- Меня зовут Надя. Мне 24, и я уже мамочка двоих детишек. В Саратове уже два с половиной года примерно. Сама родом из Ташкента. В Ташкенте учила корейский в центре и школе Седжонг. Немного походила на барабаны. Очень скучаю по тем временам. Здесь нет ни друзей, ни знакомых⋯»

«- Живу в Лисках (Воронежская область) с 2006г., нас тут совсем мало и общаемся мало, потянуло к корням, стала изучать корейский и случайно наткнулась на вашу группу...»

«- Меня зовут Юра. Мне 30. В Саратов приехал недавно. Хочу познакомиться и найти новых друзей. Так все друзья остались в Таджикистане, откуда я родом».

«- Мне 21 год. Родился в далёком и солнечном Узбекистане. Переехал в Саратовскую область в 2013 г. , в Саратове с 2015 года. Последние пару лет начал осознавать свою принадлежность к корейской культуре (не удивительно), начал изучать историю Корё сарам. Но также интересна культура и Южной Кореи».

«- Я Наталья! И я очень буду рада знакомствам с новыми людьми! В Саратове уже 2 года, а родом из солнечного Ленинабада!»

«- Меня зовут Герман, недавно исполнилось 18. Родился в Узбекистане, Кашкадарьинская область, город Мабарек, детство провёл в Ташкенте. Затем с семьёй переехал в Казахстан, Карагандинская область, город Темирау, там и закончил школу. На время обучения переехал в Саратов».

Основатель и руководитель молодежной организации Тонмакколь Андрей-Сергей Ким – админ паблика "Russian Koreans – Корейцы СНГ – 고려사람" в социальной сети ВКонтакте, руководитель корейского центра «Тонмакколь»

동막골 в Саратове, дал очень подробное интервью другому паблику коре сарам в интернете[9] и любезно разрешил воспользоваться опубликованным текстом.

Задача более ранних общественных организаций корё сарам - интеграция корейских иммигрантов в российское общество на основе законодательства РФ – была в основном выполнена, и поколение родителей постарело и утратило былую активность. На смену им пришли новые молодые лидеры и выдержки из интервью подтверждают наши наблюдения о смене приоритетов в сознании молодых корё сарам и их общественной деятельности. Оба лидера, волгоградский и саратовский, в начале работы стремились к дистанцированию от существующих «взрослых» организаций, которые, по существу, функционировали лишь номинально.

«- «У нас изначально была компания друзей, которые были волонтерами в старшей организации. Мы были молодежным крылом, хотели этим заниматься, хотели показать, что надо делать мероприятия и строить работу иначе. А поскольку мы были друзьями, всем было весело и интересно, – сказал Игорь.

У меня такого ядра под рукой не было – все мои друзья русские, а все родственники не в том возрасте и положении, чтобы бросать семейные заботы и играть на корейских барабанах. В Волгограде я увидел

9) https://koryo-saram.ru/andrej-shegaj-sovremenniki/

организацию, которая удивила, и шоу, которое совершенно неожиданно заставило по-настоящему ощутить то, что называется громкими словами – "культурные корни".

В Саратове на тот момент существовала корейская ассоциация, которая много лет не вела активной деятельности, поэтому опираться на нее не имело смысла, нужно было создавать дело с нуля.

Кроме того, я хотел создать не ассоциацию корейцев, не абстрактное сообщество людей корейской национальности, а нечто другое, то, что я увидел в Волгограде у "Миринэ" – сплоченную команду единомышленников, которые делают конкретные дела, для которой сформулирована конкретная идеология и есть регулярные отчетные мероприятия, на которых все можно увидеть своими глазами.

Я назвал для себя такой тип организации "Корейский центр 2.0", имея в виду, что "Корейский центр 1.0" – это классическая корейская региональная организация с пожилыми старейшинами, которые принимают решения, исходя из каких-то политических, личных или конъюнктурных соображений. О таких организациях я был наслышан и меня совсем не устраивал такой подход к деятельности "для галочки».

Мы до сих пор официально не зарегистрированы, хотя, конечно, уже пора – не хватает толкового юриста и бухгалтера в команде, готовых работать бесплатно, и времени на бюрократию. Если честно, это пока не мешает. Те немногие спонсоры, что у нас есть, верят на слово, а на государственные гранты мы не претендуем и пока не планируем брать деньги налогоплательщиков. У меня вообще много моральных предубеждений, которые осложняют работу, но зато позволяют спокойно спать и смотреть в глаза кому угодно. Например, мы принципиально не участвуем в политических акциях, связанных с выборами…».[10]

Первое время активисты из корейской молодежи Саратова собирались в общественных местах, парках, тайм-кафе, для занятий арендовали залы. Затем появились спонсоры из числа саратовских корейцев-бизнесменов, один из которых предоставил нежилое помещение, где центр сейчас постоянно базируется, проводятся занятия по языку и танцам, собрания и мероприятия. Занятия по барабанам проходят в Городском доме культуры национального творчества. У центра есть страницы ВКонтакте и в Instagram.

За два с половиной года "Тонмакколь" провел три концерта корейской культуры, в их числе два осенних фестиваля местными силами и один с участием приглашенных артистов из Волгограда, Ташкента и Москвы, с количеством гостей 300 человек; три праздника Чхусок и два Соллаль в формате лекций и национальных игр с угощениями; два праздника в честь Дня Победы с презентацией корейской культуры и фотовыставкой о

10) https://koryo-saram.ru/andrej-shegaj-sovremenniki/

корейцах-ветеранах; девять встреч проекта "Познавательный Тонмакколь" по разным вопросам – от корейской медицины до истории корё-сарам. В группе четыре творческих направления (самульнори, традиционные танцы, K-Pop Cover Dance, K-Pop Cover Vocal), восемь групп изучения корейского языка (под руководством корейской сонсенним и волонтеров).

«- Мы не стремимся к широкой рекламе, в первую очередь интересуют единомышленники, как этнические корейцы, так и люди всех национальностей, искренне увлеченные корейской культурой. Мы общаемся с посольством Республики Корея в Москве, контактируем с Фондом зарубежных корейцев, который поддерживает связи с зарубежными корейцами во всех странах мира. В прошлом г. этот фонд подарил нашему центру барабаны для нашего коллектива самульнори.

Несколько наших активистов принимали участие в конференциях и студенческих программах, которые проходили в Южной Корее, а еще несколько бывших участников центра сейчас находятся там на заработках. В центре мы показываем корейские фильмы, конечно, следим за новостями. Я сам при возможности стараюсь посещать историческую родину как турист, поскольку это действительно интересная страна».[11]

11) 29 марта 2018, 07:52. Коломийцев Н. Электронное СМИ Версия. Саратов. https://nversia.ru/news/prishlos-uchit-mestnyh-vyraschivat-ris-saratovskiy-koreec-rasskazal-kak-ego-semya-syuda-popala-chem-koreycy-zanimayutsya-v-rossii-i-zhazhdut-li-vernutsya-na-rodinu/

4. Астрахань. Молодежное отделение корейского культурного центра «Хамке Идон»

Правовой базой для образования Молодежного отделения корейского культурного центра «Хамке Идон» послужило Постановление мэра города от 06.05.2008 N 1287-м "Об утверждении Положения о городском Молодежном Координационном Совете при мэре города Астрахани" и его дальнейшие редакции.[12)] Общественная молодежная организация корейцев Астраханской области, созданная 9 июня 2014 г., входит в состав «Хамке Идон». Основные задачи молодежного отделения «Хамке Идон»: культурно-массовая работа с корейской молодежью, подготовка номеров художественной самодеятельности, участие в организации фестивалей корейской культуры, информационном обеспечении в социальных сетях, совместных культурно-просветительских мероприятиях, изучение корейского языка и традиций, налаживании дружеских связей со сверстниками с Корейского полуострова. Руководитель молодежного отделения Цой Елена входит в городской Молодежный координационный совет при главе

---

12) Официальный сайт Министерства юстиции Российской Федерации // http://unro.minjust.ru/. https://vk.com/public74993361 https://etnokonf. astrobl.ru/press-release/astrahanskie-koreycy-otmetili-sollal.

администрации г. Астрахани, как и прежние руководители Ким Роман и Цой Ирина. Цой Ирина Власовна в настоящее время является членом координационного совета Астраханской региональной общественной организации Корейский культурный центр «Хамке Идон». Деятельность организации способствует этнической солидарности молодых людей корейской национальности и позитивному восприятию со стороны жителей г. Астрахани и многонациональной Астраханской области.

Фото 5. Активисты «Хамке Идон»

На первом собрании молодежного отделения «Хамке Идон», которое состоялось 28 сентября 2014 г., были предложены следующие направления: изучение корейского языка (хангуго), современной корейской культуры (k-pop), традиционной корейской культуры (танцы), сотрудничество с другими молодежными корейскими и национальными организациями РФ, в том числе через социальные сети и взаимное посещение молодежных акций в других городах, сбор исторической и архивной информации о предках, развитие национальных корейских видов спорта (хапкидо и тэквандо), участие в конкурсах красоты. План деятельности уточняется ежегодно и в него входит обязательное участие в фестивале корейской культуры.

Фото 6. Фестиваль народов Астраханской области

Одной из первых акций было участие в праздновании Дня города 21 сентября 2014 г., где была организована детская игровая площадка «Играем вместе», показаны номера художественной самодеятельности. В 2015 г. начала действовать спортивная группа по изучению корейского хапкидо. На Первом фестивале корейской культуры 11 октября 2015 г. была показана концертная программа с традиционными корейскими танцами и песнями, народные игры, дегустация национальной кухни. Молодежь «Хамке Идон» провела показательные выступления команд тхэквандо и хапкидо. В октябре 2015 г. открыт набор в танцевальную группу k-pop. 27 октября 2016 г. в Астрахани прошел II Фестиваль корейской культуры, посвященный культуре и традициям корейцев России, в котором участвовали юные танцоры молодежного отделения Хамке Идон.

Важным направлением деятельности молодежного отделения в составе «Хамке Идон» является налаживание дружбы между народами, проживающими в Астраханской области: татарами, калмыками, русскими, ногайцами, народами Дагестана и Северного Кавказа. Например, в июне 2017 г. проведено совместное мероприятие с калмыцким землячеством «Точки соприкосновения культур и традиций корейцев и калмыков», где обсуждались вопросы этногенеза и истории народов, вопросы влияния буддизма на калмыков и корейцев. На первомайские праздники молодежное отделение отправилось на пикник на природу, а также на татарский праздник Сабантуй, участвовали в завершении построения буддийской мандалы. Также в мае приняли участие в молодежном форуме г. Астрахани «Диалог, сотрудничество, успех», где обсуждали креативные проекты развития города и страны, бизнеса, учились патриотизму, показали танец с веерами, угощали гостей корейскими блюдами.

Таким образом, участники молодежного отделения «Хамке Идон» разрабатывают и участвуют в проектах культурного, социального и экономического развития корейской молодежи Астраханской области.

5. Ансамбль корейского танца «Кым Ган Сан», Ростов-на-Дону

Ансамбль корейского танца «Кым Ган Сан» был создан при Дворце культуры и техники железнодорожников г. Ростова-на-Дону " в 1991 г. Участник всех корейских праздников в Ростовской области. Ансамбль имеет титулы международных фестивалей и конкурсов, а также звание «Народный самодеятельный коллектив». Одно из достижений ансамбля - Гран-При XII Международного фестиваля «Открытая Россия», Лауреаты 1-й степени в номинациях «Духовые и ударные инструменты» и

«Народный танец». Создателем, организатором и руководителем, поднявшим ансамбль на высокий художественный уровень, была Ли Маргарита, трагически погибшая в 2005 г.; затем ее сменила дочь Ли Наталья. 24 апреля 2000 года ансамблю "Кым Ган Сан" под руководством Ли М. А. был присужден статус "народного".

С 2012 года ансамблем руководит Цой Алтынай Нурадиновна. Основная цель при создании ансамбля было стремление познакомить жителей Ростовской области с культурой Страны Восходящего Солнца; передача юному поколению корейцев традиционной музыкальной и танцевальной культуры. В ансамбле занимаются дети разных возрастов и национальностей. В репертуаре традиционные южно- и северокорейские танцы. Участники ансамбля ежегодно ездят в г. Ссул и о. Чиндо на стажировку для повышения профессионального уровня по приглашению от Центра искусств Кореи.[13]

Из материала газеты «Коре сарам на Дону» об очередной победе ансамбля: «Новой победой ознаменовалось выступление танцевального народного ансамбля «Кым Ган Сан» на Ежегодном международном фестивале-конкурсе «Хрустальное сердце мира». В конкурсе приняли участие около тридцати коллективов со всей России. Но большое

---

[13] https://vk.com/wall-34822693_22761; https://vk.com/kgs_rostov

Фото 7. Ансамбль «Кын Гам Сан». Ростов-на-Дону

количество соперников никогда не пугало талантливых красавиц. Они стали Лауреатами I-й степени в трех хореографических номинациях и взяли Гран-При. Это стоило немалых усилий, так как сейчас коллектив находится в интенсивном процессе подготовки к Фестивалю корейской культуры. Артистки тренировались на пределе возможностей и были вознаграждены лаврами победителей.

В этом конкурсе принимали участие: Анастасия Тен, Ирина Цой, Кристина Ким, Татьяна Ли, Татьяна Романюк, Суми Ким, Екатерина Тимошова, Алина Хван, Маргарита Черкасская и Валентина Эм. Некоторые участвовали в таком серьезном конкурсе впервые. Блестящих результатов коллектив добился благодаря своему хореографу Цой Алтынай Нурадиновне. Она всю себя отдает любимым танцам и дорогому ансамблю. Своим примером вдохновляет девушек «выкладываться на все сто», воодушевляет их на завоевание новых вершин. Залог успеха коллектива - это полная самоотдача на репетициях, правильная мотивация и грамотный наставник. И тогда самое взыскательное жюри не устоит!»[14]

Фото 8. Цой Алтынай, руководитель ансамбля

Созданный в 1991 г. Маргаритой Александровной Ли ансамбль, зарекомендовавший себя как один из лучших российских коллективов корейского танца и успешно осуществлявший свою творческую деятельность на протяжении 20 лет в Ростове-на-Дону, нашел свое продолжение в Волгограде.

---

14) У девушек из «Кым Ган Сан» - «Хрустальное сердце мира». http://www.arirang.ru/archive/ksd/KSD.2016.03.pdf

6. Студия корейского танца «Хвасон», Волгоград

24 февраля 2013 года в Волгограде от ростовского ансамбля «Кым Ган Сан» отпочковался новый коллектив, названный Студией корейского танца имени Ли Маргариты "Хва сон" (Цветущие феи)[15], руководитель студии и хореограф Ли Наталья Юрьевна

Фото 9. Логотип студии «Хва Сон»

(дочь Ли М. А.). Студия, образованная на базе молодежного центра "Миринэ", бережно оберегает традиции и продолжает преумножать накопленный опыт бывших участников и первого руководителя Ли Маргариты, трагически погибшей в 2005 г.

За 5 лет существования новый коллектив осуществил две сотни выступлений, посетил множество городов (Москва, Ростов, Краснодар, Элиста и другие), за плечами участников шесть стажировок в Республике Корея. По образному выражение руководителя студии Натальи Ли, проведены тысяча часов репетиций и пришита тысяча бусин!

---

15) Описание творческой деятельности коллектива «Хва Сон» основано на информации из открытых источников.

По ее признанию, проблемой является «набрать, заинтересовать и вырастить хороших танцовщиц. Ну нет у нас культуры прививать детям любовь к родному искусству, языку. Кто-то правильно сказал: "Хочешь уничтожить нацию, начни с уничтожения культуры!" Народное творчество - это выражение национального характера, зеркало души».

Фто 10. Танцуют феи из «Хва Сон»

В Студии три состава: старший состав, средний и новенькие, насчитывающий около 40 человек в возрасте от 14 до 25 лет. Танцоры занимаются мы на базе Молодёжного центра "XXI век". Репетиция начинается или с разминки, или сразу с "кибона", затем идёт освоение нового или повторение изученного материала. Студия выступает на различных концертах города и области, участвует в фестивалях национальных культур. С каждым годом география выступлений

увеличивается. В репертуаре около десятка танцев, иногда происходит замена номеров, утративших актуальность. Визитной карточкой является традиционный пучечум (танец с веерами), это самый красочный и яркий номер. Жемчужинами репертуара являются также самгому и огому (танцы с вертикально подвешенными барабанами). Общий список репертуара выглядит внушающе: пучечум (с веерами), самгому, огому (с подвешенными барабанами), абакчум (с инструментом абак, разновидностью трещотки), кхальчум (с мечами), сольчангочум, чангочум (с барабанами чанго), чиндобукнори (с барабанами бук), тхэпхёнму (танец пожелания благополучия стране), чоккечум (танец девушек, собирающих ракушки), согочум (с маленькими барабанами сого). Сегодня каждое выступление «Хвасона» - это отдельный номер, для которого его участницы одеваются в потрясающей красоты костюмы. Перед выступлениями они наносят грим ровно 90 минут по особым правилам.

«- Каждому традиционному танцу соответствует определённый вид костюма, аксессуары в основном тоже прописаны, но могут быть вариации. Например, для танца **пучечум** танцовщица надевает обязательно длинный жакет (**чогори**) светлого тона, и юбку (**чхима**) красного цвета. Это одежда придворной дамы. На голове небольшой головной убор **хвагван** или **чоктури**. Обязательными для любого костюма являются белые (светлые) штаны свободного покроя, белые носки или **посон** (корейские носки). Складывается и хранится костюм тоже очень бережно, есть даже определенная последовательность складывания **ханбока**. Гладко уложенные волосы собраны в традиционный узел замужней женщины и закреплены **пинё** (длинной заколкой). Все детали, включая вышивки на жакете (в основном пионы) строго соблюдаются».[16]

Мечта руководителя ансамбля «Хва Сон» Натальи Ли - повезти группу на стажировку в Северную Корею, чтобы погрузиться в глубокую культуру северокорейского танца.

«- Если вы замечали, традиционные корейские танцы очень разнообразны, нельзя сказать, о чем они, нет сюжета, нет явного смысла (я сейчас говорю о традиционных танцах Южной Кореи). Можно лишь почувствовать, интуитивно поймать невидимую нить перетекающих одно в другое движений, гипнотизирующих зрителя. Я думаю, скромный и держащий всё в себе темперамент, прежде всего, повлиял на манеру исполнения танца. Так же мы и танцуем, "всё в себе", сосредоточенность и, в некотором смысле, сдержанность превалируют в характере танца. Конечно же, в современной

---

16) https://vk.com/koryosaram

традиционной хореографии идёт адаптация для упрощенного восприятия - более понятная музыка и движения, но при этом сохраняются традиционные каноны. Другой стороной характера - трудолюбие и дисциплинированность - можно описать традиционные танцы Северной Кореи. Когда смотришь на профессиональных северокорейских танцоров, дух захватывает. Техника исполнения, эмоции на лице, музыка - все, как говорится, на грани!».[17]

7. Молодые лидеры и активисты корейских общественных и культурных организаций

Новое поколение выдвинуло собственных харизматичных лидеров, основные идеи которых связаны не только с глубокой родственной душевной связью с Корейским полуостровом, но и любовью и уважением к стране проживания, ставшей родиной для их предков.

◎ Ким Игорь

«- Родился в Душанбе в 1991 г. Через год семья переехала в Кыргызстан (г. Кара-Балта), где мы жили до 2000-х гг. С 2000 г. жил в Волгограде с бабушкой.

---

17) Там же

Закончил общеобразовательную школу, в 2008 г. поступил в Волгоградский государственный университет на экономико-математическую специальность «Статистика». В 2013 г. закончил университет и в том же г. поступил в аспирантуру на специальность «Экономика и управление народным хозяйством». Закончил аспирантуру в 2017-м г., диссертацию пока не защитил.

В 2018 г. переехал в Москву. Папа и мама родились в Душанбе в 1971 г. Папа занимался полями в Кыргызстане и России (Волгоградская и Астраханская области), а в зимние периоды они с мамой занимались салатами в Астрахани. Мама умерла в 2007 г. В 2011 г. папа прекратил заниматься полями и стал работать водителем в различных компаниях. Сестрёнка родилась в Волгограде в 2001 г. Сейчас учится в школе, заканчивает 11 класс. Папа и сестрёнка живут в Волгограде».[18]

Игорь Ким успешно совмещает общественную деятельность, возглавляя центр «Миринэ», работу в бизнесе, основанном на идее корейского фастфуда. Кроме того, Игорь как молодой ученый участвует в научных конференциях, публикует статьи в научных изданиях. К примеру, среди научных трудов Игоря Кима значатся следующие:

18) Из личного интервью Игоря Кима, 11.01.2019. Архив авторов.

«Целевая аудитория японской кухни: сегменты и культура потребления», «Итерационный экспертно-функциональный подход к SWOT-анализу в контексте стратегического маркетинга на рынке японской кухни», «Маркетинговый анализ развития рынка общественного питания в России: окружной, региональный, сегментный аспекты»; «Методика формирования меню сетевой компании японской кухни посредством многомерного ABC-анализа», «Комплексный конкурентный и маркетинговый анализ рынка японской кухни», «Оценка импульсивности покуо в сетевых компания на рынке японской кухни», «Многоуровневая модель ценообразования меню сетевого предприятия на рынке общественного питания», «Факторная финансово-математическая модель оценки инвестиционной привлекательности арендного места».

Игорь Ким стал лауреатом премии Волгоградской области в сфере науки и техники 2015 года. Награда присуждена ему за участие в проекте команды ученых-экономистов ВолГУ «Модернизация методологической, методической и индикативной базы стратегического планирования устойчивого развития административного центра региона», в которой он принимал участие в качестве статистика-аналитика. После завершения проекта научно-исследовательская работа получила высокую экспертную оценку в Городской Думе Волгограда и была издана в качестве монографии. Вместе с

Кимом лауреатами премии стали доценты, профессора и заведующие кафедр ведущих вузов Волгограда, а также четыре научно-исследовательские команды.[19]

> «- Идентичность – понимание человеком своей национально-культурной, гражданской и социальной принадлежности. Два последних параметра динамичные и могут меняться в зависимости от обстоятельств. Я думаю, что идентичность корё-сарам – это знание ключевых национальных традиций и обычаев, немного иные социальные взаимоотношения и ключевые ценности, знание истории корейского народа и советских (российских) корейцев. Знание языка – это, конечно, хорошо. Но считаю, что это не является основным фактором идентичности – мы живём в России, говорим и думаем на русском языке (в т.ч., в семьях).

Я могу говорить только о том, что вижу вокруг, поэтому здесь и ниже высказываю субъективную точку зрения. Ценности у корейской молодёжи, наверное, те, что у российской молодёжи в целом – всё-таки мы достаточно сильно ассимилированы. Радует, что отдельные культурные особенности накладывают положительный отпечаток на ценности этнических корейцев: уважение к старшим, трудолюбие, стремление дать детям образование.

---

19) Сайт Комитета по делам национальностей и казачества Волгоградской области; http://kdnk.volgograd.ru/current-activity/cooperation/news/95575/

В стремлениях и желаниях корейская молодёжь не отличается от молодёжи в целом: хотим благополучия, хорошей работы и стабильности, строить семьи, растить детей. Конечно, есть и желания другого порядка, которые сформированы общественностью, СМИ и массовой культурой. В большинстве своём ничего плохого в этом нет: желание получать эмоции, изучать мир, заниматься тем, что интересует, отдыхать и быть материально обеспеченными».[20]

◎ Ким Андрей-Сергей

«- Мои предки, к сожалению, не очень много рассказывали - большую часть информации приходилось выпытывать, расспрашивать уже в сознательном возрасте. Моя семья очень хорошо иллюстрирует процесс миграции корейцев. Прадеда со стороны матери звали уже русским именем - Тян Анисим. Он родился уже на российской земле и получил русское имя, но не дожил до депортации. Прадед со стороны отца, Ким Чи Бу, родился в Корее в 1898 г. Когда точно он перебрался в Россию мы не знаем. До революции он работал батраком, был малообразован, но при этом стал убежденным коммунистом. После революции работал в корейском колхозе в Приморье, а после депортации - был также бригадиром в колхозе в Узбекистане. Оба прадеда, как и все корейцы того поколения, много работали и старались дать детям лучшее образование из

20) Из личного интервью Игоря Кима, 11.01.2019. Архив авторов.

возможного - это часть конфуцианского менталитета нашего народа, поэтому их дети уже получили высшее образование.

Они отдавали себе отчет, что только усердная учеба и тяжелый труд пробьют им дорогу на новой земле. Именно эти качества вместе с корейским упорством помогли корейцам выжить тогда, и помогают корейцам адаптироваться во всех странах мира.

Эта смена условий проживания повлекла и изменение менталитета. Корейцы, которые прежде компактно проживали обычно только среди "своих", приучились жить в многонациональном обществе - в Узбекистане приходилось работать бок о бок с узбеками, русскими, казахами, татарами и представителями всех народов СССР. Многие узбекские традиции хорошо перекликались с корейскими и стали дополнением культурного богатства нашего этноса.

В 200-м г. по приглашению друзей, бывших коллег, отец переехал работать в Саратов, а с ним переехали и мы с мамой. С 14 лет я живу в Саратове, окончил здесь школу и родной СГУ. В моей школе не было не то, что ни одного корейца - ни одного азиата, по-моему, в принципе. Одноклассникам приходилось объяснять, что, если я из Узбекистана, это еще не значит, что я узбек. Что есть такая страна, Корея, где делают мобильные телефоны и ядерное оружие, что корейцы - это не жители Карелии. В университете корейцы тоже встречались катастрофически редко. Возможно, из-за всего этого я и занялся изучением своей культуры, истории и менталитета - не хватало общения с корейцами, помимо родственников. Из-за этого позже и организовал культурный центр, стал собирать народ, чтобы таким школьникам, каким был я, было немного проще ответить на вопрос - кто мы, откуда и что мы делаем в русском городе Саратове.

В Южной Корее существует закон о зарубежных соотечественниках, благодаря которому этнические корейцы из других стран могут получить рабочую визу и приезжать на историческую родину на заработки. Этим правом пользуются многие российские корейцы, в том числе из Саратовской области, у которых возникают сложности с поиском работы в России. В основном наши корейцы едут туда на время, чтобы заработать на жилье или на стартовый капитал для открытия своего дела, а затем планируют вернуться и жить в России. Потому что у нас уже более европейский менталитет, абсолютное большинство практически не владеет корейским языком, а в Корее чрезвычайно высокая конкуренция даже среди местных.

Мне нравится жить в Саратове (кроме шуток), здесь мои друзья, любимая работа и корейский центр, но, если бы пришлось переезжать на историческую родину, я хотел бы переехать в мечту каждого корейца в мире - единую и независимую Корею».[21]

---

21) 29 марта 2018, 07:52. Коломийцев Н. Электронное СМИ Версия.

◎ Ким Мерген

Мерген Ким является председателем Регионального отделения Общероссийского объединения корейцев (ООК) в Республике Калмыкия. Мерген Ким также является депутатом городского собрания Элисты. Основная профессия – музыкант, солист Национального оркестра Калмыкии, Заслуженный артист Республики Калмыкия.

В 2007 г. окончил Московский Государственный Университет культуры и искусств по специальности «Вокальное искусство».

Мерген Ким с 1999 года является артистом Государственного Камерного хора Республики Калмыкия, артист хора. В 2002 г. начал работать артистом хорового коллектива Центрального концертного образцового оркестра ВМФ им. Римского-Корсакова, затем попробовал себя в качестве солиста оперы в Тверском Камерном Детском театре. С 2008 года работает солистом Государственного гастрольно-концертного учреждения «Калмконцерт» в Элисте. Затем с 2012 года Мерген Ким работает солистом «Национального оркестра Калмыкии». Творчество Мергена очень популярно в Республике Калмыкия. Судьба Мергена интересна еще и тем, что он по рождению является

Саратов. https://nversia.ru/news/prishlos-uchit-mestnyh-vyraschivat-ris-saratovskiy-koreec-rasskazal-kak-ego-semya-syuda-popala-chem-koreycy-zanimayutsya-v-rossii-i-zhazhdut-li-vernutsya-na-rodinu/

смешанной национальности: его дед кореец и бабушка калмычка, и можно сказать, что калмыцкой крови в нем больше, чем корейской. В интервью Мерген делился с авторами своими переживаниями по поводу собственной идентичности. Живя в Калмыкии, имея рядом много родственников калмыцкой национальности, молодой человек ощущал себя в большей степени калмыком, нежели корейцем. Тем более ему было сложно принять на себя новые обязанности, когда предыдущий руководитель Общества корейско-калмыцкой дружбы Ким Гелий Константинович предложил молодому музыканту возглавить это общество, с чем Мерген великолепно

справляется. Общество корейско-калмыцкой дружбы вляется региональным отделением общероссийской общественной организации «Общероссийское объединение корейцев» в Республике Калмыкия.

Супруга - известная калмыцкая певица Данара Шалханова. По словам Мергена, корейцами, проживающими в Калмыкии, практически не ощущается

Фото 13. Мерген Ким и Данара Шалханова

антропологического дискомфорта при общении с людьми другой национальности. Калмыки очень толерантный и дружелюбный народ, воспринимающий полезные традиции и ценности иных национальных групп. Ниже приводится текст, размышления Мергена Кима о собственной идентичности и судьбах коре сарам.

> «- Родился я в Элисте 12 декабря 1982 года. Отец – Ким Александр Андреевич, мама – Дусинова Татьяна Доржиновна. Мой дед Ким Андрей (Те-Су), по рассказам, родился на территории нынешней Южной Кореи, но в годы войны каким-то образом попал на Сахалин, где и встретил мою бабушку Анну - маму отца, которая была выслана в 1943 г. из Калмыкии (ныне район Астраханской области) в ходе сталинских репрессий... После того, как калмыкам разрешили вернуться домой в 1957 г., мои дедушка (кореец) и бабушка (калмычка) приехали домой, но уже в Астраханскую область, Харабалинский район, с. Заволжье, там и родился мой отец - четвёртый ребёнок в семье, у него есть старший брат, было три сестры, уже одной нет с нами, и отца в том году мы тоже потеряли...».

О Мергене Киме писала несколько лет назад известная калмыцкая исследовательница, этнолог Л. В. Намруева: «Среди представителей новой волны известных корейцев назовем имя Ким Мергена, солиста Государственного симфонического оркестра Калмыкии. Несмотря на свою

Фото 14. Корейско-калмыцкая семья Мергена Кима

молодость, он уже заслуженный артист Республики Калмыкия. После окончания Элистинского училища искусств им. П. Чонкушова молодой артист поступил в Московский государственный университет культуры и искусств. После получения диплома вернулся в родные края. Трудолюбивый и талантливый вокалист постоянно работает над собой, совершенствуя свое мастерство. Своим красивым голосом, задушевными песнями, неподражаемым исполнением арий из классических опер он дарит радость людям».[22]

---

[22] Намруева Л.В. Корейцы в Калмыкии: общество и трудовая деятельность. – Корейцы Юга России и Нижнего Поволжья. Волгоград, 2011. Первое марта. С. 43.

◎ Ли Наталья

Наталья Ли - дочь легендарной Маргариты Ли, основательницы не менее легендарного танцевального ансамбля «Кым Ган Сан», которая руководила им до своей трагической гибели⋯ Наталья с 1991 г. участница старшей группы ростовского ансамбля "Кым Ган Сан" под руководством своей матери. С 1999 г. хореограф ансамбля "Кым Ган Сан". В 2001 г. прошла стажировку в Национальном театре Кореи. С 2007 по 2012 гг. руководитель народного ансамбля "Кым Ган Сан". С 2010 г. каждый год (за исключением 2012 г.) проходила стажировку в Национальном центре искусств Республики Корея. С 2012 г. руководитель студии им. Ли Маргариты "Хва Сон" (화성, Волгоград). За время руководства Ли Натальи ансамбль "Кым Ган Сан" и Студия "Хва Сон" были награждены множеством грамот, дипломов и благодарственных писем.

Наталья Ли человек очень скромный, и по этой причине она отказалась от нашей просьбы поделиться своими размышлениями об идентичности коре сарам.

Действительно, ее восприятие собственного народа лучше всего можно ощутить и понять через творчество. Поэтому мы воспользуемся материалами из открытых источников, в частности, замечательными пабликами Андрей-Сергея Кима.

«С октября 2015-го ··· у нас сложилась теплая дружба с большой и шумной волгоградской семьей активистов, барабанщиков и танцовщиц, которые показали, как драйвово и интересно можно организовывать общественные мероприятия и какой зачаровывающей может быть традиционная корейская культура. И танцы, потрясающие корейские танцы, были важнейшей составляющей этого эстетического удара, переворачивающего сознание. До того момента корейские танцы я видел лишь в форме очень условной самодеятельности на семейных торжествах, когда племянницы юбиляра или подружки невесты, нарядившись в ханбоки, зачастую под не совсем корейскую мелодию изображают то ли чаек, то ли журавлей, а гости больше увлечены поеданием второго, пока не остыло. Здесь же был настоящий театр, заполненный такими же зачарованными, как и я, людьми, свет, звук, яркие костюмы, непривычный макияж и, главное, легкость и грация плавных движений, превратившие скромных девушек из соседнего двора в неземных красавиц, сошедших с картин Шин Юн Бока. Это было настолько красиво, что не влюбиться в "Хвасон" в тот день было невозможно.

Потом я познакомился с Натальей Юрьевной Ли, создателем и руководителем Студии⋯ Когда человек так фанатично предан своему делу, когда постоянно ищутся новые вызовы и знания, когда над каждой деталью работают с такой любовью и скрупулезностью, стремясь к постоянному развитию год за годом, находя подход к каждой ученице – разве может получиться иначе?».

«- Как начался ваш путь в корейских национальных танцах? Что побудило впервые прийти на занятие?

- Я бы хотела сказать, что это было порывом моих еще не совсем ушедших в забвение корейских корней, но все не так. Могу сказать, что все получилось само собой, т. е., проще говоря, мне "пришлось" этим заниматься. Во-первых, мама моя была руководителем ансамбля, во-вторых, репетиции для нас были лишним поводом еще раз собираться с подругами, в-третьих, было просто интересно, какие они - "наши танцы", что из себя представляют. Поэтому сейчас я терпеливо отношусь к тем, кто пришел ко мне по второй причине и не провожу отбор в принципе. Я не выгоняю никого (плохо танцует, не подходит по внешним параметрам и т. д.), думаю я на это не имею права. "Отсев" происходит естественно, со временем человек сам понимает, "это" его или нет. Многие профессионалы могут меня осудить, но это специфика преподавания корейского традиционного танца в России - "вырастить хороших танцоров из того, что есть".

Наверно, как и любые другие танцы, корейские танцы дают навык слушать музыку, развивают пластику, знание характера и манеры исполнения движений. Из моих личных наблюдений, особой отличительной чертой корейских танцоров является скромность, особое трепетное отношение к костюму и сдержанность в поведении. Мы, к сожалению, не достигли того уровня, чтобы занятия в Студии так влияли на поведение учеников вне стен репетиционного зала. Но я работаю в этом направлении, ведь общая оценка нашей Студии определяется не только уровнем танцевального мастерства, но и по поведению и воспитанию учеников.

Для того чтобы танцевать в нашей Студии в основном составе самое главное - желание. Конечно, если есть физические данные, музыкальность, эмоциональность, отличная память на движения - это замечательно, но есть девочки с огромным желанием, и, может не так быстро, но в итоге они достигают того уровня, который меня удовлетворяет. Секрета в моем преподавании никакого нет, моя главная задача - зародить в ученицах любовь к танцу. Если мне удаётся, это можно считать успехом в моем деле.

Думаю, нет такого срока, за который можно было бы научиться танцевать, этот процесс не имеет конца. В Корее пожилой или пожилая танцовщица - не редкость, некоторые танцы исполняются в преклонном возрасте, потому что только после длительного изучения и практики движений можно достичь идеальной гармонии тела и души. Существуют гуру определённых видов танцев, "хранители" танца, которые передают это звание своему наиболее талантливому ученику. Например, мастер корейского танца Хан Сон Чжун (1875-1941) поставил на сцене и сделал популярным танец 태평무 (тхэпхёнму). Прямыми преемниками (хранителями) стали его внучка Хан Ён Сук и ученик Кан Сон Ён. Наша учительница этого танца Бён А Рым обучалась непосредственно у хранительницы, которая в свою очередь была ученицей Хан Ён Сук. Обучаться у таких мастеров в Корее считается очень престижно, это является предметом особой гордости».[23]

◎ Ким Адель и Ким Константин

Адель и Константин – внуки Кима Константина Иосифовича из Волгограда, о котором мы писали в первой книге о самом старшем поколении; дети Кима Игоря Константиновича, который описан во второй книге об активном поколении и является одним из авторов данного исследования. Таким образом, Адель и Константин Ким – это представители третьего, молодого поколения одной семьи коре сарам, прошедшей через интеграцию и практически ассимиляцию в одном из крупных южнороссийских городов, куда волею судьбы когда-то попал их дед. Их размышления интересны типичностью для потомков коре сарам, прошедших через

23) https://koryo-saram.ru/o-poezdke-v-volgograd-yubilee-studii-hvason-i-kontserte-traditsionnogo-korejskogo-iskusstva-hanmadan/

процессы утраты и последующего восстановления корейской этнической идентичности, пусть и неполной. Адель и ее брат Константин прошли через самоидентификацию и ощущение родства с корейским народом после встречи с другими коре сарам и корейцами из Республики Корея.

Ким Адель окончила Волгоградский государственный социально-педагогический университет и магистратуру университета Хоник 홍익대학교 (г. Сеул) по специальности «искусствоведение и музейное дело» (Art Studies). Работала Intern в компании "국립현대미술관", в компании "사)한국판화사진진흥협회" в Республике Корея. Работала AiR Program Manager в компании "ZARYA Center for Contemporary Art" во Владивостоке.

Константин закончил исторический факультет того же университета в Волгограде и занимается профессиональным 3d-моделированием (precise3dmodeling, wargaming.net, Eagle Dynamics).

Особую роль в процессе осознания ими корейских корней сыграло знакомство и сотрудничество с южнокорейским пастором Ли Хен Кын, который вел в Волгограде подвижническую деятельность, оказывая помощь в адаптации корейским переселенцам. Адель быстро выучила корейский язык, вела волонтерскую работу, преподавала корейский язык в публичной библиотеке г. Волгограда.

«Я родилась в 1987 г. в Волгограде, родители Ким Игорь Константинович (1958 г.р., наполовину кореец) и Ким Ильгизя Анваровна (1958 г.р., урожденная Закирова, татарка).

Я мало знаю о своих предках и совсем ничего – о ныне живущих родственниках с корейской стороны. Мой дед, Ким Константин Иосифович, родился в с. Синельниково под Уссурийском, получил художественное образование в Москве и преподавал в корейском техникуме в Уссурийске, после чего в 1937 г. был депортирован вместе с семьей в Казахстан. После смены квалификации в Саратове он был распределен на кафедру биологии Сталинградского университета, где и остался. С родственниками, насколько мне понятно, связь по какой-то причине не поддерживалась, поэтому после его смерти у нас не было возможности что-то большее узнать о своей семье или предках.

Собственно о сообществе «коре сарам» я узнала намного позже, когда стала учить язык (по большей части, чтобы найти новое занятие). Я изначально не чувствовала себя принадлежащей к нему, хотя очень много работала с ними в связке, помогая в организации фестивалей, курсов языка и т. д., хотя на тот момент это была скорее студенческая активность. Но и полностью «другим» для этого сообщества я не была – думаю, сказалась все-таки фамилия и история.

Насколько мне позволяют судить мои наблюдения,

корейская молодежь испытывает достаточно сильные трудности в формировании своей идентичности, и проявляются они в тот момент, когда в их жизни возникает реальность Южной Кореи. Будь это просто знакомые или полноценный переезд, для каждого становится очевидной огромная разница между «коре сарам» и «хангуками». И дальше каждый пытается определить себя уже самостоятельно.

Перспективы у корейской молодежи, пожалуй, такие же неясные и не слишком радостные, как и у всей остальной российской молодежи. Впрочем, это также последнее поколение (если не изменится политика Южной Кореи), у которых есть возможность получить рабочую визу в Корею просто на основании документов о национальной принадлежности. Для большинства это возможность попробовать построить жизнь на совсем другом фундаменте, которую стоит использовать».

Константин Ким (1986 г.) поделился с нами своими мыслями об этничности и собственной национальной принадлежности по рождению. Его размышления несколько более политизированы и своеобразны.

«- Российская повседневность даёт немного поводов ощущать свою корейскую идентичность, прежде всего - поскольку в современном мире этничность вторична, первична национальность. Национальность же является состоянием политическим и определяемым как самосознанием, так и реальной включённостью в жизнь национальной общности через единство ценностей и механизмов инклюзивности, обеспечивающих причастность к совместным решениям.

Считать себя частью корейской гражданской нации, живя в России, не имея гражданства ни того, ни другого корейского государства (и тем более принимая во внимание, что в одном из них никаких средств политической инклюзии вообще нет), поверхностно следя за далёкими от своей повседневности новостями оттуда и не располагая никакими возможностями для обратной реакции на них - проблематично. Живя в России же, более рационально быть частью местной гражданской нации (вне зависимости от того, как её сформулировать - как "российскую" или "русскую"), однако этому мешают уже препоны местного характера, при которых модальность "гражданственности" исключена за счёт утверждения модальности "подданства".

В таких условиях возвращение к происхождению, к этничности, а не к нации, ощущается скорее как форма внутренней эмиграции, бегства от действительности: внешняя, не связанная с общественной жизнью механизмами инклюзии принадлежность может быть интересна, быть любопытным способом времяпрепровождения и в известной мере поощряется государством ("у нас многонациональная страна", т. е. полиэтничная и уже потому якобы имеющая препятствия подняться на уровень гражданской нации), но никак не является даже попыткой подступиться к действительно актуальным жизненным вопросам. Вероятно, это хороший вариант для тех, кто рассчитывает на связанную с корейской культурой или языком карьеру или на эмиграцию, но не для остальных."

◎ Пак Сергей

Сергей Пак – музыкант, руководитель ансамбля корейских барабанов «Чондун»[24] (Волгоград), активист объединения «Миринэ», дал нам небольшое интервью. Его мысли подтверждают идею многих молодых коре сарам о том, что для них Россия настоящая родина. Однако в умах как эмигрантов в Корею, так и тех, кто не  собирается уезжать из России, происходит переходный период (номо, 너머) самоидентификации и усиления связи с исторической родиной всех корейцев – странами Корейского полуострова.

«- Я родился в Узбекистане, в городе Ташкент в 1992 г. Мы с родителями в 2000 г. переехали в Волгоград, родители приехали по работе. Тут я пошел в школу и

---

24) https://vk.com/chondun

университет, закончил Волгоградский технический университет по специальности инженер-логист.

В жизни несколько увлечений: 1. Рок музыка (играю на гитаре в группе Dis|Cor); 2. Корейские барабаны и корейская культура, являюсь руководителем ансамбля корейских барабанов Чондун.

В корейском центре «Миринэ» мы ведем пропаганду корейской культуры, помогаем местным корейцам помнить традиции, показываем, как живут в современной Корее, обучаем языку, танцам, барабанам всех желающих. В «Миринэ» я с самого основания, на протяжении уже почти 7 лет, для меня это часть жизни, там у меня появились друзья, новые увлечения, мы много времени проводили вместе, сейчас уже меньше, у всех свои дела, но мы также хорошо общаемся. На барабанах нас научила играть волонтер из Южной Кореи, ее звали Чисон, она из Сеула, насколько я помню. Потом студенты из города Пусан на протяжении декады корейской культуры давали нам мастер классы. Также мы сами искали материалы в интернете, с тех пор я занимаюсь корейскими барабанами.

Я ощущаю себя корейцем, но корейцем российским, у нас культура отличается от современной Кореи, у нас разный менталитет и они совсем другие, мне все равно ближе Россия. К тому, что корейцы уезжают на заработки в Корею, отношусь не хорошо, не плохо, скорее с пониманием, для тех, кому нужны деньги, это хорошая возможность заработать, и в этом плане Южная Корея дает такую возможность, я только рад за них. Сам бы съездил, но в качестве туриста, либо на стажировку для повышения уровня игры на барабанах».

Заключение

Таким образом, можно подвести некоторые итоги нашего исследования идентичности корейской молодежи, проживающей в регионах Юга России. Среди молодежи здесь имеются некоторые различия, обусловленные иммиграционными условиями и предшествующими особенностями проживания старшего поколения корейцев. Демографические явления свидетельствуют о том, что в России формируется новое поколение корейцев, родиной родителей которых были советские республики Средней Азии. Происходит постепенное микширование «азиатского» поколения корейской этнической группы с поколениями российского происхождения с формированием новой идентичности и нового менталитета.

Структура образования корейской молодежи поменялась в сторону высшего образования. Подавляющее большинство имеет один источник к существованию, при этом в списке основных источников доходов трудовая деятельность, иждивение, пособия или стипендия.

Количественный состав совместно проживающих семей постепенно уменьшился. Традиционная корейская многодетность также осталась в прошлом. Семьи, в которых выросли молодые корейцы, в большинстве мононациональны. Семейная идентичность глубоко связана в сознании молодых корейцев с этнической самоидентификацией, однако в смешанных семьях может наблюдаться нечеткое национальное самоопределение. В вопросе о смешанных браках среди корейцев Юга России имеются некоторые региональные различия, особенно заметные среди корейцев, проживающих в республиках Северного Кавказа и в Калмыкии. Особенно большое значение данное когнитивное искажение характерно для семей, где родители и родственники принадлежат более чем к двум разным российским национальностям. Среди опрошенных молодых корейцев нет единого мнения о необходимости создавать свои будущие семьи только внутри собственной этнической группы, но необходимо отметить, что группа сторонников жесткого моноэтничного подхода усилилась среди мужчин.

Фокус устремлений корейской молодежи на внешнюю эмиграцию вызывает некоторую настороженность, поскольку ослабляет региональную и гражданскую идентичность. Открывшиеся возможности трудовой и иной эмиграции в Республику Корея для трудоспособных молодых групп корё сарам вкупе со сложными социально-экономическими условиями способны ослабить «домашнюю диаспору» и затруднить межпоколенческую трансляцию нравственных и трудовых традиций. Эмиграционные тенденции в корейских семьях уже набрали силу. Для многих молодых корейцев возникает новая переходная «номо» идентичность – от «корё сарам» к «корёин», хотя отнюдь не все молодые корё сарам связывают свои жизненные перспективы с эмиграцией на историческую родину.

Среди молодых корейцев, выросших в многонациональной среде, этнические ценности оказываются несколько размыты: для них в меньшей степени, чем для старших возрастных групп, национальность признается высшей ценностью в жизни человека. В целом позитивная гражданская идентичность способна «сцементировать» российское корейское сообщество и способствовать новому рывку в социальном и экономическом развитии коре сарам. Возникающая в новых условиях модернизационная идентичность сама по себе является мощным ресурсом для социальных изменений.

Этничность для этнодисперсных групп, подобных иммигрировавшим в постсоветское время российским корейцам, является мобилизующим фактором для сохранения «ускользающей идентичности». Для корейской молодежи, выросшей в республиках Средней Азии, этническая идентичность зависит от необходимости соотнесения себя с инонациональным и социальным окружением. Имея вполне комфортный первоначальный этнический статус, в новой стране дети получают новую идентичность, часто с элементами культурного шока и снижением социального статуса. Способом интериоризации корейской идентичности является следование традиционным культурным ценностям, выражаемым через музыку, танец, поэзию.

Молодежные организации часто выбирают как основную сферу деятельности культурно-фестивальную, с изучением корейских танцев, языка, с конкурсами чтецов. Воссоздаваемые в подобных организациях «традиционные обряды и ритуалы» чаще всего являются локальными и модернизированными, в целом дают ощущение принадлежности к общей древней истории. Массовое увлечение K-pop дает некоторую возможность понять современное корейское общество и молодежные субкультуры и относительно быстро адаптироваться к ним в случае проживания в Корее. В российских условиях через молодежные этнокультурные организации конструируется новая этническая идентичность, которую можно обозначить как «гибридную» или «биэтническую». В конечном счете функционирование молодежных общественных организаций, несмотря на их внешне культурную направленность, определяет собой этнополитический аспект идентичности молодых корейцев на основе солидарности и создании собственной референтности. Таковы организации «Миринэ» (Волгоград), «Тонмакколь» (Саратов), «Хамке Идон» (Астрахань), ансамбли «Кым Ган Сан» (Ростов-на-Дону), «Хвасон» (Волгоград).

Молодые лидеры корейских организаций и лидеры мнений транслируют главную мысль: мы корейцы, но мы российские корейцы, наша Родина Россия. Для того, чтобы стать полноправными корейцами на Корейском полуострове, нужно прожить там немало лет, и это, скорее всего, лучше получится у детей и внуков у нынешних молодых эмигрантов, чем у них самих.

Приложение

Табл. 1

Половозрастное распределение городского и сельского корейского населения в возрасте от 0 до 35 лет Ростовской области. 2002 г.

	Городское и сельское население			Городское население			Сельское население		
	Всего	Мужчины	Женщины	Всего	Мужчины	Женщины	Всего	Мужчины	Женщины
Ростовская область									
Всего	6,318	3,335	2,983	4,095	2,146	1,949	2,223	1,189	1,034
В %	100	52,8	47,2	64,8	52,4	47,6	35,2	53,5	46,5
в том числе в возрасте, лет:									
0 – 4 года	590	309	281	366	192	174	224	117	107
5 – 9 лет	666	359	307	388	207	181	278	152	126
10 – 14	890	475	415	523	268	255	367	207	160
15 – 17	641	328	313	377	201	176	264	127	137
18 – 19	409	226	183	253	139	114	156	87	69
20 – 24	1,139	592	547	802	412	390	337	180	157
25 – 29	1,044	544	500	710	362	348	334	182	152
30 – 34	939	502	437	676	365	311	263	137	126

Табл. 2

Половозрастное распределение городского и сельского корейского населения в возрасте от 0 до 35 лет в отдельных регионах ЮФО и СКФО РФ. 2010 г.

	Городское и сельское население			Городское население			Сельское население		
	Всего	Мужчины	Женщины	Всего	Мужчины	Женщины	Всего	Мужчины	Женщины
Республика Калмыкия									
всего	725	341	384	167	87	80	558	254	304
в %	100	47,8	52,2	24,6	47,9	52,1	75,4	47,8	52,2
в том числе в возрасте, лет:									
0 – 4 года	108	51	57	31	16	15	77	35	42
5 – 9 лет	83	40	43	16	9	7	67	31	36
10 – 14	94	48	46	24	13	11	70	35	35
15 – 17	61	27	34	13	6	7	48	21	27
18 – 19	33	10	23	4	2	2	29	8	21
20 – 24	104	53	51	20	9	11	84	44	40
25 – 29	118	59	59	33	20	13	85	39	46
30 – 34	124	53	71	26	12	14	98	41	57
Астраханская область									
всего	1,498	797	701	616	315	301	882	482	400
в %	100	53	47	38,6	49,9	50,1	61,4	55	45
в том числе в возрасте, лет:									
0 – 4 года	226	114	112	96	44	52	130	70	60
5 – 9 лет	205	103	102	64	31	33	141	72	69
10 – 14	164	81	83	72	35	37	92	46	46
15 – 17	87	49	38	35	20	15	52	29	23
18 – 19	55	38	17	33	24	9	22	14	8
20 – 24	216	119	97	104	54	50	112	65	47
25 – 29	286	147	139	117	55	62	169	92	77
30 – 34	259	146	113	95	52	43	164	94	70
Кабардино-Балкарская Республика									

Половозрастное распределение городского и сельского корейского населения в возрасте от 0 до 35 лет в отдельных регионах ЮФО и СКФО РФ. 2010 г.

	Городское и сельское население			Городское население			Сельское население		
	Всего	Мужчины	Женщины	Всего	Мужчины	Женщины	Всего	Мужчины	Женщины
всего	1,719	884	835	1,560	802	758	159	82	77
В %	100	46,4	53,6	91,6	45,9	54,1	8,4	51,6	48,4
в том числе в возрасте, лет:									
0 – 4 года	193	107	86	170	97	73	23	10	13
5 – 9 лет	224	123	101	202	114	88	22	9	13
10 – 14	250	138	112	234	129	105	16	9	7
15 – 17	156	75	81	141	66	75	15	9	6
18 – 19	67	37	30	58	33	25	9	4	5
20 – 24	273	129	144	250	117	133	23	12	11
25 – 29	245	124	121	220	112	108	25	12	13
30 – 34	311	151	160	285	134	151	26	17	9

Табл. 3

Распределение корейской молодежи по видам образования. Перепись населения 2010 г.

Возрастные группы, лет	Указавшие уровень образования	в том числе											
		имеющие профессиональное образование									имеющие общее образование		
		аспирантура	высшее	в том числе по ступеням			неполное высшее	среднее	начальное	среднее (полное)	основное	Начальное
				бакалавр	специалист	магистр						
15 - 17	4,831	-	-	-	-	-	-	12	11	1,133	2,943	721
18 - 19	3,724	-	-	-	-	-	931	441	206	1,796	317	21
20 - 24	11,593	49	2,678	427	2,152	99	3,137	2,014	385	2,537	688	72
25 - 29	12,643	160	5,230	580	4,358	292	972	2,397	362	2,617	784	83
30 - 34	13,605	151	4,785	458	4,068	259	617	3,186	435	3,301	995	108

Табл. 4

Корейская молодежь РФ. Из общей численности указали число источников средств к существованию. Перепись 2010 г.				
	Указали источники средств	Один	Два	Три и более
Городское и сельское население	153,118*	123,805	27,780	1,533
В %	100	80,9	18,1	1
15-29 лет	32,818	27,739	4,753	326
В %	100	84,5	14,5	1
Городское население	114,918	96,478	17,471	969
В %	100	84	15,2	0,8
15-29 лет	25,313	21,863	3,214	1,205
В %	100	86,4	12,7	4,9
Сельское население	38,200	27,327	10,309	564
В %	100	71,5	27	1,5
15-29 лет	7,505	5,876	1,539	90
В %	100	78,3	20,5	1,2

Табл. 5

ГОРОДСКОЕ И СЕЛЬСКОЕ население	Число источников средств к существованию для молодых корейцев РФ. 2010 г.			
	Один	Два	Три	Четыре и более
Мужчины и женщины	123,805	27,780	1,483	50
в том числе в возрасте, лет:				
до 15	16,813	4,746	69	2
15 - 19	6,667	1,774	112	5
20 - 29	21,072	2,979	201	8
Мужчины	65,675	12,823	634	25
в том числе в возрасте, лет:				
до 15	8,753	2,522	44	1
15 - 19	3,577	924	57	4

ГОРОДСКОЕ И СЕЛЬСКОЕ население	Число источников средств к существованию для молодых корейцев РФ. 2010 г.			
	Один	Два	Три	Четыре и более
20 - 29	11,327	1,242	55	2
Женщины	58,130	14,957	849	25
в том числе в возрасте, лет:				
до 15	8,060	2,224	25	1
15 - 19	3,090	850	55	1
20 - 29	9,745	1,737	146	6

Табл. 6

ГОРОДСКОЕ население	Число источников средств к существованию для корейского населения РФ. 2010 г.			
	Один	Два	Три	Четыре и более
Мужчины и женщины	96,478	17,471	935	34
в том числе в возрасте, лет:				
до 15	13,348	2,297	26	-
15 - 19	5,227	1,204	77	4
20 - 29	16,636	2,010	148	7
Мужчины	50,800	7,677	387	16
в том числе в возрасте, лет:				
до 15	6,954	1,208	20	-
15 - 19	2,792	615	37	3
20 - 29	8,810	803	38	2
Женщины	45,678	9,794	548	18
в том числе в возрасте, лет:				
до 15	6,394	1,089	6	-
15 - 19	2,435	589	40	1
20 - 29	7,826	1,207	110	5

Табл. 7

СЕЛЬСКОЕ население	Число источников средств к существованию молодежи. 2010 г.			
	Один	Два	Три	Четыре и более
Мужчины и женщины	27,327	10,309	548	16
в том числе в возрасте, лет:				
до 15	3,465	2,449	43	2
15 – 19	1,440	570	35	1
20 – 29	4,436	969	53	1
Мужчины	14,875	5,146	247	9
в том числе в возрасте, лет:				
до 15	1,799	1,314	24	1
15 – 19	785	309	20	1
20 – 29	2,517	439	17	-
Женщины	12,452	5,163	301	7
в том числе в возрасте, лет:				
до 15	1,666	1,135	19	1
15 – 19	655	261	15	-
20 – 29	1,919	530	36	1

Табл. 8

Виды источников средств к существованию корейской молодежи РФ. 2010 г. 15-29 лет.

	Ответов*	труд	хозяйство	стипендия	пенсия	пособия	иное	иждивение
Город и село	38,238	16,476	1,458	2,299	180	2,389	336	15,100
В %	100	43,1	3,8	6	0,5	6,2	0,9	39,5
Город	29,012	12,879	453	1,960	134	1,579	216	11,791
В %	100	44,4	1,6	6,8	0,5	5,4	0,7	40,6
Село	9,226	3,597	1,005	339	46	810	120	3,309
В %	100	39	10,9	3,7	0,5	8,8	1,3	35,9

* Сумма складывается из несколько источников.

Табл. 9

Городская и сельская корейская молодежь РФ. 2010 г.	Число источников средств к существованию			
	Сумма ответов	Один	Два	Три и более
Мужчины и женщины	54,448	44,552	9,499	397
до 15 лет	21,630	16,813	4,746	1
15 – 19 лет	8,558	6,667	1,774	117
20 – 29 лет	24,260	21,072	2,979	209
%	100	81,8	17,4	0,8
Мужчины	28,508	23,657	4,688	163
до 15 лет	11,320	8,753	2,522	45
15 – 19 лет	4,562	3,577	924	61
20 – 29 лет	12,626	11,327	1,242	57
%	100	83	16,4	0,6
Женщины	25,934	20,895	4,811	228
до 15 лет	1,031	8,060	2,224	26
15 – 19 лет	3,996	3,090	850	56
20 – 29 лет	11,634	9,745	1,737	152
%	100	80,6	18,6	0,8

Табл. 10

Корейская молодежь, мужчины и женщины. РФ. 2010 г.	Количественная структура источников средств к существованию			
	Сумма ответов	Один	Два	Три и более
Город и село	54,448	44,552	9,499	397
%	100	81,8	17,4	0,8
Город	40,984	35,211	5,511	262
%	100	85,9	13,4	0,6
Село	13,464	9,341	3,988	135
%	100	69,4	29,6	1,0

Табл. 11

ГОРОДСКОЕ население	Число источников средств к существованию для молодежи. 2010 г.			
	Один	Два	Три	Четыре и более
Мужчины и женщины	96,478	17,471	935	34
в том числе в возрасте, лет:				
до 15	13,348	2,297	26	-
15 - 19	5,227	1,204	81	4
20 - 29	16,636	2,010	155	7
Всего	35,211	5,511	262	
Мужчины	50,800	7,677	387	16
в том числе в возрасте, лет:				
до 15	6,954	1,208	20	-
15 - 19	2,792	615	37	3
20 - 29	8,810	803	38	2
Женщины	45,678	9,794	548	18
в том числе в возрасте, лет:				
до 15	6,394	1,089	6	-
15 - 19	2,435	589	40	1
20 - 29	7,826	1,207	110	5

Табл. 12

СЕЛЬСКОЕ население	Число источников средств к существованию для молодежи 2010 г.			
	Один	Два	Три	Четыре и более
Мужчины и женщины	27,327	10,309	548	16
в том числе в возрасте, лет:				
до 15	3,465	2,449	45	2
15 - 19	1,440	570	36	1
20 - 29	4,436	969	54	1

СЕЛЬСКОЕ население	Число источников средств к существованию для молодежи 2010 г.			
	Один	Два	Три	Четыре и более
Всего	9,341	3,988	135	
Мужчины	14,875	5,146	247	9
в том числе в возрасте, лет:				
до 15	1,799	1,314	24	1
15 - 19	785	309	20	1
20 - 29	2,517	439	17	-
Женщины	12,452	5,163	301	7
в том числе в возрасте, лет:				
до 15	1,666	1,135	19	1
15 - 19	655	261	15	-
20 - 29	1,919	530	36	1